# LES
# ANABAPTISTES

### DES

# VOSGES

# LES ANABAPTISTES DES VOSGES

PAR

ALFRED MICHIELS

PARIS

POULET-MALASSIS ET DE BROISE

LIBRAIRES-ÉDITEURS

9, rue des Beaux-Arts

—

1860

*Traduction et reproduction réservées.*

# PRÉFACE

—

C'est une manie, et une manie déraisonnable, que d'aller toujours chercher au loin des choses curieuses et des sujets d'études. Il semble que l'intérêt doive augmenter à mesure qu'on s'éloigne de son pays, et même de l'Europe, car je parle surtout ici des Européens. Habituellement le contraire a lieu. Les peuples civilisés sont les plus dignes d'attention, les plus capables de l'éveiller et de l'entretenir. Les sottes idées, les mœurs cruelles, les absurdes coutumes des nations barbares ne méritent, après tout, qu'un examen assez tiède. L'homme, dans sa folie, dans sa grossièreté, dans sa méchanceté premières, offre un spectacle peu attrayant et peu varié. Les grands traits seulement, ceux qui caractérisent son état originel, qui touchent à des questions de race et à la philosophie de l'histoire, ont une importance suffisante pour captiver l'imagination et provoquer l'analyse. C'est ainsi que j'ai tracé, dans le Capitaine Firmin, un large tableau des usages civils, religieux, guerriers, domestiques, de la race noire, sur le vaste continent où elle s'entr'égorge avec une implacable férocité. Je voulais d'ailleurs prouver par un exemple terrible que non-seulement les peuples méritent toujours leur sort, mais sont les instruments de leur propre destinée. Si de pareilles échappées de vue n'agrandissent la perspective, on se sent bientôt comme étouffé par l'ennui au milieu de ces nations brutales, dont les conceptions roulent dans le cercle étroit d'une invariable stupidité. Elles ramènent toujours l'observateur à l'enfance de l'esprit humain, aux immondices de ses débuts. Après un moment de surprise, l'indifférence vous gagne et l'on se dit : Que m'importe !

Je confesse, pour ma part, que je me soucie fort peu de connaître les préjugés, les ignobles coutumes des Mahométans, des Kalmoucks, des Hottentots, des Japonnais et des Caffres. Les livres qui ont pour sujet les mœurs, les lois, les cérémonies religieuses et les notions diverses de ces tribus primitives, de ces races hébétées, me produisent l'effet d'une conversation insipide, rebutante même, où les niaiseries succèdent aux niaiseries. Quel enchaînement d'erreurs, quelle suite d'opinions ineptes, de fables ridicules, d'insoutenables hypothèses ! Pour employer une expression de Shakespeare, c'est comme un récit conté par un idiot, plein de vacarme et de furie, mais n'ayant aucun sens, « full of sound and fury, but signifying nothing. » *Dans les descriptions de voyages lointains, la nature est presque toujours plus intéressante que l'homme : sa perfection immobile, sa grâce complète dès le début lui assurent un immense avantage.*

*Les nations cultivées, raisonnables, studieuses, inspirent une bien autre sympathie. En France, en Angleterre, en Suisse, en Italie, en Allemagne, dans les Pays-Bas, il est peu de choses qui ne méritent l'attention. Partout on voit, on sent le travail d'un esprit vigoureux, d'une lucide intelligence; le passé est plein de grandes leçons, un noble avenir se montre en perspective. Les singularités, les anomalies ne sont pas de monstrueuses exceptions, de choquantes bizarreries, mais des formes originales, où palpite la vie commune sous un aspect inusité. Ce sont des golfes et des criques, pour ainsi dire, où la grande mer vient en folâtrant déposer ses coquillages et moirer les sables.*

*Ces curiosités sociales, religieuses, agrestes, industrielles, abondent en Europe, en France même. Il ne s'agit que de se déplacer, que de regarder avec quelque attention, pour les découvrir. Mais si peu de gens regardent avec attention tout ce qui ne concerne pas leurs besoins, leurs passions ou leur personne! Les Français d'ailleurs sont particulièrement persuadés que leur pays n'offre à peu près rien d'intéressant. Ils vont jusqu'au delà des mers, dans l'Inde, en Amérique, en Chine, et ne se soucient nullement de parcourir leurs provinces. Les Pyrénées, à cause de leurs sources thermales, sont encore la partie de leur sol qu'ils visitent le plus. L'amour très-légitime de l'ar-*

*chitecture et de la sculpture gothiques avaient fait en-
treprendre un certain nombre d'explorations, mais
cette ardeur curieuse s'est attiédie, et on ne voyage
maintenant chez nous que par des motifs d'intérêt.*

*Et cependant les touristes ne trouveraient pas moins
en France à occuper leur esprit et leurs yeux, à cou-
vrir leur album de dessins et leur portefeuille de notes,
que dans tout autre pays. Combien d'études charmantes ou importantes n'ont jamais été effleurées!
Que de sites admirables n'ont jamais été peints, appréciés même! Quels tableaux de mœurs attendent un
observateur habile! Que de beaux livres à écrire, sans
mêler le vrai avec le faux, l'imaginaire avec le réel,
comme dans les* Derniers Bretons *d'*Emile Sou-
restre*!*

*C'est mon intention, je l'avoue, d'étudier l'une
après l'autre plusieurs parties de notre territoire et
quelques-unes de nos populations. Le favorable accueil
fait à mon travail sur les* Bûcherons et Schlitteurs
des Vosges; *aux pages de mes* Chasseurs de chamois, *qui concernent les montagnards du* Dauphiné,
*de la* Provence *et des* Pyrénées; *à ma description des
fromageries du* Haut-Rhin, *est pour moi un encou-
ragement décisif. L'œuvre présente, publiée d'abord
dans les journaux, a eu le même succès, j'ose le dire.
La sympathie des lecteurs l'abandonnera-t-elle, maintenant qu'elle a pris la forme du volume, que ses membres dispersés se trouvent réunis? J'espère que non.
« Les Européens, incessamment agités, dit Château-
briand, sont obligés de se bâtir des solitudes. Je vois*

encore le mélange majestueux des eaux et des bois de cette antique abbaye, où je pensai dérober ma vie aux caprices du sort; j'erre encore, au déclin du jour, dans ces cloîtres retentissants et solitaires. » Peut-être mon livre produira-t-il un effet de même nature. Dans la vie tourmentée, inquiète, ambitieuse et pénible des grands centres de population, ce petit livre introduira des sentiments calmes et doux, sages et modestes; il emmènera les esprits loin du trouble et du tumulte, parmi les fraîches clairières où la huppe sautille de buissons en buissons, où les nuages d'or, que la brise éloigne, laissent, pour ainsi dire, tomber des larmes de regret, où la tranquillité porte à la réflexion, où la réflexion dissipe les brouillards qui cachent d'ordinaire à l'intelligence les plus hautes vérités.

Paris, 1er Mai 1860.

LES

# ANABAPTISTES DES VOSGES

LES

# ANABAPTISTES DES VOSGES

—

## CHAPITRE I<sup>er</sup>

*Visite accidentelle à un anabaptiste. — L'ancien garde fores-
tier Hertzog. — Le plateau du Salm. — Une bourgade anabaptiste. — Collation champêtre. — Véritable nom de la
secte : les mennonites. — Leur aversion pour la guerre : ils
s'appellent eux-mêmes les chrétiens sans défense. — Curieux arrêté de la Convention nationale, qui ordonne de les
employer dans les équipages du train. — Napoléon respecte
ce décret. — Première esquisse de la doctrine. — Baptême
des adultes. — L'exposition de vaisselle.*

Si dans une époque avide de faste, de lucre,
de jouissances matérielles, de faux éclat, de
fausse gloire et de faux bonheur, si à une nation
telle que la nôtre, inquiète, tourmentée, pleine
de désirs et de chimères, qui fait de la vie une
machine aux rouages innombrables, fonction-
nant avec les plus pénibles efforts, on disait
qu'il y a en France une population ennemie du
luxe, des plaisirs sensuels, de la vanité, de l'am-

1.

bition, qui fuit les places, les honneurs, qui a
réduit enfin la vie à sa plus simple expression
et jouit d'un calme perpétuel, on paraîtrait
conter une histoire invraisemblable. Elle existe
néanmoins, cette population; je les ai vus, ces
hommes pacifiques et heureux; je me suis assis
à leur table, j'ai dormi sous leur toit, je les ai
entendus exposer leurs principes; et leurs sentiments doux, honnêtes, bienveillants, charitables, m'ont produit l'effet de ces grandes nappes
d'eau, qui reflètent le ciel et glissent d'un mouvement imperceptible vers la mer, effet qu'a si
bien exprimé Wordsworth : — « Oh! glisse toujours ainsi, beau fleuve! répandant ton âme
tranquille sur toutes choses, communiquant à
nos esprits la fraîcheur et la majesté sereine de
ton cours. »

Il y a deux ans (1), lorsque j'errais dans les
solitudes qui environnent le Donon, cherchant
les endroits où les bûcherons abattaient les vieux
sapins, où les schlitteurs les descendaient vers
les vallées inférieures avec des peines inouïes,
mon compagnon Hertzog, ancien garde des forêts de Strasbourg, me fit entrer en passant chez
un anabaptiste de ses amis. C'était sur un plateau depuis longtemps défriché, que l'on nomme
le Salm, une de ces oasis formées çà et là par

_______________

(1) Il s'agit ici de l'année 1857, ce livre ayant commencé
à paraître dans le *Siècle* en 1859.

une intelligente culture au milieu des bois et des pentes indociles. Nous venions justement de traverser d'épais massifs, quand nos regards, jusque là resserrés autour de nous, purent s'étendre à loisir et embrasser la clairière.

Huit maisons y dessinaient leur toiture pardessus les arbres fruitiers. Celle où nous entrâmes avait l'extérieur le plus avenant. Elle se composait de deux étages, que surmontait un grenier : un encadremeut de grès rose décorait les fenêtres et la porte ; les montants et le linteau de celle-ci offraient même de légères sculptures. Des tuiles couvraient solidement la demeure, l'abritaient contre les pluies de l'automne, les neiges abondantes de l'hiver et la fureur des vents d'équinoxe. L'extrême propreté de l'intérieur donnait envie d'y établir son séjour, d'y chercher la solitude et le repos. Les murs blanchis à la colle, les lambris d'appui en bois de hêtre, le parquet de sapin, où l'on n'aurait pu découvrir une tache, les bancs, la table, si souvent lavés que la surface en était devenue polie comme par le frottement de la pierre ponce, la blancheur des draps au fond de l'alcôve, la netteté des vitres dans leurs cadres de plomb, faisaient hautement l'éloge de la ménagère. Le maître de l'habitation vint lui-même nous recevoir. C'était un vieillard de petite taille, aux traits élégants, à l'air calme et doux ; son teint rose annonçait une bonne constitution et un sang pur ; son collier de barbe blanche, la tranquillité de son visage et la simplicité de son costume me frappèrent.

— Nous venons goûter votre beurre et votre miel, lui dit Hertzog après les salutations d'usage, et même un peu votre vin, surtout le meilleur. Je vous présente un de mes amis, capable de l'apprécier aussi bien que moi.

— A la bonne heure, répliqua le vieillard ; vous m'aviez depuis longtemps promis de venir, et je finissais par croire que vous ne vouliez point tenir votre parole.

— Je monterais chez vous toutes les semaines, si je pouvais. J'aime la promenade plus que personne au monde ; elle me rappelle mon ancien métier. Mais vous savez que mes occupations me retiennent.

— Femme, dit l'anabaptiste en élevant la voix, sers-nous une collation !

Une porte s'ouvrit, et une brune aux grands yeux noirs entra dans la chambre. Elle avait une cinquantaine d'années, une expression de douceur, de bienveillance et de droiture, qui charmait tout d'abord les yeux et le cœur. Je sus depuis qu'elle avait été fort belle, avantage que l'on ne perd jamais entièrement.

— Ah ! vous voilà ! dit-elle à mon compagnon. Il y a bien six mois que vous n'avez pris la peine de nous rendre visite.

— Je suis un pauvre captif de l'industrie, ma

bonne madame Augsburger, mais je réparerai ma faute involontaire, et, pour commencer, je vous amène un voyageur qui aime beaucoup nos montagnes.

— Et les personnes qui les habitent, ajoutai-je.

La ménagère sourit du compliment et se mit en devoir de nous offrir un goûter : du beurre frais, du miel en rayons, du pain bis, du vieux vin blanc avec une nuance de fruits mûrs, couvrirent bientôt la table. Cette frugale collation nous égaya, et les langues ne tardèrent point à se délier. Notre hôte, pour compléter la réception, alla chercher d'excellente eau-de-vie de myrtilles, dont le parfum, la délicate saveur, l'étonnante limpidité, flattent l'imagination presque autant que le goût (1). Le splendide paysage que l'on découvrait par toutes les croisées ajoutait à ma satisfaction, et mon ami Hertzog, avec ses cheveux rouges, sa barbe rousse, ses sourcils roux et les taches de rousseur qui dorent son visage, me rappelait le Christ transfiguré sur la montagne. Nous avions parlé de différentes choses, et notamment du but de mon voyage ; mais je n'avais point encore osé adresser de questions au maître du logis sur la secte religieuse à laquelle il appartenait. C'était la

(1) Le myrtille est un arbrisseau qui croît sur les hautes montagnes ; ses baies ont la forme et la grosseur des prunelles, mais un goût légèrement sucré.

première fois cependant que je voyais un anabaptiste, et une vive curiosité me mettait l'esprit en campagne. Lorsque nous fûmes un peu
familiarisés, la passion l'emporta sur ma retenue.

— La vie que vous menez au milieu du désert
me semble bien pacifique, bien retirée, lui dis-
je, pour les partisans d'une secte guerrière.
Avez-vous changé de doctrine?

— Nous n'avons jamais été belliqueux, me répondit tranquillement l'anabaptiste. Bien loin
de là, nous nous appelons nous-mêmes *les chrétiens sans défense (wehrlos)*, et un article de notre
confession nous interdit de porter les armes.

— Voilà qui m'étonne, car j'ai toujours pensé
le contraire. Une révolution doit avoir trans-
formé vos opinions et vos mœurs. Stork et Munzer n'allaient point rêver dans la solitude, ni dé-
fricher les bois. Autant que je me le rappelle, ils
soulevaient les paysans contre les seigneurs, et livraient aux flammes les châteaux de la noblesse.
Mathias, Jean de Leyde, Knipperdolling n'a-
vaient pas non plus horreur du sang.

— Je connais très-peu les hommes dont vous
me parlez; notre foi et nos habitudes n'ont aucun rapport avec leurs maximes et leur conduite. Nous repoussons même leur souvenir
comme la cause principale de nos malheurs, car
nous aussi nous avons été persécutés : des centaines de nos frères sont morts dans les cachots,

dans les tortures, ont péri sous la hache, et engraissé les milans de leurs cadavres pendus au gibet.

Une certaine indignation animait les yeux de l'anabaptiste pendant qu'il articulait ces paroles, mais on eût dit les pâles éclairs qui brillent à l'horizon des nuits d'été. En prononçant les derniers mots, il se leva, choisit sur des tablettes un volume muni d'un fermoir, et l'ouvrit.

— Tenez, monsieur, lisez ce chapitre; vous verrez comment nos dogmes nous prescrivent d'agir envers nos semblables.

Je lus en effet dans le livre allemand le chapitre que me désignait le sectaire. En voici la traduction :

« Pour ce qui est de la vengeance, de la lutte à main armée contre un ennemi, nous croyons et confessons que Notre-Seigneur a défendu à ses apôtres et à ses disciples toute vengeance et toutes représailles; bien mieux, il nous a ordonné de ne pas rendre le mal pour le mal, de ne pas répondre à l'injure par l'injure, de mettre l'épée au fourreau, ou, comme disent les prophètes, de la métamorphoser en soc de charrue. D'où il résulte que, si nous voulons suivre son exemple et ses maximes, nous ne devons offenser personne, causer à autrui ni mal ni chagrin, mais sommes tenus de travailler au bonheur et au salut des hommes. Quand on nous persécute, il faut nous retirer d'une ville ou d'un pays dans un autre, souffrir même qu'on nous dépouille de nos biens, sans prononcer un mot d'injure, et si l'on nous frappe sur une joue, tendre l'autre joue, plutôt que de nous venger et de frapper à notre tour. Il faut même prier pour nos ennemis, les nourrir et les désaltérer quand ils ont faim ou soif, les persuader, les vaincre par nos bienfaits. En somme, nous devons faire le bien, nous montrer indulgents pour toutes les fautes des hommes, et, suivant la loi du Christ, agir sans cesse à l'égard d'autrui comme nous voudrions qu'on agît envers nous. »

— Eh bien ! me demanda l'anabaptiste, pendant que je lui rendais son volume, ces préceptes vous paraissent-ils de nature à inspirer la violence, le goût des camps, la haine et l'ambition ? Croyez-vous que nous ayons jamais pu désirer faire des conquêtes, l'épée en main ?

— Assurément, non, je vous l'accorde ; mais vos principes doivent vous gêner pour le service militaire. A moins que vous ne vous rachetiez en masse, je ne devine même pas comment vous vous tirez d'affaire, quand vous tombez au sort. La conscription a des rigueurs à nulle autre pareilles.

— Jusqu'ici les gouvernements ont respecté nos scrupules. A l'époque où ce genre de recrutement fut établi, nous députâmes quelques-uns des nôtres vers les membres les plus influents

de la Convention, et nous obtînmes d'être mé-
nagés.

— La République vous accorda le privilége de
ne point paraître sous les drapeaux ?

— On ne poussa pas la faveur si loin. J'ai là,
au reste, la décision du Comité de Salut public ;
vous y trouverez toutes les explications nécessaires.

Et, avec une lenteur flegmatique, notre hôte
alla chercher dans une armoire une feuille vo-
lante, sur laquelle était imprimé le décret. J'y
lus les paroles suivantes, que je copiai aussitôt :

*Extrait du registre des arrêtés du Comité de Salut
public de la Convention nationale, du 18 août 1793,
l'an deuxième de la République française.*

« Le Comité de Salut public arrête qu'il adres-
sera aux corps administratifs de la République la
lettre circulaire suivante :

» Les anabaptistes de France, citoyens, nous
ont députe quelques-uns d'entre eux, pour nous
représenter que leur culte et leur morale leur
interdisent de porter les armes, et pour demander qu'on les employât dans les armées à tout
autre service.

» Nous avons vu des cœurs simples en eux, et
nous avons pensé qu'un bon gouvernement devait employer toutes les vertus à l'utilité commune. C'est pourquoi nous vous invitons d'user

envers les anabaptistes de la même douceur qui fait leur caractère, d'empêcher qu'on ne les persécute, et de leur accorder le service qu'ils demanderont dans les armées, tel que celui de pionniers et celui des charrois, ou même de permettre qu'ils acquittent ce service en argent.

» *Signé au registre :*

» Couthon, Barrère, Hérault, Saint-Just, Thuriot, Robespierre.

» *Pour extrait conforme :*

» G. Couthon, L. Carnot, Hérault, B. Barrère, Saint-Just. »

— Voilà une pièce curieuse, dis-je au sectaire en lui rendant l'acte ; elle prouve, ce me semble, que nos révolutionnaires n'étaient pas tout à fait des barbares, et la date de 93 en augmente l'importance. Mais Bonaparte, le légataire universel de la République française, comment vous a-t-il traités ?

— Il a suivi l'exemple de la République. Pendant toutes les guerres de l'Empire, nous avons servi dans les équipages du train. Une foule de nos co-religionnaires sont morts sur les champs de bataille, mais, grâce à Dieu ! sans avoir tiré le sabre ni touché un fusil. Au Hang, vous verrez une de ces recrues napoléoniennes : après je ne sais quelle défaite en Allemagne, un peloton de Prussiens accourut vers l'endroit où le militaire inoffensif ramassait un blessé, pour le mettre sur un cheval. Quand l'honnête garçon vit le danger qui le menaçait, il marcha aux ennemis et leur cria en allemand, puisque c'est notre idiome habituel : « Ne m'attaquez pas, ne me tuez pas, car ma religion m'empêche de me défendre ! » A son langage, les Prussiens reconnurent un anabaptiste, vu qu'il y en a beaucoup chez eux ; ils l'emmenèrent prisonnier, sans lui faire aucun mal, et, au bout de trois mois, lui rendirent la liberté.

— Comment n'a-t-on point pensé à vous, dis-je avec un sourire, lorsqu'on a tenu le fameux congrès de la paix, dissous bientôt sans laisser de traces ? C'est un des vôtres qui aurait dû le présider. Mais plus je vous écoute, moins je comprends pourquoi on vous appelle comme les fougueux niveleurs du xvi<sup>e</sup> siècle.

— Parce que nous n'admettons point le baptême des enfants. Il n'y a pas dans l'Evangile une seule phrase qui l'autorise. Le Christ avait âge d'homme, quand le Précurseur répandit sur son front l'eau du Jourdain ; la cérémonie, en Palestine, n'avait lieu que pour les adultes, et on profane le sacrement si on l'administre à des êtres dépourvus de connaissance. Voyez saint Mathieu, chap. xxviii, v. 19 ; saint Marc, chap. xvi, v. 15 ; la sixième Epître de saint Paul aux Romains, v. 4 ; les Actes des Apôtres, chap. ii, v. 28, chap. xvi, v. 33...

— Bien, bien, dis-je en interrompant Augsburger ; je vous crois sur parole. Mais vous n'attendez pas sans doute qu'on ait les cheveux gris pour effacer le péché originel ?

— C'est vers l'âge de quatorze ou quinze ans que nous recevons le baptême, quand nous avons pris connaissance de toutes les vérités qui composent notre loi. On entre alors dans la communauté chrétienne, on devient membre de notre Eglise : c'est là le but, le sens unique de la cérémonie. Nous ne croyons pas qu'elle efface le péché originel, cette tache ayant disparu depuis la mort du Christ. N'est-ce pas pour expier la faute d'Adam qu'il a revêtu un corps fragile, enduré toutes les misères de la vie humaine, supporté les outrages des faux docteurs et de la populace, rendu enfin le dernier soupir sur la croix ? Lorsqu'un dieu consent à mourir, peut-on croire qu'un tel sacrifice demeure inutile ? Au moment où le Sauveur expira en jetant un grand cri, nous fûmes rachetés, purifiés, animés d'une existence nouvelle. Toute cérémonie ultérieure nous paraît superflue ; nous sommes libres, puisqu'on a payé le prix de notre rançon.

— Vous ne pensez donc pas que les enfants morts sans baptême vont languir pendant l'éternité dans le vestibule de l'enfer ?

— Dieu ne voudrait pas condamner ainsi de pauvres créatures, qui ont à peine entrevu la lumière du soleil. Mais il y a dans ces montagnes

une superstition bien plus forte. Le peuple s'i-
magine que les enfants morts-nés courent la
même chance, et ont une âme qui doit perpétuellement gémir au fond des limbes, si une aide
surhumaine ne leur en ouvre les portes. A deux
lieues d'ici se trouve le lac de la Maix, que vous
vous proposez peut-être d'aller voir ?

— Mon ami Hertzog veut absolument m'y
conduire.

— Eh bien! vous apercevrez sur les bords les
décombres d'un ancien prieuré, où séchaient
d'ennui quelques moines. Sous une voûte qui
subsiste presque tout entière, vous remarquerez
parmi les gravois les restes d'un autel. On y venait pendant tout le moyen âge, et l'on y vient
encore déposer les cadavres des enfants morts
sans avoir vécu. La foule croit qu'un ange descend la nuit pour leur administrer le baptême.
Le lendemain, on les ensevelissait dans un clos
voisin, nommé le cimetière des Innocents; on
les porte de nos jours au cimetière de la commune que leurs parents habitent. Je dois dire
toutefois que l'Eglise a condamné cette erreur
populaire.

— Voilà donc un point où vous vous accordez.
Relativement au baptême des enfants qui sont
nés dans les conditions ordinaires, pensez-vous
que les docteurs catholiques n'auraient pas une
légion d'arguments à lancer contre vous?

— Ils nous intéresseraient peu, vu que nous

ne discutons jamais. Nous nous appuyons sur l'Evangile et ne cherchons pas ailleurs la vérité. Puisque Jésus-Christ est le fils de Dieu, est Dieu lui-même, ses paroles doivent suffire pour trancher toutes les questions, doivent être la source de toute lumière. Ce que les hommes y ajoutent n'a aucune valeur ; bien mieux, nous le réputons un sacrilége. Montrez-moi dans le Nouveau Testament un seul passage où le rédempteur, où la victime volontaire damne à jamais de pauvres innocents?

— Je ne vous montrerai, je ne vous alléguerai aucun texte, lui dis-je, car ces problèmes ne m'ont jamais causé le moindre souci. Je leur accorde seulement un intérêt d'historien. Aussi j'aimerais mieux aborder une autre question. Je voudrais savoir, par exemple, si vous admettez la pluralité des femmes, comme Jean de Leyde et ses compagnons.

L'anabaptiste me regarda fixement de ses yeux bleus, puis laissa échapper un demi-sourire.

— Vous plaisantez assurément, me dit-il ; la question que vous m'adressez ne peut être sérieuse, puisque, sauf notre opinion sur le baptême, nous n'avons rien de commun avec les débauchés de Munster. Leurs principes et leurs mœurs licencieuses nous inspirent une profonde répugnance. Notre morale ne nous autorise à prendre qu'une seule femme, et le mariage, chez nous, est indissoluble. Nous observons donc sans peine la loi française, obligatoire pour nous aussi bien que pour le reste de la nation. Votre méprise, au surplus, ne m'étonne pas : on nous confond toujours avec les anabaptistes d'Allemagne, quoique notre communion soit originaire de Hollande. Le fondateur, Menno, fils de Simon, habitait la Frise, où il était né ; ceux qui connaissent nos doctrines nous appellent *mennonites*. Le clergé ultramontain, par malheur, nous détestant comme hérétiques, a entretenu soigneusement la confusion, pour exciter contre nous la haine et le mépris.

Je n'étais pas, je l'avoue, d'une humeur sérieuse ou méditative, et je poursuivis sur le même ton :

— Vous allez peut-être me trouver bien indiscret et me croire plus frivole que je ne le suis. Mais j'observe depuis un quart d'heure les assiettes à fleurs rouges et bleues alignées au dessus de votre alcôve, le long d'une tablette, et posées sur la tranche, pour que les visiteurs en puissent admirer les ornements. Au centre du bataillon, je remarque un superbe moutardier, de dimensions énormes, avec sa cuillère en terre cuite, et je me demande dans quel but vous faites cette exposition de vaisselle.

Mon ami Hertzog éclata de rire, et Augsburger sourit tout à fait.

— Mes coréligionnaires, dit-il, ont presque tous de vieux lits à dais ou à baldaquin, avec des

piliers aux quatre angles. Sur le haut de l'entablement d'où tombent les courtines, l'usage veut
que l'on dispose symétriquement les plus belles
poteries du ménage. Comme j'ai trouvé cette alcôve toute faite et qu'elle entrait d'ailleurs dans
le plan de la maison, j'ai cherché un moyen de
me mettre en harmonie avec la coutume.

— Mais ce moutardier colossal, que pouvez-
vous en faire ?

— Je n'en fais rien du tout; un de mes amis,
très-friand de moutarde, qui me croyait sans
doute le même goût, me l'a un jour apporté.
Moi qui ne puis souffrir cet assaisonnement, je
laisse le vase au repos.

— Ayant résolu un si grave problème, me dit
Hertzog, il me semble que nous ferions bien de
partir, si nous voulons voir aujourd'hui le lac de
la Maix et grimper sur le Donon.

Nous prîmes en effet congé de l'anabaptiste,
qui nous suivit jusqu'au bout d'une ruelle for-
mée par deux haies. Il me tendit alors la main
et me dit affectueusement :

— J'espère que nous ne nous quittons pas
pour toujours et que vous viendrez nous revoir.

— Vous pouvez en être certain, lui répliquai-
je ; à moins que je ne meure bientôt, mes excursions dans les montagnes ne sont pas terminées.

Je ne me doutais pas que je lui tiendrais si fidèlement parole.

# CHAPITRE II



Le plateau du Salm, habité exclusivement par des anabaptistes, a cinq cents arpents de terres labourables, que cultivent les fermiers de huit métairies. L'orge, l'avoine, le seigle, les pommes de terre, les navets et les choux forment les productions habituelles du sol. Autour des maisons seulement quelques arbres fruitiers groupent leurs têtes arrondies : les merisiers s'y mêlent à une espèce de pruniers qui porte un fruit ovale, nommé zwetsche en allemand; il mûrit dans l'automne et ne craint même pas les premières gelées blanches. Parmi les arbres dont nous peuplons nos jardins et nos champs, ce sont les seuls qui prospèrent si loin des plaines; le pommier, le poirier n'y peuvent soutenir la longueur de l'âpre saison, et périssent comme étonnés de la violence de l'hiver.

Mais ce qui frappe principalement l'attention du voyageur, quand il traverse le plateau, c'est le paysage qui forme alentour un splendide panorama. Le terrain s'adosse vers le sud à une montagne boisée que couronnent les débris d'un château gothique, ancienne demeure des princes de Salm. A l'ouest se creuse une gorge où serpente et gronde sur un lit rocailleux un faible torrent, contraint par la ruse humaine à tourner la roue d'une scierie. Au-delà s'élève une arête imposante qui court vers le nord, et, après plusieurs ondulations, atteint les flancs d'une montagne en forme de selle. De ses deux arçons, mais surtout du pommeau, la vue domine au loin la chaîne des Vosges ; c'est leur cime la plus haute dans le département du Bas-Rhin, c'est le Donon. En face de cette longue côte, à l'orient, s'ouvre comme une tranchée profonde la vallée de la Brusche ; puis le lourd massif appelé le *Champ du feu* semble une plaine qui fait le gros dos, tant ses lignes sont molles, tant il monte lourdement vers le ciel. Au nord, un bois masque la perspective.

Dès que nous fûmes assez loin de l'anabaptiste pour qu'il ne pût nous entendre :

— Avez-vous remarqué le costume du fermier ? me dit Hertzog.

— Il m'a paru très-simple, mais ne m'a pas suggéré d'autre observation.

— Vous n'avez point vu qu'il ne porte pas de boutons à ses habits?

— Je ne me suis guère préoccupé de ce détail; mais dans quel but s'en abstient-il?

— Par humilité chrétienne, comme tous les anabaptistes. Ils ne se servent que d'agrafes, même pour le col et les poignets de leurs chemises. Leur secte juge les boutons des ornements mondains, et les prohibe pour ce motif. Dans le dix-huitième siècle, ils avaient proscrit les boucles de souliers. L'étoffe de leurs vêtements mérite aussi quelque attention. Ils la nomment *halbeline*, du mot allemand *halblein*, parce que la laine, le fil de chanvre ou le lin s'y trouvent mêlés. Des tisserands de leur communion la fabriquent exprès pour eux. On ne la teint jamais de couleurs brillantes, qui témoigneraient trop l'envie d'attirer les regards; les anabaptistes n'emploient pour les deux sexes que le gris, le brun, le bleu foncé. Les bijoux, les rubans de soie, presque toutes les parures sont interdites à leurs femmes : un simple bonnet blanc ou noir couvre leur tête, quand elles sont d'un âge où leurs cheveux ne leur suffisent plus.

— Voilà des règlements qui ne conviendraient guère à nos jolies filles, surtout à celles qui ont bonne opinion de leurs charmes et s'estiment trop belles pour faire la joie d'un seul homme.

Pendant que nous devisions ainsi, nous traversions le plateau du Salm et descendions dans la gorge, où le travail intermittent de la scierie contrefaisait une pénible respiration. Après quelques heures de marche en des sites merveilleux, qui eussent demandé huit jours d'admiration et d'étude pour être bien appréciés, nous atteignîmes une espèce de couloir sauvage; des rochers nus y encadraient un sol aride et infécond; pas d'arbres, nulle perspective, un lieu propre aux austérités, aux gémissements de la pénitence, comme les déserts de la Haute-Egypte. Une voie romaine y dessinait son large ruban, que les siècles avaient échancré çà et là, mais sans y former de lacune. Vers le milieu du col s'élève une maison de garde, que l'on nomme le Prayé. Toutes les demeures des agents forestiers dans les montagnes sont des hôtelleries, où l'on est sûr de trouver un gîte et quelques aliments; notre collation frugale n'avait pas résisté longtemps à l'action du grand air, et nous éprouvions le besoin d'un repas plus solide. Mais nous connaissions trop le terrain pour nous bercer de vaines espérances : le garde était parti depuis trois jours et devait apporter le soir des provisions, en même temps qu'un tonneau de vin. Pendant son absence, il fallait nous contenter du régime habituel, la soupe aux oignons ou au lait, l'invariable omelette, des pommes de terre et du miel. La mère apprêta le banquet, son aimable fille nous le servit, le sourire à la bouche; il fut expédié avec un appétit de voyageur. Peu s'en fallut que je ne prisse la résolution d'attendre la nuit dans cette demeure hospitalière : j'avais fait des courses énormes les deux jours précédents, et je me sentais harassé.

— Allons, allons, me dit Hertzog, un peu de courage ; dans un quart d'heure nous serons au lac de la Maix ; vous ne voudriez pas être venu si près d'un endroit célèbre pour partir sans l'avoir vu.

— Marchons donc ! lui répliquai-je en prenant mon bâton de sorbier, un bâton magnifique acheté six sous dans un chalet.

Et nous voilà foulant de nouveau les larges dalles, qui, sur ces hauteurs incultes, révèlent encore, après deux mille ans, je ne dirai pas la puissance, mais la patience des Romains. Ces voies monumentales au milieu de la solitude, là où les peuples modernes n'ont ouvert que des sentiers, frappent l'imagination, produisent l'effet le plus imposant. Lorsque nous eûmes fait une assez longue traite, je m'arrêtai tout court, et dis à mon guide :

— Mais ce fameux lac, y arriverons-nous ? il devait être à quinze minutes du Prayé : nous arpentons le sol depuis je ne sais combien de temps, et je n'ai pas encore aperçu la moindre goutte d'eau.

— Prenez patience, mon cher ami ; nos estimations, à nous autres montagnards, abrégent fortement les distances, parce que nous avons l'habitude de la fatigue et ne sommes pas trop pressés d'atteindre le but. Mais, tenez, je découvre les arbres qui entourent le lac.

Bientôt, en effet, nous arrivâmes sur les bords de la pièce d'eau. Ce n'est qu'un étang, et encore de faibles dimensions. Les montagnes qui décrivent à l'entour un demi-cercle lui communiquent cet air sombre, mystérieux, qu'offrent en général les bassins étroits des hautes terres, et que contribue à leur donner la profondeur excessive de leurs eaux. Leur lit en forme d'entonnoir plonge dans les flancs de la montagne. Au centre nulle herbe ne peut croître; aussi la renouée, la salicaire, dessinent-elles près des bords une couronne de fleurs roses et blanches, qui étonne par sa régularité.

A droite du lac, l'ancien prieuré achève de tomber en ruine, sous l'action du temps, de la pluie et des hivers. Les ronces, les herbes des montagnes y croissent à l'envi, dans le plus pittoresque désordre. Quelles décorations inventées par les artistes soutiendraient la comparaison avec ces merveilleuses tentures, ces bouquets de fleurs élégantes, ces arabesques de feuillages divers et de branches vagabondes? Les poétiques débris me rappelèrent deux strophes de Matthisson :

*Les murs abandonnés de l'ancien monastère*
*Montent lugubrement au-dessus des taillis,*

*Au-dessus des rochers du golfe solitaire,*
*Où la vague déferle avec de tristes bruits.*

*Auprès de ces piliers qu'entoure une nuit sainte,*
*Sous le lierre épais qui couvre les arceaux,*
*Lorsque la pleine lune illumine l'enceinte,*
*L'ange des souvenirs rêve sur les tombeaux.*

J'examinai curieusement, on peut le croire, la voûte qui subsiste encore, mais croulera bientôt, car elle menace déjà les visiteurs, et n'oubliai point les restes du cimetière des Innocents. Ni le lac, ni les ruines n'ont perdu le prestige dont la superstition environnait jadis ces lieux déserts. Les villageois des communes les moins éloignées y montent en foule, un certain jour de l'année ; on y dit la messe sur un bloc de grès, autel rustique que les arbres toujours verts couronnent d'un noir baldaquin ; puis on fait processionnellement le tour des rives, bannières déployées, au chant des psaumes et des cantiques. La cérémonie a pour but de demander à la Vierge de la sécheresse ou de la pluie, selon le besoin de la campagne.

Malgré l'attrait sauvage de cette nappe d'eau, des vieux sapins qui la voilent, des hauteurs qui la gardent comme un bain des fées, nous séjournâmes peu de temps sur les bords, car le soleil venait de disparaître derrière les montagnes. Mais à peine avions-nous marché dix minutes, que mes jambes indociles refusèrent de m'obéir.

Avisant un rocher commode, j'y pris place sans autre cérémonie.

— Voulez-vous absolument rentrer ce soir chez vous ? demandai-je à mon ami Hertzog.

— Mes occupations l'exigent de la façon la plus rigoureuse.

— Eh bien ! si cela ne vous chagrine pas trop, vous continuerez votre route tout seul. Je tombe de fatigue ; quand j'aurai pris un peu de repos, j'irai coucher au Prayé.

— Etes-vous réellement si las ? Faites un effort. Nous n'avons guère que quatre lieues à parcourir.

— Oui, quatre lieues des montagnes ; mais, n'y eût-il vraiment que cette distance, je suis incapable d'aller plus loin. Laissez-moi donc sur ce divan formé par la nature, où je vous garantis que je me trouve fort bien, et n'ayez nul regret de me quitter. Il m'importe peu de dormir dans un endroit plutôt que dans un autre.

— Alors, sans prolonger les explications et sans m'attendrir sur votre sort, je vous abandonne à votre lassitude. La lumière baisse ; je ne serai probablement pas dans mon domicile avant dix heures du soir.

Hertzog me serra la main et s'éloigna d'un pas rapide. Le bruit de sa marche parvint quelque temps à mon oreille, puis la solitude m'environna de son majestueux silence.

Le rocher qui me servait de siége n'était pas,

comme on pourrait le croire, une pierre dure et impitoyable, un symbole d'inhumanité. Il formait, au contraire, un lit des plus moelleux. A tous les rochers qui ne sont pas trop aigus, trop perpendiculaires, et qui ne dépassent point la zone de la vie, la végétation se cramponne avec opiniâtreté. Elle y colle ses larges plaques de byssus, noires, brunes, grises, jaunes et orange ; leur décomposition produit un peu de terreau, où prospèrent les lichens ; les mousses arrivent ensuite, de taille naine d'abord, puis plus grandes, plus soyeuses, plus élastiques ; le bry enfin compose de ses longues tiges un profond tapis, un agreste matelas pour mieux dire, où l'on peut s'étendre comme sur une couche parfumée. C'est ce que je fis, presque sans le vouloir, tout en admirant le site qui m'environnait.

Un paysage austère, un peu triste même, se déployait devant mes yeux. Au-dessous de moi, mes regards plongeaient sur une pente très-inclinée, où d'énormes sapins semblaient se roidir pour ne pas glisser dans l'abîme. Tout au fond du col, un torrent grondait d'une voix morose, comme affligé de sa course éternelle et des sombres détroits dans lesquels roulent ses flots. A droite et à gauche deux files de hauteurs couraient vers l'ouest, formant avec la montagne qui me tenait lieu d'observatoire un triangle mal dessiné ; ces deux chaînes laissaient entre elles un intervalle, où le soleil venait justement de terminer sa course, derrière un nuage que rayaient des bandes couleur de brique et des lignes d'un rouge plus foncé, mais également terne. L'ombre arrivait à grands pas ; les vieux sapins, effleurés par le vent du soir, murmuraient comme un chant de nourrice ; sous l'influence de cette mélodie vague et monotone, je tombai peu à peu dans un profond sommeil.

Il paraît que ma dépouille mortelle trouva ce repos de son goût, car elle le prolongea d'une manière indiscrète : ce fut seulement au milieu de la nuit que le froid parvint à l'en tirer. Je fus d'abord assez mécontent d'une licence très-inopportune ; mais au lieu de m'abandonner à ma mauvaise humeur, je crus qu'il valait mieux chercher la maison du garde. L'abondante rosée dont mes cheveux, ma barbe et mon costume étaient humectés, m'y conviait fortement, et je me mis en chemin. Le spectacle magnifique d'une belle nuit d'août changea bientôt mes dispositions. A peine avais-je marché cinq minutes que la lune, dans son dernier quartier, se leva sur ma gauche. Elle dépassa furtivement la cime des bois et des montagnes, sembla jeter au loin un regard timide, pour s'assurer que nul œil curieux n'épiait sa venue, et, ne m'ayant point remarqué sans doute, elle commença plus hardiment à gravir. C'est surtout quand elle entreprend si tard son voyage qu'elle apparaît comme le génie de la solitude. Plus pâle que d'ordinaire, sous la brume qui a eu le temps de se former, elle traîne sa mélancolie dans un ciel froid, au-dessus des campagnes muettes et sombres. Les étangs et les lacs, où elle ébauche son image, sont les seuls témoins de sa course aventureuse, les uniques spectateurs de sa virginale beauté.

Enfin j'aperçus la maison du garde dans son défilé sauvage. Elle était noire, lugubre comme un tombeau. La fontaine, qui versait à côté son filet d'eau cristalline dans une auge de bois, murmurait d'une si triste manière, qu'elle semblait chanter une complainte. La brise nocturne variait ses intonations et y mêlait des soupirs étouffés.

— Holà! m'écriai-je en frappant à la porte; ouvrez, ouvrez! C'est un voyageur qui demande un gîte.

A cet appel succéda un moment de silence, pendant lequel j'entendis de nouveau lé refrain monotone que bégayait la source. Bientôt cependant on remua dans la maison, une lueur éclaira la fenêtre, puis cette dernière s'ouvrit, et un homme y parut en bonnet de coton.

— Qui êtes-vous? que désirez-vous? me demanda une voix mâle, quelque peu irritée.

— Parbleu! je désire un lit. Croyez-vous qu'il fasse bon dehors?

— Vous auriez dû vous en apercevoir plus tôt.

Comment vous trouvez-vous à la belle étoile, et d'où venez-vous ?

— Du lac de la Maix, que j'ai voulu visiter.

— A une heure du matin ? Vous plaisantez sans doute, ou vous avez de maúvaises intentions. Passez votre chemin ; je ne vous connais pas.

— Votre femme et votre fille me connaissent. Je me suis arrêté chez vous tantôt ; j'y ai dîné avec M. Hertzog. En me reposant sur l'herbe, je me suis endormi, et viens seulement de m'éveiller.

— Si vous avez de pareilles habitudes, mal vous en arrivera. Vous ne craignez donc point les rhumatismes ?

— Les médecins déclarent qu'il n'y en a pas, que ce prétendu mal est une erreur populaire.

— Bon ! en voilà d'une autre ! dit le garde, pendant qu'il s'éloignait de la fenêtre.

Un colloque relatif à ma personne eut lieu entre lui et sa femme ; j'entendais seulement le bruit sourd de leurs voix ; puis le maître de la maison descendit, et, après avoir tiré une barre, m'ouvrit la porte. Sa figure militaire, au nez saillant, aux pommettes élevées, aux sourcils touffus, présentait l'apparence la plus singulière sous son bonnet de coton.

— Vous avez beau dire, reprit-il, vous avez tort de vous exposer à la fraîcheur de la nuit. Vous pourriez d'ailleurs vous étendre, sans le

savoir, sur quelques touffes d'aconit napel, ou
être visité par les holzbocks.

— Eh bien! quand je me coucherais sur une
herbe plutôt que sur une autre, où serait le mal?
Et vos holzbocks sont probablement des nains
perfides, de mauvais génies, des fées sournoises
ou autres créatures chimériques, dont je me
soucie très-peu. Croyez bien du reste que je ne
passe jamais volontairement la nuit au milieu
des bois.

— Ah! vous méprisez l'aconit napel, vous rail-
lez les holzbocks! Prenez garde de ne pas en
sentir les effets. La plante vénéneuse a maté
d'autres gaillards que vous.

Pendant ce dialogue, nous avions traversé plusieurs pièces.

— Par ici, par ici : voilà l'escalier, me dit le
garde. Heureusement que nous avons toujours
une chambre prête; les draps sont mis, vous
n'aurez qu'à vous coucher. Mais, une autre fois,
suivez mes conseils.

— Je ne demande pas mieux que d'avoir peur;
mais, avant de m'effrayer, je voudrais savoir au
moins ce que c'est que votre aconit napel.

— Une plante magnifique, monsieur, que l'on
trouve dans nos montagnes, dans la Forêt-Noire
et dans les Alpes. Sa belle tige, d'un vert noirâ-
tre, ses épis de fleurs bleues invitent à la cueillir
et déguisent ses mauvaises qualités. Il suffit
néanmoins qu'on la touche quelques moments

pour ressentir un malaise vague, puis des anxiétés, des vertiges, auxquels succèdent des convulsions ou de syncopes. Les Suisses prétendent même qu'elle peut causer la mort par le simple contact. Si vous allez là-bas, vous entendrez probablement conter l'histoire de deux fiancés qui périrent le jour de leurs noces. La jeune fille, dans son ignorance, avait cueilli un assez grand nombre de ces fleurs sournoises, et en avait formé un bouquet. Elle le tenait à la main par laquelle la prit son bien-aimé, lorsque les danses commencèrent. La moiteur de leur peau accrut l'effet du poison et le rendit terrible. Les pauvres amoureux expirèrent pendant la nuit.

— Quoique cela me paraisse un peu fort, je veux bien le croire; mais vos holzbocks me trouveront probablement tout à fait incrédule. Les histoires des revenants et de loups garous ne me divertissent même pas.

— Il s'agit bien de contes de nourrice! me dit le forestier, pendant qu'il posait son chandelier de fer sur la commode. Qui vous parle de loups garous? Les holzbocks sont des insectes fort désagréables, qui ont la tête et le corselet noirs, l'abdomen rouge et divisé postérieurement en deux lobes, comme le haut d'un cœur. Ils enfoncent leur tête dans votre peau, où ils se cramponnent si fort qu'on a toutes les peines du monde à les déloger; mais, la bête partie, on n'est point délivré du mal; la plaie envenimée fait souffrir pendant un mois. Je vous parle ici d'après mon expérience personnelle.

— Ma foi ! si l'on voulait tout prévoir et se garantir de tous les maux, on ne ferait jamais rien en ce monde. J'ai pour habitude de ne pas songer à ces misères. Mais vous qui me paraissez la prudence même, vous allez attraper un rhume, car vous êtes vêtu de la façon la plus économique.

Ma remarque produisit son effet, et mon hôte me souhaita une bonne nuit. Dès que je fus seul, un regard jeté sur une mauvaise glace d'Allemagne m'expliqua une démangeaison très-vive, que depuis un quart d'heure je ressentais aux mains et à la figure. Des centaines de cousins m'avaient perforé de leurs dards venimeux, si artistement aiguisés par la Providence pour la satisfaction de l'homme, car on sait qu'elle est pleine de sollicitude à notre égard. C'était le résultat de mon sommeil pastoral sur la mousse ; il me prouvait d'une manière victorieuse que nos pays septentrionaux ne conviennent pas aux mœurs bucoliques, et semblait vouloir corroborer les admonestations de mon hôte. Mais je pris le parti d'en rire, pour ne pas garder rancune à mes chères montagnes.

# CHAPITRE III.

*Seconde visite aux mennonites. — Trait sublime d'un membre de la secte. — Science agricole des religionnaires. — Un orage dans les montagnes. — L'aubergiste qui veut maigrir. — Les deux tritons. — Clergé anabaptiste. Simplicité extrême du culte. — Scrupuleuse fidélité aux préceptes de l'Evangile. — La salle de prières. — Communion sous les deux espèces. — Les mennonites ne se confessent qu'à Dieu.*

Dix-huit mois s'étaient écoulés depuis ma visite au Salm, et je ne pensais pas devoir jamais écrire un mot à ce sujet, lorsque, l'hiver dernier, dans la boue et la prose de Paris, un volume, où il était question des anabaptistes (1), me rappela subitement la poétique esplanade que parfume la senteur des bois. L'auteur anonyme raconte une histoire des plus honorables pour les sectaires. Pendant l'année 1759, le comte de Stainville commandait en Allemagne un détachement assez nombreux de troupes françaises : M. de Bulau, officier prussien, lui tenait tête avec des forces respectables. Une affaire très-vive s'engagea entre les deux corps d'armée, non loin du monastère de Jachein, au pays de Waldeck.

(1) Les *Soirées helvétiennes*, Londres, 1792.

Une charge de dragons, impétueuse et singulière, termina la lutte en notre faveur. Nos soldats vinrent camper autour de l'abbaye, dans les cours et dans les salles du monument. L'aide de camp du général, M. Stadler, fut chargé de découvrir des champs d'orge pour y faire paître les chevaux. Il rencontra un anabaptiste.

— Allons, lui dit-il, mène nous dans un champ d'orge, afin que nos bêtes puissent manger.

— Pourquoi vous y mènerais-je ? lui répondit d'un ton calme le sectaire. Suis-je votre pourvoyeur ?

— Parce que, si tu n'obéis pas, nous te ferons marcher de force. Connais-tu cet argument ?

Et il lui montra la pointe de son épée.

— Votre arme ne m'effraye guères ; mais Dieu nous prescrit de donner notre manteau à qui veut nous enlever notre tunique, suivez-moi donc.

Et le religionnaire se mit à la tête du détachement. Il lui fit d'abord traverser un petit bois, et, prenant plusieurs détours, les conduisit assez loin de l'endroit où les Français l'avaient rencontré.

— Mais il me semble, lui dit en l'arrêtant tout à coup M. Stadler, que nous avons dépassé quelques champs d'orge. Pourquoi ne nous les avez-vous pas indiqués ?

— Parce que ces champs n'étaient pas à moi,

lui répondit le vieillard ; mais en voici un devant vous qui m'appartient ; menez-y vos cavaliers, et que vos chevaux y pâturent.

L'écrivain anonyme donne en outre sur les mennonites de l'Alsace, pendant le siècle dernier, quelques détails qui m'intéressèrent vivement. « C'est à une culture plus soignée et mieux entendue que j'ai distingué en Alsace, dit-il, les vallées habitées par des anabaptistes. Je regardais les collines avant d'entrer dans les cabanes, et quand les collines étaient mieux cultivées, avant d'avoir vu des souliers sans boucles et des habits sans boutons, je me disais : Il y a ici des anabaptistes.

» Quoique ces gens soient mêlés, en Alsace, à un peuple encore soumis aux préjugés destructeurs de l'agriculture, ils font corps entre eux, non pour briguer aucune autorité, mais pour soutenir les principes honnêtes auxquels ils doivent la pureté de leurs âmes et la force de leurs bras. Ils semblent rechercher pour leurs demeures les détours les plus reculés des Vosges. Là, plus seuls avec la nature, ils sont aussi davantage avec eux-mêmes, et conséquemment plus heureux, puisqu'ils sont sans reproches. C'est dans les déserts, qu'ils défrichent en proportion de leur nombre, qu'ils aiment surtout à élever leurs chaumières ; elles sont simples comme eux, mais construites avec intelligence. La façade, tournée au sud-est, reçoit dès le point du jour tous les rayons que le soleil lui destine. Les croisées, souvent ouvertes, donnent accès à des torrents d'air, qui rafraîchissent en même temps la poitrine du nourrisson et celle de l'aïeul qui le regarde avec complaisance. »

A mesure que ce tableau champêtre se déroulait devant mes yeux, mon imagination me transportait sur le plateau du Salm ; je revoyais la maison d'Augsburger, avec ses fenêtres encadrées de grès rose, la montagne couverte de sapins qui la domine, et le paysage merveilleux qui l'entoure. Malgré le froid de la saison, malgré les profondes couches de neige amoncelées pendant l'hiver sur les hauteurs, j'aurais voulu y fuir le tumulte de la grande ville, la monotonie des rues et le fracas des voitures ; mais, tout en refoulant ce caprice de mon imagination, je me promis de le satisfaire dès que la température et mes travaux m'en laisseraient le loisir.

Au mois de septembre dernier, je partais donc pour l'Alsace et gravissais encore une fois les pentes boisées qui mènent à l'esplanade. Le temps n'était pas beau ; la pluie tombait presque sans interruption, mais le paysage n'y perdait rien. Sous les nuages déchirés que le vent roulait à travers le ciel, et qui laissaient voir çà et là des pans d'azur, les montagnes avaient pris l'air majestueux, presque menaçant, et les teintes d'un bleu sombre qu'elles offrent toujours en pareille occasion. Tantôt les vapeurs, qui cachaient leurs dômes, s'effilaient par le bas et semblaient traîner des franges ; derrière cette guipure mobile, les noires forêts de sapins revêtaient les nuances les plus variées , les teintes les plus fines et les plus légères. Tantôt les nuages descendaient avec précipitation dans les gorges, comme pour voir ce qui se passait au fond ; puis remontaient d'un élan, échevelés, en tumulte, et paraissaient vouloir prendre d'assaut les montagnes. Un jour splendide, un ciel sans tache n'auraient pas eu le même attrait et la même beauté. Sous les coups de vent, les arbres modulaient ces accords vagues et sourds, qui commencent dans le lointain, se rapprochent en grondant, mêlés au bruit de l'averse, au murmure de la bise , et roulent vers l'auditeur comme les flots sonores de la marée montante.

Le plaisir que font éprouver de telles scènes avait une désagréable compensation. M. Wiedemann , l'aubergiste des *Deux clefs* , qui cette fois me servait de guide, dans l'espoir de maigrir un peu , me disait-il, espoir tout à fait chimérique, avait emprunté un parapluie de coton, lorsque nous avions vu les premières gouttes tomber une à une sur la poussière. Ce genre de parapluies n'a qu'un inconvénient, c'est de laisser passer l'eau comme un crible ; dès qu'ils sont mouillés, ils font l'office d'un arrosoir, plutôt que d'un préservatif contre les intempéries du ciel. Quand même d'ailleurs ils n'auraient pas ce petit défaut, les sentiers inégaux, étroits et raboteux des montagnes ne permettraient pas de s'en servir à deux. Or, comme cette espèce d'instrument me cause la plus profonde horreur, j'en abandonnais la jouissance exclusive au digne aubergiste, qui soufflait en grimpant sous ce tamis malencontreux. Il avait ainsi l'avantage de ne recevoir que de l'eau filtrée; mais, abstraction faite de cette circonstance, nous étions aussi trempés l'un que l'autre. Nous arrivâmes donc tout ruisselants chez le mennonite.

Il nous reçut avec la bienveillance douce et tranquille de ces véritables imitateurs du Christ, souriant néanmoins de nous voir métamorphosés en tritons. Sa femme et lui s'empressèrent d'allumer du feu dans le poêle; nous suspendîmes nos habits alentour, après nous être changés tant bien que mal, en ajoutant des pièces d'emprunt à celles que contenait mon havre-sac. Nous fîmes ensuite un repas frugal, terminé par un verre d'excellent kirsch, aussi pur que la rosée du ciel.

— Eh bien! vous voyez que je vous ai tenu parole, dis-je à l'anabaptiste; je vous avais promis de revenir, et je suis revenu.

— Vous auriez pu choisir un meilleur temps, mon cher monsieur.

— Pas le moins du monde. J'ai vu la montagne dans ses humeurs sombres, qui ressemblent aux colères d'une jolie femme, quand ses yeux sont resplendissants d'éclairs ; j'ai eu en outre le spectacle de M. Wiedemann , pareil à un monument gothique laissant échapper l'eau par toutes ses gargouilles.

— Mais il me semble, me dit l'aubergiste, que vous offriez un aspect non moins humide ; on vous aurait pris pour un fleuve mythologique.

— Ce que vous dites là est plein de vraisemblance , mais je ne pouvais admirer ma tournure comme j'admirais la vôtre.

Puis m'adressant à Augsburger :

— Je suis venu , lui dis-je, pour étudier vos principes, vos mœurs et vos cérémonies religieuses. Peut-être mon projet vous déplaira-t-il. En ce cas, le but de mon voyage sera manqué. Je ne puis rien apprendre, si vous ne me communiquez vos livres de doctrine et si vous ne me donnez de vive voix toutes les explications nécessaires.

— Nous n'avons pas besoin de voiles, me répliqua le mennonite. Pourquoi ferions-nous mystère de nos opinions et de notre culte ? La parole de Dieu est notre seul guide ; nous suivons de point en point ce qu'il a prescrit lui-même, sans nous laisser détourner de sa voie par les fausses interprétations des hommes, par les idées arbitraires que l'on a jointes à son enseignement. L'Evangile nous offre et l'exemple et les instructions du Christ à ses apôtres. Comment cela ne nous suffirait-il point ?

— Mais, sur un assez grand nombre de question, l'Evangile ne renferme que des prémisses ; on en a extrait une métaphysique, une morale, une anthropologie, tout un système des choses invisibles comme des choses qui tombent sous les sens. Avec ces déductions plus ou moins rigoureuses, on a construit l'échafaudage d'une société.

— Voilà justement ce que nous désapprouvons : la race humaine n'a pas besoin de ces fatigantes subtilités. Nous nous en passons et n'en vivons que mieux. Notre profession de foi occupe trente et une pages ; dans sa clarté, dans sa simplicité, elle nous fournit toutes les lumières désirables.

— Mais vous n'avez point la hiérarchie savante, compliquée, le nombreux personnel de l'Eglise catholique.

— Cette organisation fastueuse et dispendieuse nous semble contraire à l'esprit de l'Evangile, en opposition avec l'humilité chrétienne. Nous n'avons point de clergé proprement dit. Chacun de nous peut à son tour exercer les fonctions de pasteur, si la communauté l'en juge capable et le choisit pour les remplir. Nous faisons dans ce but des élections annuelles. Tout le monde y vote, les femmes aussi bien que les hommes, la femme étant notre égale devant Dieu. Nous seuls avons donc établi en réalité le suffrage universel, car votre loi proscrit la moitié du genre humain.

Nos assemblées nomment un chef religieux, auquel nous donnons un titre peu fait pour chatouiller l'orgueil : nous l'appelons seulement le *complet serviteur (der vollige diener)*. Il administre le baptême, la communion, marie les fiancés, prononce l'excommunication et prêche aux jours solennels.

Le *deuxième serviteur* a pour tâche spéciale d'expliquer les livres saints et les divers articles de notre confession. Il peut aussi présider nos assemblées, quand le chef est absent. Nous nommons en troisième lieu le *diacre* ou *serviteur des pauvres*. La pureté de la doctrine est commise à sa garde : il surveille les discours des orateurs, pour qu'il ne s'y glisse aucune idée fausse, aucun principe en désaccord avec nos opinions. Il doit aussi prendre soin des pauvres, les visiter, recueillir pour eux des aumônes. Nous avions autrefois des *diaconesses* chargées des mêmes soins, comme dans la primitive Eglise ; mais il y a si peu d'indigents parmi nous qu'elles n'avaient rien à faire. Le maintien de notre croyance forme en réalité la seule occupation des diacres.

— Rétribuez-vous de quelque manière vos prêtres électifs ?

— Nous ne leur donnons pas une obole. Ils vivent comme nous du travail de leurs mains, et ne portent aucune marque distinctive.

— Votre culte a au moins l'avantage d'être simple et peu coûteux, répondis-je. Peut-être

aussi ne construisez-vous ni temples, ni cha-
pelles, ce qui épargne encore vos ressources ?

— Un article de notre symbole dit positive-
ment : « Toutes choses viennent de Dieu, subsis-
tent par Dieu et vivent en Dieu. » N'est-ce donc
point un labeur inutile que de lui élever des monuments, comme s'il avait besoin d'abri ? Le
monde est sa demeure, son œuvre et sa glorifica-
tion ; il a pour sanctuaire le cœur de l'homme
juste, et la réunion des fidèles compose sa véritable Eglise. N'a-t-il pas dit lui-même : « Là où
plusieurs d'entre vous seront assemblés en mon
nom, je serai avec eux. »

— Mais il vous faut un local pour célébrer vos
offices.

— Le premier venu nous suffit : une chambre
de nos fermes, une salle un peu plus grande que
les pièces ordinaires, afin que tous les membres
de la communauté y puissent tenir.

— La décorez-vous au moins d'une manière
qui révèle sa destination ?

— Nous n'y mettons pas le plus simple orne-
ment.

— Mais, j'y pense, vous devez avoir sur le
Salm une pièce consacrée aux cérémonies du
culte ? Montrez la moi, puisque vous jugez toute
réserve inutile et inopportune : cela vaudra
mieux que bien des explications. Le ciel a fini de
gronder, de pleurer comme un enfant maussade ;
le voilà qui sourit à travers les derniers nuages.

Nous pouvons sortir sans craindre un nouvel accès de colère.

— Allons, me dit le mennonite ; d'autant plus que nous n'irons pas loin.

La salle, effectivement, se trouvait dans un corps de logis attenant à la maison d'Augsburger, en sorte que nous y arrivâmes en quelques pas. Nous montâmes un perron, et une simple porte à un battant nous introduisit au milieu du sanctuaire. Comme l'avait dit le vieillard, ce n'était qu'une salle rustique. Les poutres apparentes du plafond, les murs blanchis à la colle, le parquet en bois de sapin, d'un usage universel dans les montagnes, prouvaient les goûts modestes, les mœurs patriarcales des sectaires. Une douzaine de bancs formaient tout le mobilier.

— Quoi ! dis-je à mon hôte, vous n'avez ni chaire ni autel.

— A quoi pourraient-ils servir ? Nos prédicateurs se lèvent et prononcent leur sermon de la place qu'ils ont prise au hasard. Faut-il autre chose ? Est-ce la tribune que l'on regarde, ou la parole que l'on écoute ? est-ce le plaisir des yeux que l'on cherche, ou l'interprétation de la loi divine, des conseils paternels pour bien se conduire ici-bas et obtenir après la mort la félicité des justes ? Le Christ n'enseignait-il point la foule là où il se trouvait, en pleine campagne, dans les rues, au bord de l'eau ? Toute pompe vaine détourne l'esprit de la contemplation de la vérité, inspire un frivole amour des choses accessoires et passagères.

— Mais il me semble qu'un autel ne serait pas superflu pour consacrer le pain et le vin, car vous communiez, je crois, sous les deux espèces.

— Quelques morceaux de pierre taillés d'une certaine façon vous paraissent-ils si importants ? Nous n'y songeons même point, et nous accomplissons les cérémonies prescrites, nous prions Dieu, nous lui adressons nos hommages sans aucun attirail. Quand nous célébrons la cène, le diacre apporte le pain sur un plateau, le vin dans la coupe, les présente au *serviteur,* qui les bénit, et nous communions aussi pieusement que si la consécration avait eu lieu sur un autel de marbre, sous un baldaquin chargé d'or et de sculptures.

Nous rentrâmes dans la demeure de l'anabaptiste, et d'interrogation en interrogation, j'appris une foule de détails qui prouvent le respect de ses confrères pour l'Evangile, le peu d'importance qu'ils attachent aux constructions élevées sur ce roc primitif. Ils suivent les prescriptions, les exemples du maître avec la dernière rigueur. Nulle circonstance n'est omise, changée ou modifiée. Ainsi, dans l'institution de l'Eucharistie, les trois évangélistes saint Mathieu, saint Marc et saint Luc s'accordent à dire que Jésus rompit le pain (*accepit Jesus panem, et benedixit ac fregit*). Le pain en conséquence doit être rompu, suivant les anabaptistes, et il faut employer pour la communion du pain véritable, du pain ordinaire, fût-il extrêmement grossier ; on a tort de lui substituer la pâte blanche et fade connue sous le nom d'hostie. Rien n'autorise cet échange arbitraire. Les mennonites taillent conséquemment des lames de pain, comme celles dont on fait usage pour les sandwichs, et l'officiant les rompt en trois parties, donnant un morceau à chaque fidèle. Ils boivent ensuite au même vase, et ce vase est souvent un simple pot à eau, tant ils poussent loin le mépris de tout luxe et de toute recherche.

Après la Cène, le Christ ayant lavé les pieds de ses apôtres, les mennonites font la même cérémonie. Des baquets en bois de sapin ou de hêtre leur servent à l'accomplir. La moitié des sectaires s'agenouillent devant leurs voisins, qui leur rendent la pareille, les hommes se mettant avec les hommes, les femmes avec les femmes.

La communion cependant n'a pas pour eux la même importance que pour les catholiques. Le pain consacré n'est pas, dans leur opinion, la chair du Messie ; le vin ne se transforme pas en sang. L'un et l'autre ne sont que des signes commémoratifs ; le but et le sens du sacrement est de rappeler que la chair du Sauveur a été brisée, offerte en sacrifice ; que son sang a été répandu afin d'assurer le bonheur éternel des hommes. L'eucharistie, en outre, doit nous stimuler, dit la profession de foi des anabaptistes, à aimer notre prochain, à nous pardonner les uns les autres, comme le Christ nous a pardonnés, à maintenir la bonne harmonie entre tous les citoyens, entre toutes les classes, entre toutes les sociétés humaines.

La confession ne précède pas la communion chez les mennonites. Ils n'attribuent point à leurs ministres élus le privilége d'absoudre les fautes. C'est Dieu qui estime les actions et les intentions, qui efface les péchés, ou en laisse la tache sur le coupable. Ils ne confient donc pas leurs secrets à un autre arbitre, ne s'humilient que devant sa grandeur et sa bonté. Le Père des hommes leur paraît seul digne d'entendre leurs aveux.

# CHAPITRE IV



La manière dont les anabaptistes concluent et célèbrent leurs mariages prouve encore leur attachement scrupuleux aux maximes et aux traditions de l'Ecriture. Tout le monde a lu dans l'Ancien Testament la gracieuse histoire d'Eliézer, allant chercher une femme pour Isaac, au pays de Chanaan. La jeune fille devait être de la race d'Abraham, qui n'avait pourtant donné aucun renseignement à son serviteur, parce que Dieu, disait-il, enverrait un ange sur son chemin. Eliézer y comptait peu. Arrivé en Mésopotamie, près de la ville de Nachor, il s'arrête dans le voisinage d'une fontaine et se promet de choisir la jeune personne qui non-seulement lui présentera sa cruche, mais ajoutera l'offre de désaltérer ses chameaux. Il suffit de mentionner cet épisode, sans reproduire toutes les circonstances de la narration, d'autant plus qu'on va les voir mettre en scène par les anabaptistes.

Lorsqu'un jeune homme, d'accord avec sa famille, a résolu d'épouser une de ses coreligionnaires (et les mennonites ne se marient qu'entre eux), il fait part de son projet au diacre ou serviteur des pauvres. Le diacre avertit la jeune fille et ses parents, puis la demande a lieu suivant le programme biblique. Le pasteur monte à cheval et trotte vers la maison de la fiancée qui demeure souvent à cinquante pas. On le nomme le *steckelmann,* lorsqu'il remplit ces fonctions particulières. Le steckelmann donc s'arrête près de la fontaine, placée dans les montagnes devant chaque logis. Dès qu'elle le voit, la puritaine sort de l'habitation, une cruche à la main, toute vermeille de plaisir, cachant de son mieux l'émotion qu'elle éprouve, et baissant les paupières pour amortir l'éclat de son regard.

— Je suis un voyageur altéré, lui dit l'interprète de celui qu'elle aime ; seriez-vous assez bonne pour m'offrir un peu d'eau dans votre cruche ?

— Bien volontiers, lui répond la mennonite, avec un sourire qu'elle n'a pas la force de réprimer.

Elle emplit le vase agreste et le présente au cavalier, qui effleure l'eau de ses lèvres.

— Maintenant approchez-vous, et faites boire

votre monture, dit-elle en montrant l'auge de bois, dans laquelle tombe le mélodieux filet de la source.

Ces paroles prouvent que la demande est bien accueillie. Autrement la jeune fille reprendrait sa cruche, sans ajouter un mot, et rentrerait dans la maison. Quand le cheval s'est désaltéré, le diacre tire de sa valise les dons achetés pour la nouvelle Rebecca, une pièce de toile, une robe, un fichu. Il les présente à la fiancée.

— De qui êtes-vous fille? daignez me l'apprendre. Y a-t-il place pour un hôte dans la maison de votre père?

— Sans doute, mais mon père lui-même va répondre à vos questions, dit l'aimable enfant.

Et elle court avertir le chef de la famille, ou, s'il est mort, quelque parent qui fait son office. Elle lui montre toute joyeuse les dons du pasteur. Il sort pour le recevoir et lui dit :

— Entrez, homme béni de Dieu. Pourquoi restez-vous dehors? Notre maison vous est ouverte, et nous abriterons aussi votre monture, qui ne manquera de rien.

Le steckelmann alors descend de cheval ; on l'introduit dans la plus belle pièce, on met devant lui du pain et du vin, en lui disant : — Buvez et mangez.

— Non, réplique-t-il, mes lèvres ne toucheront à aucune nourriture, à aucune boisson, tant que je n'aurai point délivré mon message. On m'a député vers vous et chargé de demander la main de votre fille.

Le délégué nuptial dit alors le nom du jeune homme, les avantages que lui font ses parents, donne tous les détails nécessaires en pareille occasion.

— C'est Dieu qui vous a envoyé, lui répondent le père et la mère, c'est lui qui met les paroles dans votre bouche : comment ne respecterions-nous pas sa volonté? Il faut cependant que nous consultions notre fille, car nous ne pouvons marier notre enfant contre son gré.

On appelle la jeune sectaire, qui est passée dans une autre pièce, et on lui demande si elle accepte l'époux qu'on lui propose.

— Je le suivrai sous le toit qu'il habite, dit la future avec un embarras mêlé d'un secret plaisir.

On sert alors un repas modeste ; la famille et le diacre mangent ensemble, puis il va rendre compte du succès qu'il a obtenu.

Quand les formalités prescrites par la loi française ont été remplies, quand le maire de la commune, dont la bourgade mennonite forme une dépendance, a uni les deux époux, on procède à la consécration religieuse. Ce n'est point une cérémonie particulière, mais une fête générale : tous les anabaptistes du canton y assistent. La fiancée est vêtue de noir, le prétendant porte des habits de même couleur ; tout au plus lui

passe-t-on la fantaisie d'une redingote brune.
Les prières, le chant des cantiques ont lieu
comme d'habitude; après quoi on lit au couple
ému les versets du 19ᵉ chapitre de saint Mathieu,
où Jésus explique la sainteté, l'indissolubilité
du mariage (1) ; puis les commentaires de saint
Paul, dans sa première épître aux Corinthiens
sur les devoirs réciproques des époux (2).

Les mains des deux futurs sont alors unies,
sans qu'ils échangent le moindre anneau. Peut-
être les jeunes gens ne demanderaient-ils pas
mieux que de voir terminer en ce moment l'office divin. Mais les cérémonies se prolongent
bien au-delà. On lit tout haut l'histoire du mariage d'Abraham et les chapitres consacrés aux
fêtes nuptiales du jeune Tobie. Un prêche a lieu
ensuite, et les orateurs du désert, qui improvi-
sent toujours, ont souvent une facilité de langage incommode pour les auditeurs. Un de ces
naïfs sermonnaires m'assurait pouvoir parler
quatre heures de suite. Enfin le prédicateur
s'arrête, et une nouvelle mise en scène commence. Les noces du jeune Tobie deviennent
un programme que l'on exécute fidèlement

On sait quelle terreur saisit le père de Sarah,
lorsque son neveu, pour inaugurer le festin
préparé en son honneur, lui demanda la main

---

(1) Du 3ᵉ verset au 13ᵉ.
(2) Tout le chapitre 7.

de sa fille. Sept prétendants l'avaient l'un après l'autre obtenue, et tous, dans la nuit de leurs noces, avaient succombé aux atteintes d'un mal mystérieux. Le patriarche ne peut refuser le gendre qui invoque la loi de Moïse afin de tenter une nouvelle épreuve, mais il est convaincu que l'imprudent cherche sa perte. Aussi, dès le premier chant du coq, appelle-t-il ses domestiques et va-t-il creuser avec leur aide une fosse destinée au jeune époux. Il revient ensuite près de sa femme et lui dit :

— Envoyez une de vos servantes pour que je sache s'il est mort et que je puisse l'ensevelir avant le jour.

Anna exécute cet ordre, et la domestique, entrant dans la chambre nuptiale, voit les deux époux qui dorment sains et saufs. Le père et la mère bénissent donc le Seigneur, puis commandent de remplir sur-le-champ la fosse désormais inutile.

Les bons vieillards ignoraient qu'un ange avait indiqué au mari deux préservatifs contre la mort : le premier consistait à brûler sur un gril, au milieu de la pièce, le foie d'un gros poisson. Pour peu, en effet, que Tobie eût le nez délicat, l'horrible odeur d'un tel encens devait à coup sûr lui inspirer plus de sagesse que tous les préceptes de l'Ecclésiaste. Le second moyen était de s'abstenir pendant trois nuits, et de les passer en prière. La quatrième nuit seulement, lorsqu'il serait exténué de fatigue, il n'aurait plus de péril à craindre.

Ayant pris au sérieux cette légende orientale, les mennonites redoutent le pouvoir d'Asmodée, le perfide démon qui change le lit nuptial en couche funèbre, et, pour déjouer ses mauvaises intentions, suivent l'exemple du jeune Tobie, en omettant néanmoins les fumigations pestilentielles.

Le premier jour donc, lorsque le jeune couple a reçu la bénédiction nuptiale, tous les membres de la commune, hommes et femmes, se réunissent autour d'un banquet. Dans une salle voisine, de la paille fraîche étalée le long des murs forme un divan rustique. Après le repas, comme les danses, les jeux de cartes et de dés, aussi bien que les autres divertissements aléatoires et les chants profanes sont sévèrement défendus par la morale anabaptiste, les sectaires les moins graves se livrent aux exercices corporels que les écoliers affectionnent, la lutte, le saut, les quatre coins, le palet, ou aux jeux de société dits jeux innocents. Puis, lorsque la soirée s'avance, la nouvelle épouse et toutes les jeunes filles se retirent dans la pièce jonchée de paille ; on ferme la porte au verrou, et la troupe virginale dort ou essaye de dormir, sous la surveillance des matrones les plus âgées. Cependant les hommes sont réunis avec le marié autour de la table du festin ; ils causent, boivent modérément, discutent des problèmes religieux ou chantent des cantiques. Parfois une des recluses tire espièglement le verrou : son prétendu ou le conjoint se glisse dans la chambre. Mais aussitôt les matrones poussent des cris : les hommes accourent à la hâte, saisissent le délinquant, et le ramènent dans la salle où a lieu la veillée des noces, *pervigilium Veneris*. La nuit s'écoule au milieu de ces entretiens, de ces chants et de ces badinages, puis le matin borde les noires forêts d'une zône nacrée : il donne le signal de la retraite. Les familles des deux époux ne tardent point à rester seules.

Ce jour-là, elles se divertissent ensemble ; un second festin les égaye le soir ; on veille encore une partie de la nuit, après quoi les époux vont dormir séparément, comme deux ermites. Si longs, si ennuyeux que ces délais puissent leur paraître, l'effroi les arme de courage. Le méchant Asmodée les guette ; il importe de ne pas lui donner prise. Aussi le troisième jour est-il consacré au jeûne et aux sévères méditations ; le troisième soir, on ouvre aux mariés la chambre nuptiale, afin d'y subir une nouvelle épreuve. Il faut qu'ils passent la nuit en prières, en réflexions pieuses, et ne songent même point à profiter du silence et de la solitude pour goûter quelque repos. Le matin, lorsqu'ils tombent de sommeil, les matrones viennent inspecter la

chambre, et aussitôt après les époux sont libres ;
le démon ne peut plus leur nuire.

Les doctrines, les mœurs particulières des
anabaptistes, leur amour de la simplicité, la loi
qui leur interdit les amusements profanes, les
portent à s'isoler pour vivre entre eux, pour fuir
les tentations comme le spectacle du vice. Ce
n'est donc pas le séjour de la plaine qui leur
convient : trop de monde y passe, les demeures
y sont trop en vue, les relations trop multi-
pliées. La montagne leur sied mieux : ils y peuvent éparpiller leurs maisons sur un plateau,
dans une vallée, dans un bassin couronné de
hauts mamelons, travailler, prier ensemble,
loin des indifférents et des moqueurs, faire instruire leurs enfants sous leurs yeux. Là ils trouvent le recueillement nécessaire à tout homme
qui adopte une règle immuable, au lieu de suivre les capricieuses inspirations de la nature.

La beauté des sites, la variété continuelle des
paysages, des effets d'ombre et de lumière dans
les régions accidentées, le murmure des sources, les torrents, les bois majestueux, les fleurs
embaumées des montagnes leur sont d'ailleurs
aussi indispensables. Dans une vie simple et
monotone, que le luxe, les coûteux plaisirs, les
affaires et les passions n'illuminent point comme
une gerbe d'étincelles, il faut que les yeux et
l'esprit trouvent des compensations ; autrement
on périrait d'ennui. Toutes les aptitudes deman-

dent à s'exercer, l'imagination et le sentiment
du beau non moins que les autres. Feuilletez
l'histoire des ordres monastiques, vous verrez
que les frères ne pouvaient en général supporter l'uniforme routine du cloître, maigrissaient,
languissaient, ou violaient bientôt la règle pour
ouvrir quelque issue, pour donner quelque mouvement à leur âme alourdie et stagnante. Les
chevriers, les armaillis, au contraire, endurent
sans souffrir une existence bien plus pauvre et
plus monotone. Les habits grossiers, le lit d'une
rudesse toute primitive, le lait, le fromage, les
pommes de terre, le pain de seigle ou d'avoine,
qui composent le fond de leur régime, ne valent
pas ce qu'on alloue aux prisonniers. Ils s'en con-
tentent néanmoins, parce que des scènes impo-
santes, de gracieux tableaux les environnent;
parce que leur vue, pendant qu'ils gardent le
bétail, se promène au loin sur d'immenses perspectives. Les provinces entières, les milliers de
montagnes, les pics menaçants, les neiges éternelles, les lacs de plusieurs lieues qu'ils aper-
çoivent, fournissent à leur esprit un aliment
continuel. Leur intelligence se tourne vers la
contemplation : ils éprouvent des joies tranquilles, de doux et intimes plaisirs dont ils ne
se rendent pas compte, mais sans lesquels leur
manière de vivre leur paraîtrait insupportable.
Pour qu'ils comprennent leurs satisfactions, le
charme de leur merveilleux séjour, il faut qu'une

circonstance les en éloigne. Le regret les éclaire alors ; ils ont enfin conscience des vagues émotions qui enchantaient leur solitude.

Les mennonites ont tellement besoin de ce cordial, de ces jouissances poétiques et fortifiantes, qu'ils abandonnent de plus en plus les basses terres. La vallée du Rhin, encadrée par les Vosges et la Forêt-Noire, ne manque certes pas d'attrait pittoresque. Les anabaptistes y sont fort aimés, tenus en grande estime : une ferme se trouve-t-elle vacante et désirent-ils la louer, on leur donne la préférence sur tous les autres cultivateurs. Peu à peu néanmoins ils quittent la plaine, les environs de Strasbourg notamment, et vont dans la montagne chercher les sites qui leur conviennent, dont la grâce et l'éclat remplacent les distractions, les plaisirs, les luttes ambitieuses, les recherches passionnées qu'ils évitent.

Là, il ne faut pas croire qu'ils poussent la fraternité jusqu'à mettre leurs biens en commun, usage auquel auraient pu les conduire certains préceptes de l'Evangile (1) ; les frères moraves, qui ont tant d'analogie avec les *chrétiens sans défense*, et même le clergé catholique, n'ont pas su tourner cet écueil. Les mennonites reconnaissent la propriété individuelle, admet-

(1) « Chacun de vous qui ne renonce pas à tout ce qu'il a, ne peut être mon disciple, a dit le Seigneur Jésus-Christ. » (Saint Luc, chap. xix, v. 33,)

tent tous les droits que lui attribue notre code, mais ils les tempèrent par la charité : ils se préservent de l'égoïsme, de la sécheresse, de l'impitoyable orgueil qu'ils engendrent trop souvent, comme ces agarics, ces champignons ligneux qui croissent sur les arbres. On ne trouve point chez eux l'aversion et le mépris du pauvre. Ils se soutiennent en vrais disciples du Christ. L'un d'eux fait-il une mauvaise récolte, ne peut-il acquitter son fermage, on lui prête sans intérêt, on lui donne même la somme qu'il doit payer. Tout le monde y contribue dans la mesure de ses ressources pécuniaires. Un second, un troisième malheur ne lassent point la patience et la générosité des mennonites, si ces infortunes n'ont pas pour cause la négligence, les vices et l'incapacité de leur coreligionnaire. Mais si, après avoir examiné sa conduite en assemblée générale, on acquiert la certitude qu'il n'a pas les facultés et les vertus nécessaires à une bonne exploitation agricole, on le libère de ses engagements, puis on lui déclare qu'on ne s'imposera pas de nouveaux sacrifices. Ne pouvant diriger un établissement, il faut qu'il travaille en sous ordre. On l'emploie donc dans une métairie, où on ne le laisse manquer de rien ; sa femme subit le même changement de destinée. S'ils ont plusieurs enfants, quel qu'en soit le nombre, les fermiers se les partagent et les élèvent comme les leurs. Les souffrances, les perplexités, les dégradations de la misère n'atteignent aucun membre de la famille. A cet égard, les mennonites ont résolu le problème fondamental de la société qui doit être une assurance mutuelle contre le malheur.

Si quelque chose d'analogue existait chez nous, si dans l'adversité nous trouvions toujours une main prête à nous secourir, quelles douleurs, quels abaissements de la nature humaine on préviendrait ! quelles luttes navrantes on épargnerait à des individus méritants, que poursuit une fatalité inexorable ! Les combinaisons les plus rares, les plus étranges, les plus imprévues, font échouer toutes leurs entreprises et déjouent tous leurs efforts ; comme un matelot tombé à la mer, ils nagent avec désespoir au milieu des flots en tumulte, sans qu'un rayon éclaire leur chemin sur l'abîme, sans qu'une plage leur apparaisse dans le lointain. La généreuse compassion des anabaptistes n'inspirant que leur secte, et le reste des hommes n'estimant, n'aimant que le succès, tout le monde s'éloigne peu à peu du souffre-douleur ; ses parents lui imputent à crime son infortune ; ses connaissances doutent de son talent ou de son courage ; ses amis le trahissent pour de plus heureux. Il se voit bientôt seul près de son foyer désert ; le vent, qui hurle dans la cheminée, semble lui-même le maudire et lui répéter les outrageants propos des hommes. Nul ne s'in-

quiète de lui, nul ne veut partager sa tristesse ;
des fourbes lui arrachent ses dernières consola-
tions pour s'en faire un mérite auprès de ceux
qui le détestent : on ne mesure pas plus la haine
au pauvre que les adulations au riche. Enfin il
meurt sur son grabat, dans sa chambre haute,
où l'on entend ruisseler la pluie ; aucun voisin
ne l'assiste, aucun prêtre même ne vient adou-
cir son agonie, et son dernier soupir se mêle à la
bise qui agite le lambeau de toile suspendu devant sa fenêtre. On enlève sans respect son cadavre, pour le jeter sans cérémonie à la fosse
commune ; le chien du pauvre ne suit même
pas la voiture sinistre, car il n'aurait pu nourrir
cet ami dévoué de l'infortune. Le voilà mêlé
avec tous ceux qui ont souffert comme lui, dont
les restes n'inspirent que le dégoût et l'horreur.
De son tombeau sort une leçon terrible : Il faut
être heureux, n'importe à quel prix ; le vice, la
fraude et la trahison, blâmés légèrement par les
hommes, ne subissent point les cruels châti-
ments de l'indigence.

Honneur donc aux anabaptistes, qui ont su
détourner des malheureux ces punitions immé-
ritées !

# CHAPITRE V



Les charitables sentiments des anabaptistes ne demeurent point enfermés dans les bornes de leur secte. Ils font l'aumône aux pauvres de toutes les religions, leur donnent quelquefois des habits, ne leur refusent jamais l'hospitalité. Sans doute ils ne partagent point leur lit avec eux, mais ils les couchent dans leur grange. Il n'est pas rare que les vagabonds en abusent : le matin, ils se lèvent de bonne heure, ils emportent des fruits, des légumes, un morceau de toile, ce qui leur tombe sous la main. Augsburger me le disait avec une expression calme et douce, qui prouvait son désintéressement. On voyait dans ses yeux, sur sa figure tranquille, on devinait à ses intonations qu'il ne regrettait point les objets dérobés.

Les montagnards, du reste, sont généralement plus hospitaliers que les habitants des plaines. La nature même des lieux où ils vivent les y contraint. Telle ferme se trouve à six kilomètres de toute autre demeure, et la distance est parfois plus grande. Les chemins sont toujours pénibles ou dangereux. L'été, quand la lumière baisse, l'hiver, quand la rafale courbe dans le même sens tous les arbres d'une forêt, comme pour les humilier devant elle et montrer sa puissance, ou que la neige tombe ainsi qu'un froid déluge, cachant les routes, les sentiers, masquant toutes les perspectives, ce serait une action cruelle et souvent un homicide que de refuser un abri au voyageur. Et si le voyageur n'a pas d'aliments, pas de quoi payer sa nourriture, il faut bien lui témoigner de la compassion, lui donner du pain ou des pommes de terre. Les autres fermiers des Vosges sont donc, à cet égard, presque aussi généreux que les anabaptistes. Les contrebandiers même trouvent sous leur toit un asile pour la nuit.

Ces habitudes hospitalières (qui le croirait ?) ont produit un genre spécial de mendiants et d'écornifleurs. Prenez n'importe quel insecte, le plus pauvre, le plus chétif, en l'examinant bien vous trouverez sur son corps des insectes plus petits, qui le rongent, qui l'exploitent et vivent à ses dépens. La nature a prodigué les parasites, et les sociétés humaines ont aussi leur vermine, une vermine de paresseux, de fripons, d'agioteurs, d'intrigants et de tartufes, qui se logent dans tous les coins où ils peuvent exercer leur rapine, découvrir la moindre pàture. Les anabaptistes, les fermiers, les marquards des Vosges sont donc rançonnés comme tous les travailleurs. Les bohémiens, les vagabonds les relancent jusqu'au milieu du désert et viennent troubler de leurs dangereuses sollicitations la paix qui les environne. Ni le froid, ni la neige, ni le vent, ni les orages, ni les pluies torrentielles ne suspendent leurs courses intéressées : ils bravent tout plutôt que de se résigner à faire usage de leur force pour une œuvre utile.

Lorsque les mennonites ont une discussion d'intérêt avec une personne étrangère à leur secte, ils lui démontrent l'injustice de ses prétentions et l'équité de leur propre cause. Si leurs arguments restent sans effet, et que le temps, la réflexion, n'ouvrent point les yeux de leur antagoniste, n'éveillent pas les scrupules de sa conscience, ils n'ont garde de recourir aux tribunaux. Leurs principes leur défendent d'employer les rigueurs de la loi et en général tous les moyens violents. Pour terminer le débat, ils font présent à la partie adverse de la somme ou de l'objet contesté. « Puisque nous ne pouvons nous entendre, mon frère, conservez, disent-ils, ce que vous avez entre les mains, et que Dieu y ajoute sa bénédiction. La paix et la concorde valent mieux que les choses passagères de ce monde. »

Si le différend a lieu entre anabaptistes, les deux religionnaires paraissent devant le conseil des trois *serviteurs* ou prêtres élus. Ceux-ci jugent sans appel. Non seulement le condamné accepte leur décision, mais, dans la prochaine assemblée de la commune, il fait l'aveu de ses torts.

Il y a des affaires plus graves, qu'on ne pourrait aussi aisément terminer par un accord entre les dissidents. Une mauvaise action, un délit, un vice habituel, exigent d'autres mesures et une discipline moins clémente : il faut une punition. Le code pénal des anabaptistes n'admet qu'un seul châtiment : l'excommunication, ou, pour mieux dire, la séquestration. Elle est prononcée contre les ivrognes, les paillards, les voleurs, les méchants et les adultères. Mais la sentence a le caractère de douceur qui distingue toutes les actions, toutes les pensées des anabaptistes. « En les fuyant et les punissant, dit leur catéchisme, on doit montrer une indulgence chrétienne, pour que le châtiment ne cause point la ruine du pécheur, mais le purifie et l'améliore; car s'il a faim, s'il a soif, s'il est pauvre, nu et malade, ou s'il éprouve d'autres accidents, nous sommes tenus de compatir à sa misère, suivant les préceptes de la charité, suivant la doctrine de Jésus et de ses apôtres ; nous devons lui venir en aide et le soulager, autrement la séquestration tournerait à sa perte au lieu de lui être utile. On ne doit pas non plus l'envisager comme un ennemi, mais l'exhorter comme un frère pour qu'il reconnaisse ses fautes, qu'il les déplore et s'en repente, pour qu'il se réconcilie avec Dieu et avec la commune, pour qu'il soit réintégré parmi ses frères, et qu'on puisse de nouveau lui témoigner l'affection à laquelle ont droit tous les hommes. » Nous voilà bien loin, assurément, des farouches imprécations de l'Eglise romaine !

Le condamné ne mange et ne boit plus avec personne, pas même avec ses parents, ne peut ni voter, ni communier, ni assister aux offices. Cette proscription dure souvent cinq et six mois, suivant la faute commise. Elle ne cesse d'ailleurs qu'après la manifestation d'un vrai repentir. Le moment du pardon arrive enfin, et l'on choisit le jour où doit être levé l'interdit. C'est un dimanche, bien entendu. L'excommunié reste en dehors de la salle : le ministre en chef demande à l'assemblée si elle juge l'expiation suffisante et veut absoudre le condamné. La réponse étant favorable, on introduit le pénitent, qui s'agenouille au milieu de la pièce. Là, il reconnaît qu'il a péché devant Dieu et devant les hommes, qu'il en éprouve un sincère regret ; il exprime sa ferme intention de ne pas recommencer à l'avenir.

— Levez-vous, lui dit le pasteur, et allez au nom du Christ. Vos fautes vous sont remises; ne péchez plus.

Et il lit tout haut la parabole de l'enfant prodigue, sur laquelle roule le sermon du jour. Le soir, la famille célèbre par un festin modeste le retour de la brebis égarée.

Quoi qu'il arrive donc, jamais le délinquant n'est livré aux tribunaux : il subit en famille une peine morale qui le purifie et l'améliore. C'est le naufrage dont le marin sort plus habile et plus expérimenté. Les anabaptistes ne sont pas des anges, puisqu'ils commettent des fautes ; mais ces fautes sont rares, et leurs frères n'ont pas souvent l'occasion de sévir contre eux. La justice ordinaire a moins souvent encore besoin de s'en occuper, pour des délits envers les personnes ou les choses, dans leurs relations avec les autres citoyens. Un magistrat d'Amsterdam, qui avait exercé pendant cinquante ans de hautes fonctions, disait à l'auteur des *Soirées helvétiennes* que, durant ce demi-siècle, il n'avait pas entendu porter une seule plainte contre les anabaptistes, n'avait pas même vu sur les registres publics une seule déposition grave contre eux.

Ces petites sociétés se maintiennent donc depuis trois cents ans par les bonnes mœurs, par le sentiment de la justice et de la solidarité, unique pouvoir qui fait durer les empires , comme le dit la romance du roi maure :

> *Si no se respetan leyes,*
> *Es ley que todo se pierda,*
> *Y que se pierda Granada,*
> *Y que te pierdas en ella.*
> *Ay de mi, Alhama !*

« Si on ne respecte pas les lois, c'est une loi que tout périsse, que Grenade se perde et que tu te perdes avec elle. Malheur à moi, Alhama ! »

Pour la politique, cette science dont le but est de conduire les hommes vers le bonheur par la justice, quoiqu'elle manque d'habitude à sa mission, les anabaptistes ne lui accordent pas le plus minime intérêt. Le sort des nations est pour eux le mystère des mystères, l'œuvre directe du Tout-Puissant. Il mène les peuples comme il veut, par l'entremise des bons ou des mauvais princes, et l'on doit se montrer aussi docile envers les oppresseurs qu'envers les rois sages et cléments. Les sectaires ont pris pour une leçon directe de la Providence ces tristes phrases de saint Paul, dans son épître aux Romains : « Que toute personne soit soumise aux puissances supérieures, car il n'y a point de puissance qui ne vienne de Dieu. C'est pourquoi celui qui résiste à la puissance résiste à la volonté de Dieu. » Leur indifférence politique est si profonde, qu'ils ne s'inquiètent jamais ni de la forme du gouvernement, ni des hommes qui en font manœuvrer les ressorts. Aucun journal, aucun livre sur l'art de conduire et d'exploiter les nations, aucune histoire même n'entre dans leur demeure, sauf l'histoire de leur secte. Ils payent régulièrement les impôts, subissent les lois que l'on vote ou décrète, sans exprimer un blâme, un regret, un désir. Bien mieux, ils prient pour les gouvernants, quels qu'ils soient, et réservent à leur nom une place dans l'office divin ; ils sont, pour ainsi dire, absents de la nation, et paraissent vivre au milieu d'une île. A peine si les événements les plus graves parviennent à leur connaissance. Ils ne les apprécient point, n'en font pas un sujet de conversation, ou en parlent comme s'ils avaient eu lieu dans quelque planète lointaine. Cette complète abstention des affaires publiques augmente leur calme, les préserve de la discorde et leur assure la faveur des gouvernements. Rien de plus commode, en effet, pour les autorités qu'une pareille soumission. De là vient sans doute qu'ils ont pu traverser en paix toutes nos crises politiques et sociales Dans leurs retraites écartées, dans leurs fraîches oasis, les bienveillants sectaires ignorent nos discussions et nos troubles, comme l'hirondelle nichée avec ses petits sous le bord de leurs toits.

Ainsi, tout ce qui peut être une cause de perturbation et de scandale, les mennonites s'en préservent avec un soin extraordinaire. Ils ont supprimé de la religion chrétienne l'abstinence, les macérations, les douleurs volontaires, souffertes dans un but pieux. Les jeûnes fréquents, les jours maigres, les veilles dévotes, les pratiques expiatoires sont inconnus parmi eux. Ils ne s'imposent de privations alimentaires que deux fois par an, le 25 mars, jour de l'Annonciation, et le 8 décembre, où est née la mère du Christ. La prière, la vertu et la charité composent le fond de leur culte. A cet égard encore, ils ont atteint les dernières limites de la simplicité. Leur vie est comme la source du désert, qui, protégée contre les vents par un cercle de hauteurs, par une armée de vieux sapins, ne réfléchit que le ciel, la verdure de la forêt, les herbes délicates de ses bords.

Le poète latin ne semble-t-il pas avoir tracé leur plan de conduite dans ces beaux vers :

> *Non possidentem multa vocaveris*
> *Recte beatum. Rectius occupat*
> *Nomen beati, qui Deorum*
> *Muneribus sapienter uti,*
> *Duramque callet pauperiem pati,*
> *Pejusque letho flagitium timet.*

Ce n'était pas en quelques minutes que mon hôte pouvait m'apprendre tous ces détails. Je lui adressais questions sur questions, et il y répondait avec une patience évangélique. J'étais bien tombé, du reste, pour obtenir les renseignements que je désirais, car Augsburger exerce depuis trente ans les fonctions de pasteur dans la commune. Mais ce dialogue intéressait faiblement M. Wiedemann, l'aubergiste-modèle, qui m'avait escorté par complaisance, et dans le but de maigrir, comme on sait. Il nous quitta donc bien avant la fin de la conversation. Le mennonite lui-même me dit au bout de quelques heures :

— Pardonnez-moi, monsieur, mais je suis absolument forcé de vous quitter. Mes travaux m'appellent dehors; la saison s'avance, et il ne faut pas que je me laisse surprendre par le mauvais temps. Je vais mettre à votre disposition les livres que je possède : vous y apprendrez une foule de choses sans avoir besoin de mon secours.

Il alla en effet chercher sur des rayons et dans son armoire une quantité de volumes gros et petits, dont il chargeait la table devant moi au fur et à mesure qu'il les apportait.

— Vous trouverez parmi ces ouvrages, me dit-il, plusieurs traités de médecine et d'histoire naturelle. On vient de toutes parts me consulter, même pour les bestiaux, et il m'a fallu prendre quelques notions de l'art de guérir; les docteurs, dans nos montagnes, sont si peu nombreux et demeurent presque toujours si loin des malades ! Mais je vous laisse; vous saurez bien vous orienter au milieu de mon fatras.

Et le digne homme quitta la chambre. Les rayons d'un magnifique soleil tombaient sur les

relures fatiguées, enfumées, de ses bouquins
Les personnes qui n'aiment pas les livres, ne se
doutent pas du plaisir que les fureteurs éprouvent, quand ils se voient ainsi face à face avec
des volumes dorés par le temps. Le chasseur en
quête du gibier, le botaniste cherchant des fleurs
rares, le navigateur allant à la découverte de
plages inconnues, le galant qui épie un regard
de sa belle, ne ressentent pas des joies plus vives.
Il semble qu'un génie sérieux ou moqueur se
tienne dans une posture différente sur chaque
tome, vous excite à le lire ou vous en dissuade.
Aussitôt que je fus seul, je me jetai donc sur ma
proie, et, sans me donner la peine de choisir,
j'ouvris le volume le plus rapproché de moi.
C'était justement un livre de médecine, curieux
par son titre et par sa date. La première page
étalait à ma vue, en lettres rouges et noires, la
rubrique suivante, que je traduis de l'allemand :

« Le *Médecin prompt et sûr*, ou nouveau livre de
médecine, dans lequel toutes les maladies du
corps humain sont exactement et clairement dé-
crites par ordre alphabétique, ainsi que la manière certaine et rapide de les guérir avec l'aide
de Dieu, aussi bien d'après les observations personnelles de l'auteur, que d'après la longue expérience de plusieurs docteurs célèbres dans le
monde entier, mis en lumière nouvellement
pour les personnes qui demeurent à la campagne, loin des médecins, et pour les amateurs du

noble art de médecine, lesquels en tireront de nombreux avantages, par Théodore Zwinger, docteur en médecine et professeur à Bâle. »

C'était un petit in-8°, publié dans la dernière ville en 1703. Tout à côté, un énorme in-folio, portant le nom du même écrivain, opprimait la table de sa pesanteur. Il avait pour titre :

« *Theatrum botanicum*, ou nouveau livre des plantes, dans lequel tous les végétaux que produisent les quatre parties du monde se trouvent exactement et complétement décrits, avec l'indication de leurs propriétés curatives, etc., etc., par Théodore Zwinger, docteur en médecine et professeur à l'honorable université de Bâle. 1696. »

Je ne pus m'empêcher de sourire en pensant que les anabaptistes du Salm et presque tous les paysans du voisinage étaient médicamentés d'après ces livres tombés en désuétude. Ils renferment probablement une multitude d'erreurs qui feraient frémir les membres des diverses facultés de l'Europe. L'anabaptiste ne se doutait pas que la médecine eût fait des progrès depuis cent cinquante ans; il avait trouvé ces volumes par hasard, les avait hérités peut-être, et il s'en servait comme d'un meuble ou d'un ustensile de vieille date. Il n'y croyait pas moins fermement qu'à la Bible. C'était imprimé, il ne lui en fallait pas davantage, et il m'assura le lendemain qu'il avait guéri avec ses méthodes surannées une foule d'individus, sans compter les chevaux, les bœufs et les moutons. Il employait d'ailleurs les mêmes recettes pour les hommes et pour les animaux.

En tête du *Traité de botanique*, par Théodore Zwinger, j'admirai un superbe portrait de l'auteur, qui avait trente-huit ans lorsqu'il publia ce livre. Sa belle figure, ses grands yeux et ses longs cheveux bouclés ne rappelaient certes pas les médecins de Molière. Elle me fit penser à la tête charmante de Cornille de Bie, le notaire qui nous a laissé de courtes notices sur les peintres flamands. La bourgeoisie des siècles derniers, dans son époque militante et chevaleresque, offrait des types plus distingués que celle de nos jours. Ses nobles préoccupations se révélaient non-seulement par la physionomie et l'attitude, mais par la forme du corps et les traits du visage ; tant le physique et le moral s'influencent mutuellement !

# CHAPITRE VI

*Le* Théâtre sanglant, *ou Miroir des martyrs anabaptistes. —
Autres volumes concernant l'histoire de la secte. — Biographie de Menno Simonis, fondateur de la doctrine, écrite par
lui-même en hollandais. — Il entre dans les ordres à Pinningum, village de la Frise. — Doutes qui lui viennent pendant qu'il célèbre la messe. — Il examine la question de la
présence réelle, et consulte les docteurs du protestantisme. —
Massacre des anabaptistes belliqueux en Hollande. — Fuite
de Menno. — Sa vie errante. — Persécution contre ses sectateurs. — Il est recueilli dans le Holstein. — Colonie anabaptiste de Fresenbourg. — Mort de Menno. — Profession de
foi de ses disciples. — Ils se laissent mettre à mort plutôt
que de porter les armes.*

Un autre in-folio excita ma curiosité d'une
manière plus vive encore. Sa belle reliure en
cuir gaufré, dans un état de conservation parfaite, qui réunissait deux tomes en un volume,
flattait sensiblement mes regards. De nombreuses planches stimulèrent mon attention, dès que
je l'eus ouvert. Le titre seul fera comprendre
l'intérêt spécial qu'il devait éveiller sous le toit
d'un mennonite :

« Le *Théâtre sanglant,* ou le Miroir des martyrs
anabaptistes, nommés aussi les chrétiens sans

défense, qui ont souffert en témoignage de Jésus, notre sauveur, et ont été mis à mort depuis le Christ jusqu'en l'année 1660 ;

» Composé primitivement au moyen de diverses chroniques, de relations, de témoignages méritant confiance, et publié en hollandais par T.-G. van Bracht ;

» Traduit plus tard en allemand par les mennonites d'Euphrata, en Pensylvanie, et imprimé dans cette ville durant l'année 1748 ;

» Maintenant publié de nouveau, d'après cette traduction, par toutes les communes anabaptistes de l'Europe, et mis en vente au bureau central de leur société. 1780. »

Le premier tome a 436 pages, le second 830, ce qui forme 1,266 pages imprimées sur deux colonnes! Les gravures sur cuivre, exécutées par une main hollandaise fort habile, datent de la première édition. L'énormité du volume m'étonna ; je me demandais comment une secte si peu nombreuse, si humble et si douce, avait pu fournir à la persécution tant de victimes. Mais en le feuilletant, je m'aperçus qu'ils avaient grossi le cortége de leurs martyrs : ils y ont joint les confesseurs de la primitive Eglise et une foule de héros luthériens et calvinistes.

Un bon nombre d'autres volumes semblaient solliciter mes regards, presque tous écrits en allemand : la Profession de foi des anabaptistes d'abord, avec des prières et des cantiques ; puis une histoire abrégée de la secte, un extrait emprunté aux mémoires et aux écrits de Menno Simonis, lesquels forment un volume in-folio, publié en 1651 à Amsterdam ; une *Historia Mennonitarum*, l'Histoire des Anabaptistes, par Catrou ; un petit volume in-12 portant le même titre, imprimé sans nom d'auteur à Amsterdam ; des sermons, enfin des brochures pieuses et des justifications. J'avisai même une Histoire de la ville épiscopale et de l'arrondissement de Saint-Dié, qui me paraissait devoir être peu intéressante et qui me fournit les détails les plus curieux sur le château ruiné des princes de Salm, en même temps que sur le district des Vosges où les mennonites semblent résider de préférence.

Me voilà donc feuilletant, lisant, prenant des notes, oubliant que j'étais dans une maison étrangère et bien loin de chez moi. Quatre ou cinq heures de travail m'apprirent l'histoire de Menno et l'histoire de ses disciples en France. Elles valent la peine d'être lues.

Menno Simonis, le fondateur de la secte, ayant raconté lui-même sa biographie en hollandais, nous ne pouvons prendre un guide plus sûr.

« Lorsqu'en l'année 1524, dans le village natal de mon père, village nommé Pinningum, j'eus été ordonné prêtre, nous dit-il, j'eus pour compagnons deux ecclésiastiques de mon âge, l'un assez instruit, l'autre encore moins savant

que moi. Ils avaient lu en partie les livres saints ;
moi, au contraire, je n'y avais jamais touché,
parce que je craignais de les interpréter à faux.
Et j'exerçai près de deux ans mon ministère sans
être mieux renseigné.

» La première année, chaque fois que je con-
sacrais le pain et le vin pendant la messe, il me
venait à l'esprit que ce n'était ni le sang ni la
chair du Rédempteur ; mais j'attribuais cette
pensée au démon, et me disais que l'ange de ténèbres voulait détruire ma foi ; pourtant j'avais
beau me confesser, prier et soupirer, je ne pouvais m'affranchir du doute qui m'obsédait.

» Cependant, moi et mes deux camarades,
nous menions le train que les gens impies de
cette classe ont l'habitude de mener en ce monde:
le jeu, la boisson, les plaisirs occupaient folle-
ment nos journées. Lorsqu'il s'agissait de l'E-
criture, je ne pouvais articuler un mot sans
honte, car je discourais au hasard, tant la parole de Dieu m'était inconnue.

» Je me décidai enfin à lire avec attention le
Nouveau Testament ; mais je n'avais pas encore
pénétré fort loin quand je reconnus que l'on
nous trompait, et mon âme inquiète fut délivrée
de tout souci à l'égard du pain eucharistique,
sans avoir besoin d'autre enseignement.

» Ainsi éclairé par la grâce de Dieu, je poursuivis ma lecture de jour en jour, et nombre de
personnes, quoique à tort, m'appelèrent dès ce

moment un prêtre selon l'Evangile ; on me recherchait et m'aimait ; et, bien que je fusse attaché au monde, comme le monde l'était à moi,
je passais pour un saint homme , qui prêchait la
parole de Dieu.

» Sur ces entrefaites, il arriva qu'un pieux et
honnête citoyen nommé Sieke Schneider fut décapité à Leuwaarden, parce qu'il avait renou-
velé son baptême. Je n'avais jamais entendu
souffler mot des anabaptistes, et il me sembla
étrange qu'on parlât d'un second baptême. J'in-
terrogeai donc l'Ecriture avec le plus grand soin,
en méditant sur le texte sacré, mais je n'y pus
découvrir la moindre mention du baptême des
enfants.

» Lorsque j'eus fait cette remarque, j'en cau-
sai avec un pasteur, et, après maint discours, je
le forçai d'avouer que nul passage des livres
saints ne légitimait la coutume de l'Eglise. Mais
comme je ne voulais pas avoir trop de confiance
dans mon esprit, je consultai les vieux auteurs :
ils m'enseignèrent que le premier sacrement
administré à l'homme avait pour but d'effacer
le péché originel. Quand je comparai cette opinion avec l'Ecriture, je vis qu'elle reniait le
sang de Jésus, le Messie nous ayant purifiés par
sa mort. En conséquence, je demandai à Luther
la cause d'une telle pratique ; il me dit qu'on
baptisait les nouveaux-nés dans l'intention de
leur procurer la foi, ce qui ne me parut point

basé sur l'Evangile. Bucer prétendit qu'on inaugurait de cette manière une surveillance plus active et introduisait les nourrissons dans la voie du Seigneur, opinion tout aussi dénuée de fondement. Alors, m'étant adressé à Bullinger, il fit dériver de la circoncision la première cérémonie catholique, et avoua que les préceptes du Nouveau Testament n'y étaient pour rien. Je vis de la sorte que les docteurs ne s'entendaient pas, que chacun d'eux avait son avis, mais, en même temps, je me confirmai dans l'opinion que Dieu n'avait point ordonné le baptême des enfants. »

Vers cette époque, Menno fut transféré au village de Wittmarsum. Il continua d'y mener une existence peu régulière et même d'y prêcher les anciennes maximes, avec une dissimulation qu'il taxe d'hypocrisie. Pendant que l'orgueil, l'intérêt et la sensualité l'entraînaient comme un fougueux attelage, les disciples de Carlostadt pénétrèrent dans la Frise, où leur système exagéré trouva des sympathies. Menno fut étonné des points de similitude que leur doctrine offrait avec ses propres convictions, et troublé des erreurs singulières qu'ils y joignaient. *Zelum videbam, sed non scientiam,* dit-il. Dans une réunion particulière, puis dans une conférence publique, il essaya de modifier leurs théories ; mais ses efforts échouèrent contre leur obstination et leur volubilité. Ce débat, où il avait pris la défense des principes orthodoxes, le fit regar-

der comme un solide champion de l'Eglise, capable de fermer la bouche à ses adversaires.
Pendant que tous les yeux se tournaient vers
lui néanmoins, il soupirait et pleurait; d'une
part, la foi l'avait abandonné, il ne croyait plus
au dogme catholique; de l'autre, il se voyait sur
les bords d'une mer sans rivages, où flottaient,
s'entre-choquaient mille opinions diverses, où
tourbillonnaient d'implacables tempêtes.

Les rigueurs cependant avaient commencé :
on avait proscrit les nouveaux sectaires, on les
pendait, torturait et décapitait. Poussés à bout,
ils se réunirent en armes dans un lieu nommé
Alten-Kloster. Mais, n'étant point assez nombreux pour tenir tête aux soldats de Charles-
Quint, ils furent enveloppés et massacrés. Leur
fin douloureuse et le courage qu'ils déployèrent,
en bravant la mort pour leur croyance, frappèrent beaucoup Simonis. « Leur sang tiède re-
tomba sur mon cœur, dit-il, et je ne pus rétablir
le calme dans mon esprit. Je les avais vus sacrifier leur existence et leurs biens pour des idées
que je ne trouvais pas bonnes. Moi, au contraire,
qui leur ressemblais sous plusieurs rapports,
qui jugeais comme eux les abominations de la
grande prostituée, non-seulement je ne m'éloi-
gnais pas d'elle, mais je m'abandonnais aux délices des sens, et je fuyais la croix du Rédempteur. »

La conscience tourmentée de Menno ne lui

permit pas de feindre plus longtemps. Comme un prince déguisé, il rejeta en arrière le manteau qui abusait la foule, et montra ses opinions réelles. Il parla ouvertement contre la guerre, la messe, le baptême des nouveaux-nés, la transsubstantiation, la hiérarchie ecclésiastique, le célibat des prêtres et la confession. L'orage ne tarda point à gronder sur sa tête. Le clergé ultramontain s'emporta, vociféra, et, selon son habitude, réclama bientôt l'aide du pouvoir temporel. On voulut arrêter le dissident, pour le convaincre par la logique des tortures et l'argumentation du bourreau. Il s'enfuit, commença l'existence pleine de tribulations, de douleur et de misère, qui est le lot de presque tous les réformateurs, sort d'autant plus fâcheux qu'il avait associé une femme à ces dures épreuves. Cent florins furent promis à quiconque le livrerait. Un historien des anabaptistes prétend même qu'on ouvrit les prisons pour que les assassins et les malfaiteurs pussent lui donner la chasse (1). On avait d'ailleurs défendu sous peine de mort de le recevoir : un habitant de Harlingen, en Frise, ayant bravé ce décret, périt sur l'échafaud. Un grand nombre de ses disciples furent solennellement brûlés.

Le malheureux novateur, qui jusqu'alors avait

---

(1) Zielman Jansen van Bracht : *Die blutige schaubühn der Taufgesinnten*, p. 143.

échappé comme par miracle aux agents de Charles-Quint, vit la nécessité de fuir sur la terre étrangère. Il gagna péniblement le nord de l'Allemagne, et s'établit à Wismar, dans le Mecklembourg. Là, sous l'influence de cette idée chrétienne que l'on doit absolument prêcher ses opinions en matière de foi, pour éclairer le public, Menno voulut propager ses doctrines. « La vérité ne connaît de déshonneur que celui d'être cachée, disait l'assemblée générale du clergé de France, en 1765; ne pas l'annoncer librement, c'est la trahir; elle ne peut souffrir ni les trèves ni les compositions. » Mais le généreux sectaire ne fit qu'allumer de violentes haines. Après avoir lutté quelque temps contre ses adversaires et contre l'indigence, au bord de la mer Baltique, force lui fut de chercher un autre asile. Le chagrin alors déborda de son cœur, et il laissa tomber de sa plume ces touchantes paroles :

« Le Sauveur qui nous a rachetés par sa mort et qui, malgré mon insuffisance, m'a chargé de cette tâche, sait bien que je n'ai cherché sur la terre ni l'argent, ni l'honneur, ni les plaisirs, mais seulement la gloire du Très-Haut et le salut des âmes; que, pour cette cause, j'ai souffert d'horribles angoisses, l'oppression, la tristesse, le dénûment et la persécution, avec ma pauvre femme, déjà très-faible, et mes petits enfants, l'espace de dix-huit années, où j'ai dû toujours craindre pour ma vie. Quand les prêtres mal intentionnés dorment sur des lits et des coussins moelleux, il faut que nous nous retirions dans des masures solitaires et des lieux écartés ; lorsque, les jours de noce et de baptême, ils se divertissent au son des flûtes, des tambourins et des mandolines, il faut nous tenir sur nos gardes, examiner si les sergents nous poursuivent, et nous tapir comme des renards ; lorsque chacun les appelle docteurs, maîtres et apôtres, on nous salue au nom du diable, on nous crie à pleins poumons : « Anabaptistes, orateurs de carrefour, impies, schismatiques, suppôts de l'enfer, que le ciel vous confonde ! » Bref, pendant qu'ils vivent dans la joie, récompensés de leurs travaux par de bonnes rentes, nous avons pour salaire la faim, la douleur, les outrages, la mort par le feu et par le glaive.

» C'est au milieu de ces inquiétudes, de ces privations, de ces souffrances et de ces périls, que moi, pauvre créature, j'ai invariablement soutenu la cause du Seigneur et espère la soutenir encore, avec son aide et sa grâce, tant que j'habiterai les huttes de l'exil terrestre. Par les œuvres et les fruits, les hommes bien intentionnés jugeront le but que, moi et mes compagnons d'infortune, nous avons sans cesse tâché d'atteindre. »

Pendant qu'il se demandait en quel lieu il trouverait maintenant un refuge, Simonis apprit que le seigneur de Fresenbourg, dans le

Holstein, donnait asile aux mennonites sur ses domaines. Ce gentilhomme, qui avait fait la guerre en Hollande, y avait vu mettre à mort les anabaptistes et secrètement blâmé la rigueur déployée contre eux. Simonis tourna donc ses espérances de ce côté. Il fut noblement accueilli, et goûta enfin le repos après lequel soupirait son cœur; sa femme et ses enfants purent respirer à l'aise sous un ciel plus froid que celui de leur province natale, mais où l'intolérance ne déchaînait pas ses tempêtes, où l'on n'apercevait point la réverbération de ses bûchers. La famille errante s'établit dans le canton de Wustenfeld, qu'elle ne quitta plus. Le seigneur hospitalier protégea les *chrétiens sans défense* contre tous leurs ennemis, contre les envieux et les fanatiques, même contre le roi de Danemarck.

Il leur permit en outre de publier leur doctrine, de réfuter leurs adversaires, de mettre à néant les calomnies. C'était pour eux un grand avantage. La charité, le calme et la bienveillance possèdent un puissant magnétisme. Les hommes, presque toujours aigris, troublés de passions violentes, ne refusent pas longtemps leur admiration aux esprits tranquilles, indulgents et affectueux. Les anabaptistes n'eurent aucune peine à se justifier, à ramener par la logique et la douceur les intelligences prévenues, sauf quelques antagonistes acharnés. Un noble

du voisinage était malheureusement parmi les
plus opiniâtres. Il guetta l'imprimeur des mennonites, l'enleva et le tint prisonnier. Mais le
seigneur de Fresenbourg épia de son côté l'ag-
gresseur, et, ayant su qu'il allait entreprendre
un voyage, il s'embusqua sur le chemin, l'arrêta, le mit à son tour au cachot. Pour obtenir
sa liberté, il lui fallut donner l'ordre de relâ-
cher le typographe.

Une si ferme et si active protection ne coûtait
rien aux mennonites, attendu que chaque famille ne payait annuellement qu'un thaler de
contribution. Aussi accoururent-ils dans ce lieu
de refuge ; ils l'enrichirent par leur science agricole, leur industrie, leurs échanges et leurs modestes habitudes. Ce fut au milieu de cette colonie sobre, douce et patiente que Menno expira,
le 31 janvier 1561, à l'âge de 62 ans.

Depuis que la secte faisait un libre usage de
la presse, ses idées pacifiques et généreuses
avaient conquis un grand nombre d'adhésions.
Le Holstein, la principauté de Clèves, la Hollande, la Belgique, la Prusse, l'Alsace et la Suisse
les accueillaient surtout avec faveur. Les anabaptistes formaient alors environ cinquante communes, dont plusieurs renfermaient cinq et six
cents membres. Elles députèrent cinquante pasteurs à Strasbourg, en 1557, pour y délibérer
sur leurs intérêts, sur leurs dogmes et leurs périls. Une scène attendrissante eut lieu dans cette

réunion : un des orateurs, qui avait été mis onze fois à la torture, montra ses horribles cicatrices, qui prouvaient la force de son tempérament et la fermeté de son caractère.

A mesure que les mennonites se multipliaient, la libre interprétation de l'Ecriture sainte, que tous les réformés adoptaient en principe, amena son effet naturel et infaillible. Leurs opinions commencèrent à diverger, comme les ruisseaux qui descendent d'une montagne vont s'écartant de plus en plus. L'esprit de discorde allait pénétrer parmi eux, s'ils n'avaient eu la sagesse de lui fermer la porte. Ils résolurent de convoquer un synode, pour régler les points douteux et mettre un terme aux débats. Pendant l'année 1591, les députés de leurs communes s'assemblèrent à Cologne. Ils y rédigèrent une profession de foi, qui eut les conséquences les plus heureuses, sans détruire néanmoins tous les germes de division. Trois autres conférences eurent lieu, en 1628, 1630 et 1632; la dernière, tenue à Dordrecht par cinquante et un ministres hollandais, fixa les bases de la doctrine, arrêta le symbole définitif auquel se sont ralliés tous les mennonites. Parmi les signataires de l'acte d'alliance se trouvait un pasteur de Rotterdam, qui portait le même nom que moi. Les sectaires de la haute Allemagne y firent une adhésion solennelle en 1639, dans la ville d'Amsterdam. Leurs frères d'Alsace suivirent cet exemple,

vingt ans après, et rédigèrent une acceptation
illimitée, jointe depuis lors à la profession de
foi :

« Nous soussignés, ministres de la parole divine et anciens des communes d'Alsace, faisons
savoir et déclarons que nous nous sommes réunis, le 4 février 1660, à Ohnenheim, sur les terres du seigneur de Rappolstein, pour examiner
la confession adoptée le 21 avril 1632 à Dordrecht, en Hollande, par les anabaptistes des
Pays-Bas, et imprimée à Rotterdam par François
de Hochstraten, en 1658. Après l'avoir étudiée,
la trouvant tout-à-fait d'accord avec nos opinions,
nous l'avons acceptée comme nôtre, sans y apporter aucun changement. Aussi l'avons-nous
signée, en témoignage de notre foi pleine et
entière. »

Parmi les sectateurs de Menno qui habitaient
alors l'Alsace, il y avait un grand nombre de
Suisses fugitifs. Les belliqueux montagnards des
Alpes ne pouvaient souffrir l'aversion que les
chrétiens sans défense témoignaient pour la
guerre. Ils devaient tout à leur courage : la liberté individuelle, l'indépendance nationale, le
bien-être, le respect de l'Europe, les cajoleries
des rois, qui avaient besoin de leurs troupes
auxiliaires ; et sur le sol affranchi, purifié, illus-
tré par des flots de sang, on venait prêcher un
humble amour de la paix, une docilité monas-
tique, l'horreur des luttes sublimes où l'homme

témoigne son mépris de la mort, en combattant pour la justice! Dans quel moment d'ailleurs cherchait-on à propager ces doctrines énervantes? Lorsque le fanatisme ultramontain ravageait toute l'Allemagne, que la Suède, le Danemarck, l'Angleterre, la France, la Hollande se voyaient obligés de prendre part au sinistre débat, entraînés vers le gouffre comme les navires qui passent près d'un tourbillon maritime. L'honneur, la sécurité du pays demandaient que chaque citoyen apprêtât ses armes, et on venait préconiser une patience inopportune, la fraternelle douceur de l'âge d'or, quand la voix des canons proclamait à travers la fumée que l'âge de fer avait pris possession du globe! Les Suisses voulurent vaincre la résistance des mennonites, les forcer de combattre et de mourir pour leur patrie.

Les anabaptistes refusèrent absolument de prendre les armes, leur doctrine ne leur permettant de blesser et de tuer personne. On employa aussitôt contre eux des mesures violentes, même le dernier supplice. De l'année 1528 à l'année 1566, quarante-deux furent exécutés par le bourreau dans le canton de Berne seulement. Mais je suppose que le plus grand nombre appartenait à la secte allemande de Munzer et de Carlostadt. Le *Théâtre sanglant* (1) ne distingue par les martyrs des deux communions, ce qui

(1) Tome II, page 351.

eût été pourtant d'une nécessité absolue. Les disciples de Jean de Leyde commettaient, en Suisse même, des extravagances cruelles qui demandaient une répression. Ils voulaient la communauté des biens et des femmes, l'abolition de tout autre gouvernement que celui des prophètes. Beaucoup de jeunes filles, parmi eux, se prétendaient inspirées par le ciel et débitaient des oracles. Un nommé Thomas Schmucker poussa la folie jusqu'à décapiter avec la hache son propre frère Lienhard, sur la montagne de Mühlegg, comme une victime expiatoire offerte au Seigneur pour les péchés des hommes. Berne, Zurich, Saint-Gall, Schaffhouse et Bâle durent proscrire ces visionnaires, et, selon toute apparence, les mennonites furent enveloppés dans leur ruine.

La guerre de Trente Ans suscita contre eux des rigueurs particulières. En 1622, les magistrats du canton de Zurich ordonnèrent que tout le monde fît l'exercice, car le moment semblait approcher où la confédération n'aurait pas trop de bras pour se défendre. Les anabaptistes ne parurent point au champ de manœuvres. On essaya de leur persuader que leur conscience les obligeait à ne pas laisser leurs concitoyens braver seuls les armes étrangères. Ils répondirent qu'ils ne craignaient point la mort, comme ils l'avaient prouvé cent fois par leur constance dans les supplices, mais que la loi chrétienne

était positive, qu'elle défendait de répandre le
sang humain. Il fallut employer des mesures sévères. Des ordonnances renouvelées de temps
en temps à Berne, à Zurich, à Schaffhouse, leur
enjoignirent de prêter serment aux magistrats,
de porter les armes, de livrer les malfaiteurs qui
venaient leur demander asile, et d'assister aux
offices religieux dans les temples calvinistes.
S'ils refusaient, on ne les tuait point, sauf en
des cas très-rares, mais on les bannissait, on les
dépouillait de leurs biens, ou on les emprison-
nait pour le reste de leurs jours. Un grand nombre y mouraient au bout de quelques mois, faute
d'air, de soins, de bonne nourriture, et aussi par
l'effet de l'humidité. Les proscrits étaient menés
à la frontière, où on exigeait d'eux la promesse
qu'ils ne reviendraient pas, tant qu'ils garde-
raient leurs opinions. S'ils rentraient dans le
pays sans avoir abjuré leur doctrine, on les saisissait de nouveau, on les fouettait, on les marquait publiquement d'un fer chaud, puis on les
chassait une seconde fois.

Emmenaient-ils leurs femmes et leurs enfants,
on confisquait tous leurs biens. Laissaient-ils,
au contraire, leur famille sur le sol natal, cette
famille gardait une partie de la propriété. Dans
tous les cas, on administrait judiciairement les
possessions mises sous le séquestre, afin de les
rendre aux anabaptistes repentants. Après leur
mort, l'Etat devenait héritier.



5

Une amende de cent florins menaçait d'ailleurs ceux qui les recevaient, qui leur donnaient des vivres et les aidaient à célébrer leur culte : il était ordonné, sous la même peine, de dénoncer leur efforts pour propager leur croyance, pour se réunir et pratiquer leurs rites.

L'année 1671 paraît avoir été celle où on les traita de la manière la plus rigoureuse. Sept cents furent expulsés du territoire de Berne, et plusieurs avaient préalablement subi la peine du fouet. Le 20 décembre, au rapport du martyrologe, Haslibacher eut la tête tranchée sur la grande place du chef-lieu. Aucun mennonite sacrifié par l'intolérance n'a provoqué autant de regrets, laissé des souvenirs aussi durables.

Les bannis cherchèrent un asile dans le canton de Soleure, où vivent encore leurs familles, dans le Palatinat, dans la Hollande, dont le gouvernement et même certaines villes, comme Rotterdam, protestèrent contre les violences des autorités suisses, en disant que c'était renouveler la tyrannie et les persécutions de l'Eglise romaine ; beaucoup se réfugièrent aussi en Alsace, un article spécial du traité de Westphalie garantissant la liberté de conscience aux habitants de cette province. Ils choisirent pour séjour les vallons, les plateaux des Vosges, où régnait alors une profonde solitude : ils y défrichèrent patiemment des bois, des bruyères que n'avaient jamais effleurées la houe et la charrue. Une circonstance spéciale leur attira la bienveillance de Louis XIV, les protégea contre les humiliations, les cruautés, les malheurs infinis que la révocation de l'édit de Nantes promena, comme une trombe, sur les parties les plus florissantes de notre territoire, pendant un siècle entier.

# CHAPITRE VII



En 1672, lorsque les armées françaises avaient déjà soumis trois provinces de la Hollande, et que Louis XIV espérait voir bientôt les autres subir le même sort, il voulut préluder à la révocation de l'édit de Nantes par la proscription des sectaires les moins nombreux sur le sol nouvellement conquis. Tonner dès ce moment contre les calvinistes, contre la majorité des citoyens, eût été une imprudence et une folie : persécuter une opinion dissidente n'offrait pas les mêmes dangers. L'amant de la Maintenon se proposait, en conséquence, de maltraiter d'abord les anabaptistes ; mais comme il ne savait pas au juste quel était leur système, il chargea Raymond Formantyn, docteur en Sorbonne et archidiacre d'Orléans, d'aller se renseigner et de lui adresser un mémoire à ce sujet, marche qu'il avait suivie, peu de temps auparavant, pour les quakers et les anabaptistes d'Allemagne, professant les maximes de Carlostadt, Munzer et Jean de Leyde. Il avait publié un édit très-rigoureux contre ces derniers sectaires, où il leur interdisait, sous peine de mort et de confiscation, le séjour de la France. Un rapport défavorable sur les anabaptistes de Hollande aurait produit le même effet.

Le sieur Formantyn se rendit dans la province d'Utrecht et arriva, le 16 juillet, à Emmerick, où il entra chez un libraire nommé Cornelis van Beughem, pour prendre quelques informations préalables. Le marchand ne savait que sa langue maternelle, et le mandataire du roi ne connaissait pas le hollandais. Tous deux, par bonheur, avaient appris le latin, de sorte qu'ils eurent recours à cet idiome. Le docteur demanda en conséquence au boutiquier s'il y avait des mennonites dans la ville.

— Elle en renferme un assez grand nombre, lui répliqua van Beughem.

— Pensez-vous que l'un d'eux voulût m'expliquer leurs doctrines, et pourriez-vous me mettre en rapport avec une personne disposée à le faire?

— Henri van Voorst, leur prédicateur, ne demanderait pas mieux, je crois ; je lui parlerai de votre désir et vous apprendrai s'il consent.

Le sectaire se montra plein de bonne volonté : il était prêt, disait-il, à exposer le système religieux des mennonites, pourvu qu'on ne lui tendît aucun piége, qu'on n'abusât pas de sa droiture et de sa simplicité. Le lendemain, 17 juillet, l'envoyé du roi et l'apôtre schismatique se réunirent dans la maison du libraire, où celui-ci joua le rôle d'interprète, l'anabaptiste ne sachant pas le latin. Après les politesses d'usage et une prière adressée par le Hollandais à son interlocuteur, pour qu'il ne lui dressât point d'embûches, ils entrèrent en conférence.

Le docteur de Sorbonne, comme un véritable parisien, lui demanda tout d'abord pourquoi il était mal vêtu, pourquoi il ne s'habillait point à la mode française, et s'il jugeait obligatoire l'extrême simplicité de son costume. Henri van Voorst, quoiqu'il n'eût pas étudié dans un collége et fût marchand de son état, lui répondit de la manière la plus satisfaisante, appuyant toutes ses raisons sur la Bible et l'Evangile, qu'il citait avec la dernière exactitude. Le catholique vérifiait les citations au moyen d'une Bible française et marquait les passages. Il interrogea ensuite le prédicateur sur le péché originel, le baptême, la grâce, la Trinité, l'Incarnation, le Saint-Esprit, la transsubstantiation, le purgatoire, l'autorité des princes, les serments, la communauté des femmes, le mariage et le divorce, les rigueurs contre les schismatiques, l'invocation des saints et d'autres problèmes encore. Le mennonite lui répondit avec une netteté, une promptitude, une connaissance des livres saints, qui émerveillèrent le docteur. Il admirait qu'un homme obligé de gagner sa vie eût si bien appris par cœur le texte de l'Ecriture, et pût, à l'instant même, réciter les passages dont il avait besoin, en indiquant le chapitre et le verset.

Deux séances furent nécessaires pour édifier complétement Formantyn, qui devait unir l'amour de la justice à un caractère doux et bienveillant, puisqu'il traita le réformé avec la plus grande politesse. Il se séparèrent amicalement, et l'orthodoxe promit au schismatique de faire à Louis XIV un rapport tellement favorable, que non-seulement il leur laisserait une complète liberté, mais protégerait leur secte dans tout le royaume. Il tint fidèlement sa parole. Les nobles sentiments de ce docteur épargnèrent au prince un crime de lèse-humanité, assurèrent aux mennonites le repos dont ils ont joui chez nous, même après la révocation de l'édit de Nantes, lorsque des centaines de mille hommes maudissaient la lâche bigoterie du monarque, mouraient sur les échafauds, sur la roue, dans les bagnes, ou allaient manger hors de France le pain amer de l'exil. Voilà quelle influence salutaire peut exercer un cœur honnête ! C'est sur le tombeau d'un pareil théologien qu'on aimerait à faire graver cette belle expression de l'Ecriture : « *Sit memoria illius in benedictione, et nomen ejus permaneat in æternum !* »

Après avoir si équitablement rempli sa mission, Formantyn publia un mémoire, où il exposait tout ce que lui avait dit l'anabaptiste, en exprimant le regret que beaucoup de maximes pratiquées par les sectaires ne le fussent point par les catholiques.

Un autre témoignage avait bien disposé pour les mennonites le général même qui commandait les troupes d'invasion. Un jour que M. van Beuning, ambassadeur de Hollande, se trouvait en carosse avec Turenne, l'homme de guerre lui déclara qu'il blâmait la tolérance des Etats-Généraux pour une foule de sectes, et notamment pour les anabaptistes. Le diplomate se hâta de justifier les *chrétiens sans défense :* « Pourquoi, lui dit-il, voudriez-vous qu'on ne les tolérât point ? Ils sont de si bonnes gens, et les plus commodes du monde ! Ils n'aspirent point aux charges ; on ne les rencontre pas sur sa route, quand on est ambitieux ; ils ne vous traversent point par leur concurrence et leurs brigues. Plût au ciel que partout la moitié des habitants se fît un scrupule de songer aux dignités ! les autres y parviendraient avec moins de peine, sans employer tant de bassesses et d'artifices, sans recourir à tant de moyens illégitimes. Nous ne craignons point de voir se mutiner une secte qui met parmi ses articles de foi l'interdiction de porter les armes. Quel repos d'esprit pour un souverain de savoir qu'une telle bride empêchera les révoltes de ses sujets, si nombreux et si lourds que soient les impôts! Les mennonites paient leur part de toutes les charges publiques; cela nous suffit. Avec leurs contributions nous levons des troupes, qui nous sont plus utiles qu'ils ne le seraient eux-mêmes sous les drapeaux. Ils nous édifient par la simplicité de leurs mœurs; ils cultivent la terre, l'industrie, le négoce, sans dissiper par le luxe et la débauche les biens qu'ils héritent ou les biens qu'ils acquièrent. On ne se comporte pas ainsi dans les autres communions : le faste et les voluptés y sont une cause perpétuelle de scandale, un principe d'affaiblissement pour l'Etat. Sans doute, ils refusent de jurer devant les tribunaux ; mais ne voilà-t-il pas une belle affaire! L'autorité de la justice n'en souffre aucun dommage. Leur promesse de dire la vérité les oblige autant que s'ils prêtaient serment. Quel est le but de ce dernier acte? de faire craindre au parjure l'infamie, des peines légales en ce monde et un châtiment plus sévère encore au delà du tombeau. Les mennonites redoutent les mêmes punitions dans la vie actuelle et dans l'autre, s'ils mentent après avoir donné leur parole de ne point trahir la vérité : ils sont donc enchaînés par les appréhensions et les scrupules qui arrêtent la foule des hommes. »

Louis XIV n'acheva point la conquête de la Hollande et fut réduit à opprimer seulement ses compatriotes. Les bons témoignages rendus en faveur des mennonites eurent pourtant l'heureuse conséquence de bien disposer à leur égard le vivant fétiche adoré par la cour de Versailles. Les anabaptistes ne tombèrent point sous le sabre des dragons que Louvois et le père Tellier employaient comme missionnaires. Le voyage de Formantyn semble prouver d'ailleurs qu'ils vivaient inaperçus dans les forêts des Vosges. L'ignorance des persécuteurs ne les protégea sans doute pas moins que leur volonté expresse. On ne recherchait guère, à cette époque, la nature sauvage et les mœurs originales; quand on parlait d'un lieu désert, que les rochers, que les montagnes protégeaient et ornaient de leurs formes capricieuses, que les torrents égayaient de leur mélodieux murmure, que des bois séculaires inondaient de leurs parfums toniques, on le désignait toujours comme un site affreux, horrible, épouvantable. Mais si les anabaptistes ne furent point troublés dans leurs solitudes, ils ne se fièrent pas complétement à la générosité du pouvoir, et se tinrent sur le qui-vive. Pendant un siècle et demi, aucun d'eux n'a possédé une acre de terre. Ils louaient le sol que cultivaient leurs familles industrieuses et gardaient leur fortune en billets ou en numéraire. Ils pouvaient toujours, d'un moment à l'autre, prendre le chemin de l'exil, sûrs de trouver partout de l'occupation pour leurs bras, du pain pour leurs enfants, un lieu pour prier. La confiance leur est venue très-lentement : depuis une vingtaine d'années au plus, ils achètent des terrains et deviennent propriétaires de leurs fermes.

Il y avait longtemps que mon esprit voyageait loin du Salm, dans les régions spacieuses et accidentées de l'histoire, lorsque mon hôte, ouvrant la porte, me regarda d'un air de satisfaction paternelle, comme si j'eusse été son fils et que mon application au travail eût réjoui son cœur.

— Eh bien! me dit-il, vous avez eu tout le loisir nécessaire pour feuilleter mes livres et prendre une connaissance générale du contenu. Peut-être ne vous ont-il pas offert autant d'intérêt que vous l'espériez.

— Mais je me félicite au contraire de ma récolte. Je n'ai pas seulement examiné votre bibliothèque à vol d'oiseau. J'ai lu des chapitres entiers, qui ont pleinement répondu à mon attente. Ainsi ne vous apitoyez pas sur mon sort. Mais j'ai vainement cherché des détails comme ceux que vous m'avez donnés, relativement aux cérémonies de votre culte.

— Nous n'avons jamais imprimé notre rituel :

cela nous paraissait sans importance, et la tradition suffit pour le conserver. Mais je puis vous
apprendre ce que vous désirez savoir.

— Je voudrais, entre autres choses, connaître
les préparations et les cérémonies du baptême
dans votre culte ; vous devez, en effet, administrer ce sacrement d'une toute autre manière
que les catholiques.

— Nous ne pouvions certes procéder comme
ceux qui arrosent le front des enfants au maillot.
C'est en général depuis treize ans jusqu'à seize
que les catéchumènes sont introduits par cet
acte religieux dans notre église. Leur noviciat
dure cinq et six mois, pendant lesquels on leur
enseigne toutes les vérités de notre dogme, tous
les principes de la morale. Un examen a lieu
chaque quinzaine. Avant de le subir, l'adoles-
cent ou l'adolescente invoque à genoux l'aide du
ciel. Enfin arrive le grand jour. Les aspirants
sont habillés de neuf, sans néanmoins porter
un costume spécial. On les mène, l'un après
l'autre, dans une pièce où ne se trouvent que le
premier *serviteur* et le diacre. On ne leur associe
dans notre communion ni parrain ni marraine.
Le candidat récite un *Credo*, puis le pasteur lui
demande s'il veut être baptisé.

— Oui, répond-il.

— Au nom de qui ?

— Au nom de Jésus, Notre Seigneur.

— Comment vous nommez-vous ?

Le catéchumène dit son nom, puis s'agenouille. Le diacre présente alors au pasteur un
vase rempli d'eau ordinaire, qui n'a été consacrée par aucune cérémonie ; l'officiant verse
quelques gouttes de cette eau, avec la main, sur
la tête du postulant, et prononce la vieille for-
mule :

— Je te baptise au nom du Père, du Fils et du
Saint-Esprit.

Il relève ensuite le jeune garçon ou la jeune
fille, en lui disant :

— Levez-vous, et allez, au nom de Jésus-
Christ.

Lorsque tous les candidats ont été successivement baptisés, ils se réunissent pour adorer
Dieu. Quatre semaines après, il font leur première communion.

— Ces pratiques ne diffèrent pas moins des
coutumes religieuses observées par les autres
protestants que des cérémonies adoptées par l'E-
glise romaine. Et comme l'intolérance, cette
liqueur empoisonnée où entrent par égales por-
tions la sottise, l'orgueil, l'ignorance et la dureté,
est un vice naturel à l'homme, toujours infatué
de lui-même, toujours épris de ses opinions et
de ses erreurs, je conçois très-bien que l'on vous
ait persécuté dans des pays où la Réforme avait
proclamé le droit du libre examen.

— Si les calvinistes, les anglicans, les luthériens avaient pleinement usé de ce droit pour

eux-mêmes, j'ose dire qu'ils se seraient bientôt trouvés en harmonie avec nous. Mais ils semblent avoir abandonné à regret la servitude d'Egypte et ont gardé une partie de leurs fers. Pourquoi n'avoir point repoussé toutes les inventions ultramontaines? Pourquoi ne pas s'être bornés à la seule lumière de l'Evangile? Que signifient dans le monument nouveau ces restes de la papauté : le baptême des enfants, l'épiscopat, l'usage du serment, la permission de porter les armes? C'est à peine vraiment si les sectes qui ont pactisé avec l'erreur ont le droit de se dire réformées.

— En sorte que vous les mettez presque au niveau des catholiques? C'est une opinion qui étonnerait bien des protestants, mais c'est l'éternelle opposition des radicaux et des modérés.

— Puisque vous raisonnez si bien, me dit Augsburger, je vais vous demander un petit service. Aidez-moi, je vous prie, à enlever ces bouquins. Nous avons pris du mouvement dehors, pendant que vous restiez immobile, et le grand air nous a donné de l'appétit. J'entends ma femme qui se prépare à mettre le couvert. Il faut que vous soyez indulgent pour notre cuisinière : il y a deux lieues d'ici jusqu'au plus prochain endroit où nous puissions acheter des vivres.

— Vous êtes tout excusé, mon cher hôte ; on ne visite point les montagnes dans le but de flatter sa gourmandise : la nature en a fait le séjour de la sobriété.

La ménagère nous servit le repas du soir, dont un jambon ultra-conservé formait la pièce principale. Quand nous en fûmes au kirsch et au fromage, le dessert le plus habituel des Vosges et de la Forêt-Noire, où l'on ne connaît pas les fruits :

— J'ai cherché dans votre bibliothèque, dis-je au pasteur, quelque légende particulière à votre secte, et il m'a été désagréable de n'en point trouver. J'aime beaucoup ces récits populaires.

— Nous n'avons point de légendes proprement dites, me répliqua Augsburger : ces inventions nous paraissent un peu futiles, pour m'exprimer sans détour. Mais on a rimé l'histoire d'un de nos martyrs, le dernier que le canton de Berne ait fait mettre à mort. Elle ne vous sera point tombée sous les yeux.

Il se leva comme il prononçait les derniers mots et alla prendre un des volumes que nous avions déménagés. Il revint en le feuilletant, puis me montra une espèce de ballade, une légende des mieux caractérisées. Le style me fit sourire plus d'une fois : j'essaie, en la traduisant, de conserver les formes naïves qui attestent l'inexpérience de l'auteur inconnu.

## LE MARTYRE D'HASSLIBACHER.

C'était un homme d'Hasslibach, dans la commune de Sunmiswald, et on le nommait par cette raison Hasslibacher. Le bon Dieu permit qu'il fût tourmenté à cause de sa croyance : on l'arrêta donc brutalement et on le conduisit à Berne, dans la ville. Là, il souffrit de cruelles tortures, mais demeura inébranlable. Un vendredi (faites bien attention), les savants entrèrent dans sa prison et commencèrent à disputer avec lui pour qu'il abjurât ses principes. Mais Hasslibacher eut l'avantage et leur dit : — Plutôt que de renier ma foi, j'aimerais mieux sacrifier mon corps et cesser de vivre.

Le samedi, les docteurs revinrent et le menacèrent : — Il faut que tu abjures, ou on te coupera la tête. L'anabaptiste leur répliqua : — Je ne veux pas abandonner ma religion ; elle est si parfaite devant Dieu, que Dieu me protégera.

Pendant la nuit, un ange du Seigneur visita le captif : — Dieu m'a envoyé vers toi, lui dit-il, pour te consoler avant ta mort. Demeure fidèle à ta croyance, et le Très-Haut prendra ton âme sous sa garde. On te menacera, on te coupera la tête avec le glaive ; mais ne t'en effraye point : je serai près de toi pendant le supplice et tu n'éprouveras aucune douleur.

Le lundi, les savants de Berne revinrent en-

core une fois, espérant intimider Hasslibacher :
— Si tu ne changes pas d'opinion, lui dirent-ils
sérieusement, demain tu seras mis à mort. —
Vous pouvez me couper la tête, leur répliqua le
prisonnier, mais non me faire tenir un autre
langage.

Et pendant la nuit du lundi, comme Hasslibacher dormait profondément, il songea, vers la
douzième heure, que le jour était venu, qu'on
allait lui trancher la tête. Le martyr s'éveilla : il
faisait réellement jour dans sa prison. Devant
lui était ouvert un livre, et un ange de Dieu
l'exhorta en ces termes : — Lis les paroles qui
sont écrites dans le livre.

Et comme le martyr obéissait, il trouva écrit
qu'on lui couperait la tête, mais que Dieu mani-
festerait par trois signes qu'on avait commis une
injustice envers lui. Aussitôt qu'il eut terminé
sa lecture, une nuit profonde régna de nouveau
dans la cellule ; l'anabaptiste se rendormit, et
son sommeil dura jusqu'au moment où ses persécuteurs entrèrent.

On lui souhaite le bonjour et il s'empresse de
répondre. On lui dit alors qu'il doit reconnaître
la vérité ou qu'il tâtera du glaive. — Je connais
la vérité mieux que vous, répondit Hasslibacher.
Je remets ma cause à Dieu. Ce sera pour lui un
vrai chagrin que je meure innocent.

Aussitôt on le mène dans une auberge, où on
lui offre à boire et à manger ; près de lui s'assied

le bourreau, pour lui faire peur et le détacher
de sa croyance. L'anabaptiste lui dit avec calme :
— Mangez et buvez ; soyez de bonne humeur ;
vous répandrez aujourd'hui mon sang innocent,
mais mon âme s'en trouvera bien. Dieu mani-
festera son jugement par trois signes que l'on
verra tout à l'heure. Quand vous m'aurez coupé
la tête, elle sautera dans mon chapeau, en écla-
tant de rire ; le soleil deviendra tout rouge, et la
fontaine de la ville répandra du sang.

Le bourreau dit alors aux magistrats : — Faites
attention et regardez bien, car il en arriverait
mal à vos âmes si la prédiction se réalisait.

Et quand le repas fut terminé, on voulut lier
les mains d'Hasslibacher ; mais il dit à l'exécu-
teur : — Je vous en prie, maître Laurent, épar-
gnez-moi et laissez-moi libre. Je suis prêt et de
bonne volonté. Je me réjouis de mourir, de
quitter ce bas monde. Que Dieu veuille seulement pardonner à ceux qui ont prononcé ma
sentence !

Lorsqu'il fut au lieu du supplice, il ôta son
chapeau de sa tête et le plaça en vue de la foule :
— Soyez assez bon, maître Laurent, pour laisser
mon chapeau dans cet endroit. Comme il disait
ces paroles, il tomba sur ses genoux, récita un
*Pater noster* ou deux, puis ajouta : — Mes affaires
sont maintenant réglées avec Dieu ; exécutez la
sentence.

Dès qu'on lui eut tranché le cou, sa tête sauta

en effet dans son chapeau, et l'on vit les deux
autres signes : le soleil devint tout rouge, la fontaine de la ville répandit du sang.

Et un vieux notable s'écria : — La bouche du
supplicié rit dans son chapeau ! — Oui, répliqua
un autre personnage ; si vous aviez laissé vivre
l'anabaptiste, vous en auriez profité à jamais.

Puis tous les juges dirent ensemble : — Nous
ne condamnerons plus aucun homme de sa secte.
— Si vous m'aviez écouté, ajouta l'un d'entre
eux, il vivrait encore.

Le bourreau lui-même dit avec humeur :
— Vous m'avez fait répandre aujourd'hui le sang
innocent. Dieu a témoigné sa colère !

Celui qui a rimé ces strophes était condamné
à la prison perpétuelle ; il les a écrites pour le
bien des pécheurs. Un monsieur lui a prêté des
plumes et de l'encre. Il vous offre son cantique,
en vous souhaitant le bonsoir.

# CHAPITRE VIII

*Foi des anabaptistes dans les prétendus miracles opérés à la
mort d'Hasslibacher.* — Le Salut du nouveau-né, *autre légende.*

Les prétendus miracles opérés en 1671, pendant l'exécution d'Hasslibacher, montrent avec
quelle facilité s'accréditent les plus singulières
traditions. A une date si voisine de nous, chez
un peuple éclairé, dans une secte éminemment
raisonnable, une légende a pu naître, s'établir,
prendre consistance et passer pour un article de
foi. Notez bien que le martyre même d'Hasslibacher n'est pas prouvé. Tous les mennonites cependant révèrent ce personnage, qui n'a peut-
être jamais vécu ; tous croyent à la réalité des
circonstances imaginaires dont le rimeur a brodé
son récit. Mon hôte me disait, le plus naïvement
et le plus sérieusement du monde, que son frère
avait été exprès à Berne pour voir la fontaine
qui versa des flots de sang, lorsque la tête du
supplicié tomba sous la hache. L'air convaincu
d'Augsburger et de sa femme m'inspira l'envie
de tenter une épreuve.

— Je connais, leur dis-je, une histoire moins lugubre, mais aussi édifiante, que je vais vous raconter.

Les propositions de cette nature sont toujours bien accueillies au dessert, et je vis dans les yeux de mes commensaux qu'ils s'intéressaient d'avance à la narration. Aussi débutai-je sans autre préambule.

### LE SALUT DU NOUVEAU-NÉ.

Un pauvre charbonnier, qui habitait une maison solitaire, au fond des bois, fut contraint de célébrer un baptème. L'année était dure, les vivres chers : la disette régnait partout dans le pays. Et sa femme, son insouciante femme, avait justement choisi cette époque malheureuse pour lui donner un enfant de plus, sans y être invitée le moins du monde !

Il quitta donc sa triste demeure, afin d'aller chercher un parrain et une marraine. Il avait le cœur gros, je vous jure, car il fallait les héberger ; il fallait aussi inviter, régaler les amis, le jour du baptème. Et comment se procurer les mets, les boissons, les ustensiles de cuisine, la vaisselle, les domestiques et les musiciens qu'exige une pareille fête ? Sa maigre pitance, il la gagnait avec peine et s'en souciait peu : seul, il supportait courageusement sa détresse ; mais il lui répugnait de l'exposer à la vue d'autrui.

Kraus fit sa tournée cependant, trouva un parrain, une marraine, et, avec plus de facilité encore, trouva des convives. Le front soucieux, la tête basse, il reprit ensuite le chemin de sa maison. Il soupirait, il se fatiguait le cerveau à chercher des expédients, et ne voyait aucune issue. L'orgueil humilié du pauvre homme souffrait le martyre.

Au milieu de ces réflexions attristantes, le crépuscule le surprit dans la forêt. Bientôt la lune, comme sortant d'un mauvais rêve, se dégagea du sein des nues et promena sur la campagne ses regards mélancoliques ; les étoiles, sentinelles perdues de l'infini, vinrent toutes se placer à leur poste. Les oiseaux dormaient d'un profond sommeil, et l'on n'entendait plus que le bruit sourd des torrents, que les vagues modulations de la brise dans les sapins. Kraus, le charbonnier, sentit un mystérieux frisson courir sur ses membres.

Comme il atteignait un carrefour, une chouette effleura son visage, et il aperçut un cavalier qui se promenait au clair de lune, comme s'il admirait la beauté de la nuit. Son extérieur formait contraste avec la blanche lumière qui l'enveloppait tout entier, car il montait un cheval noir, portait un costume noir, et des plumes noires flottaient sur sa barrette. Une expression artificieuse, diabolique, animait sa longue figure. Il souhaita le bonsoir au charbonnier d'une voix aigre et perçante, qui avait quelque chose de railleur; puis aussitôt lui demanda d'un ton plus doux, comme s'il s'intéressait à lui : — Pourquoi gémis-tu si tard dans la forêt? N'y a-t-il sur la terre aucun endroit où ne résonnent des plaintes, où ne sévisse la douleur? Un beau chef-d'œuvre que ce monde vanté par la sottise!

A son chant, le montagnard reconnut l'oiseau. Si quelques minutes auparavant il éprouvait un sourd malaise, ce fut alors bien autre chose! Il lui sembla qu'un énorme fardeau pesait sur sa poitrine et lui ôtait la respiration. Mais bientôt le courage lui revint; il se dit même avec quelque audace : — Allons donc, bélître, c'est le moment de te montrer! Puis, sans trop d'embarras, il fit l'aveu de sa perplexité, de son chagrin. — L'homme le plus pauvre désire fêter le baptême de son enfant, dit-il pour conclure.

— Sans doute, reprit le malin (car c'était le diable en personne). Mais, n'est-ce que cela qui te tourmente? Il est facile de te mettre à l'aise. Pour peu que l'on montre de la courtoisie envers moi, j'oblige comme un grand seigneur. Je ne te demande qu'une vétille en échange de mes bons offices. Je pourrais sans doute t'aider gratuitement; mais il faut habituer les hommes à la reconnaissance. Et puis on se méfierait de moi, si j'étais trop libéral.

— Eh bien! que veux-tu? explique-toi, dit le montagnard poussé à bout par la misère.

— Tu as probablement invité beaucoup de monde, poursuivit le prince des ténèbres. Quand les mets fumeront sur la table, comme on t'aimera, comme on aura de toi une haute opinion ! Tout ce qui t'arrivera, on y prendra le plus vif intérêt : jusqu'à la fin de la cérémonie, on te portera aux nues. Laisse-moi donc satisfaire un caprice ; tu vas sans doute me trouver bizarre, mais ne me contrarie point. Supposons que tu viennes à éternuer trois fois pendant le banquet (tu n'auras jamais vu de festin semblable), et que pas un de tes nombreux conviés ne te dise une seule fois : Dieu vous bénisse ! tu m'appartiendras sans restrictions.

Le charbonnier se mit à rire. Ma foi ! pensa-t-il, jamais Satan n'a proposé de si douces conditions. Il est bien rare que j'éternue, et quand cela m'arrive, trois ou quatre personnes me disent en même temps : Que Dieu vous bénisse ! Le jour du banquet, on s'empressera bien autrement. Le diable devient vieux, je crois, et tombe en enfance. Puis, terminant ses réflexions, il dit tout haut : — J'accepte le marché !

— Tu es un brave homme, lui répliqua le sombre personnage ; aussi tu verras que je ferai bien les choses.

Comme il achevait ces paroles, il pressa les flancs de sa monture et sembla continuer sa promenade d'un air insouciant. Kraus le vit disparaître au détour d'une allée, dans le brouillard nocturne ; il rentra chez lui fort satisfait de sa convention.

Bientôt arriva le jour du banquet ; pas un invité ne manqua, il en arriva même sur lesquels on ne comptait point, d'anciennes connaissances qui se rappelaient tout à coup leur amitié pour le père de l'enfant. Dès que le baptême fut achevé, ils se hâtèrent de prendre place. Jamais le charbonnier n'aurait pu sortir d'affaire, si le diable ne l'avait aidé. Mais l'habile compagnon était arrivé dès le matin en grande tenue de maître d'hôtel, la mine joyeuse, l'air empressé, avec trois voitures à deux chevaux, pleines de mets succulents et de vins délicieux, de linge, de vaisselle, de guirlandes et d'ornements ; neuf musiciens, des cuisiniers, des garçons de service trottaient derrière. Cela formait une superbe cavalcade.

Je vous laisse à penser avec quel empressement on dégusta la bonne chère ! Le maître d'hôtel allait, venait, posait les plats sur la table, remplissait les verres, excitait la gaieté. Chacun mangea comme deux et but comme quatre. Bientôt les langues s'animèrent, les quolibets firent leur jeu : on rit, on cria, on chanta. Toute la maison en tremblait.

Au milieu de ce vacarme, le maître du logis éternua si fort, que la secousse lui ébranla le cerveau. Personne néanmoins ne l'entendit, personne ne lui adressa le vœu habituel : — Que Dieu vous bénisse ! Le charbonnier en demeura un moment stupéfait : pourtant il revint de son trouble et se dit : — Bah ! c'est un effet du hasard !

Le festin continue et le tapage augmente, car les musiciens mêlent leurs notes au joyeux tintamarre. Le fracas des trompettes, le retentissement des cymbales dominent les clameurs, le bruit des assiettes et des verres. — Hourra ! Bravo ! s'écrient les montagnards, la face enluminée par le vin. En ce moment, Kraus éternue pour la seconde fois, et comme la première, personne ne l'entend, personne ne lui souhaite que Dieu le bénisse. L'inquiétude le saisit alors ; il tremble jusqu'au fond du cœur, il jette un regard consterné sur l'esprit de ténèbres. Ah ! comme il voudrait être loin de ce banquet fatal, qui va causer son malheur ! Comme il voudrait qu'un bon génie l'emportât par-dessus les montagnes, par-dessus les mers, dans une région inconnue ! Il soupire, et ne touche plus aux mets, ni aux vins exquis.

Peu à peu néanmoins il se rassure, car son nez lui accorde une longue trève et semble avoir pris la résolution de le laisser tranquille. Le pauvre montagnard se croit sauvé. Mais la boisson coule à flots ; Satan ne ménage ni le vin ni les liqueurs. Les têtes s'échauffent outre mesure ; on argumente, on gesticule, on vocifère, on se prend au collet. Une des tables perd l'équilibre, tombe avec les dissidents. Par une fatalité inouïe, le père éternue au milieu de la bagarre, quand le tumulte est le plus fort. Pas une personne ne l'entend, pas une personne ne lui souhaite la bénédiction de Dieu.

Le maître d'hôtel laisse échapper un rire infernal. Lui et sa bande quittent leur humble maintien : ils se préparent à saisir leur victime. Kraus frémit de tous ses membres : dans sa profonde angoisse, il lève les mains vers le ciel et dit avec un pieux transport : — Seigneur Jésus, sauvez-moi !

O miracle ! A peine a-t-il proféré ces mots suppliants, que le nouveau-né, auquel nul ne songeait, crie du fond de son berceau : — Dieu te bénisse, papa ! — Lucifer grince les dents, frappe la terre du pied, donne le signal de la retraite : en un clin-d'œil, les ténébreux serviteurs ont disparu. Chacun s'étonne, chacun demande à à l'hôte ce que signifie ce bizarre dénoûment. Le montagnard fait le signe de la croix, jette les yeux autour de lui pour s'assurer que la troupe funèbre a quitté la pièce, puis raconte son aventure, non sans blâmer son imprudence et remercier Dieu. Il alla ensuite prendre le nouveauné dans sa couchette, baisa ses joues et ses petites mains ; tout le monde voulut le voir, les convives se le passèrent l'un à l'autre, il fit le tour de la salle, porté comme en triomphe.

— Le charmant enfant ! dit madame Augsburger. J'aurais bien voulu être là, pour le fêter avec la compagnie.

— Vous trouvez sans doute qu'il a pris la parole bien à propos ?

— C'est admirable ! Quelle joie ont dû éprouver les assistants !

— Cela prouve, dit le pasteur, qu'on doit toujours mettre son espoir en Dieu, toujours le prier dans les moments de détresse. Tu vois, ma femme, comme ce pauvre homme a été secouru.

Le visage de l'anabaptiste, l'expression de sa voix témoignaient de sa confiance pleine et entière dans l'exactitude de mon récit. L'hôtesse n'y croyait pas moins fermement. Le succès de mon épreuve dépassait mon attente. Une ballade, une invention poétique avait produit sur ces cœurs simples et doux l'effet d'un rapport officiel !

— Puisque mon histoire vous a paru édifiante et agréable, dis-je à la maîtresse de la maison, vous devriez bien suivre mon exemple et me conter à votre tour quelque épisode tragique ou divertissant.

— Je ne demanderais pas mieux, je vous assure, dans l'espoir de vous faire plaisir, puisque vous aimez ces récits ; mais je ne connais que les paraboles du Nouveau Testament et les scènes de la Bible.

— Quoi ! votre mémoire ne peut vous fournir la moindre légende, la moindre ballade alsacienne ? Les contes populaires ne doivent pas manquer dans vos montagnes.

—Sans doute ; j'en ai même entendu un grand nombre, mais je ne me les rappelle point assez pour vous en faire part. Les détails m'ont surtout échappé.

Comme elle disait ces mots, la porte de la chambre s'ouvrit avec lenteur, sans qu'un bruit de pas dans le corridor nous eût annoncé l'approche de quelqu'un, et une petite fille entra. Cette jeune montagnarde, qui pouvait être âgée de douze ans, avait les pieds nus ; sa robe de toile bleue la couvrait à peine, et, avec une chemise qui dépassait au col, formait tout son habillement. Ses longs cheveux blonds flottaient sur ses épaules, roulés çà et là en capricieux anneaux. La vie étincelait dans ses yeux d'un profond azur, dans ses traits délicats, dans sa bouche aimable et souriante. Une expression de gaieté, de sérénité animait cette tête enfantine, où l'intelligence de la femme commençait à poindre. Lorsqu'elle m'aperçut, elle devint toute curiosité. Elle me regarda fixement, m'examina sans le moindre trouble, avec le calme et la hardiesse de l'innocence, comme elle aurait fait pour une plante singulière ou un oiseau rare. Mais à son attention se mêlait la plus gracieuse bienveillance : elle n'avait pas l'air sec et dur de nos villageois, qui espionnent un étranger plutôt qu'ils ne le regardent. Un peintre eût été ravi de cette poétique apparition.

— Tenez, me dit madame Augsburger, voilà Christine qui arrive on ne peut plus à propos. Elle vous racontera autant de légendes que vous le voudrez, car elle en sait beaucoup.

Puis se tournant vers la petite fille.

— Tu viens probablement chercher quelque chose?

— Ma mère m'envoie vous demander si vous avez un peu de beurre ou de lard à lui vendre; nous n'avons pas chez nous de quoi faire la soupe.

— Notre beurre nous est nécessaire, mon enfant; mais nous te donnerons du lard.

— Ah! tant mieux, madame, car nous étions bien embarrassés. Maman disait que demain il lui faudrait aller à Rothau, et il y a deux lieues, comme vous savez.

— Puisque te voilà hors d'inquiétude, rien ne te presse, attendu que vous soupez fort tard. Débite à monsieur quelqu'une de tes légendes.

— Oh! elles lui paraîtraient toutes ennuyeuses. Ce sont des histoires de campagne, bonnes pour des paysans : elles ne peuvent plaire aux messieurs.

— Vous vous trompez, ma belle enfant, lui dis-je ; soyez sûre que je vous écouterai avec plaisir.

— Mais, je ne sais pas bien parler, répondit Christine.

— Je parierais le contraire ; vous avez des yeux trop brillants pour ne point vous exprimer à merveille. Ne vous intimidez pas et commencez.

— Non, non, je m'embrouillerais ; je vais tout simplement vous réciter une ballade que je sais par cœur.

Et, sur un air lent et monotone, elle me chanta une légende des bords du Rhin : c'est ce qu'elle appelait *réciter*.

## CHAPITRE XIV

*La jeune novice.*

La jeune fille chanta donc, sur un air lent et
monotone, une légende alsacienne, fort connue
aux bords du Rhin.

### LA JEUNE NOVICE.

Adolphe de Nassau, empereur d'Allemagne,
était en guerre avec la France, car le roi très-
chrétien voulait exciter la discorde parmi les
princes germaniques, dans l'espoir d'y trouver
son profit. L'évêque de Strasbourg s'étant dé-
claré pour les Français, Adolphe de Nassau en-
vahit l'Alsace. Mais ayant été blessé dans une
escarmouche, on le porta au lieu le plus voisin,
qui était un couvent de femmes. Les religieuses
le soignèrent avec un charitable empressement;
une jeune novice passa même plusieurs nuits à
son chevet. Unna était d'une ancienne famille
des Vosges, mais cette noble descendance formait son moindre mérite. Quoique faible et lan-
guissant, le prince admirait ses beaux cheveux
bruns, presque noirs, ses sourcils réguliers, son

œil limpide et bordé de grands cils, les lignes élégantes de son front, de tout son visage, et la fraîcheur de ses lèvres délicates. Son expression avait quelque chose de rêveur, comme si des songes charmants occupaient son esprit. Un demi-sourire flottait presque toujours sur sa bouche. La guimpe encadrait à merveille cet attrayant chef-d'œuvre, où la nature avait associé avec un art exquis la beauté physique et la grâce morale.

Un jour, comme les forces commençaient à lui revenir, Adolphe prit la main de la jeune novice et lui dit : — Je ne sais vraiment si je dois vous remercier de vos soins. Vous avez été pour moi une garde pleine de dévouement et de sollicitude ; vous m'avez aidé à vaincre la douleur, à guérir de mes blessures ; mais, hélas ! que de souffrances vous allez me causer ! Je n'ai pu voir si longtemps vos traits angéliques, votre maintien harmonieux, sans m'éprendre de vous. Et cependant quel espoir me laisse cet amour ? Dans quel abîme de maux va-t-il me plonger ! Puis-je croire que je vous ai inspiré quelque affection ? puis-je croire que vous renoncerez pour moi aux pieux sentiments qui vous ont conduite sous les voûtes d'un monastère ; que la tendresse d'un homme, fût-il empereur, vous fera oublier vos fiançailles avec un Dieu ?

La novice rougit, se troubla ; des paroles semblèrent vouloir s'échapper de ses lèvres, mais elle garda le silence et quitta la pièce.

6.

Adolphe espéra qu'elle reviendrait le soir ; ce fut une religieuse en cheveux blancs qui parut à sa place.

— Unna est malade, dit-elle, et ne peut quitter sa cellule.

Le noble personnage comprit qu'elle le fuyait, et en ressentit une amère douleur. Toutes ses illusions s'envolaient à la fois, comme une bande d'oiseaux effarouchés. Sa passion allait ressembler désormais à ces jours de printemps, où le soleil étincelle, où les feuillages nouveaux parent les bois de teintes délicates, mais où souffle un vent du nord, qui transit le promeneur et le fait songer aux tristesses de l'hiver.

L'empereur, dès ce moment, ne dit plus un mot. Pourquoi eût-il parlé à sa vieille garde, qui ne lui eût donné aucun renseignement, qui ne pouvait ni devenir sa confidente, ni plaindre sa douleur ? L'œil morne et le front soucieux, il se laissa plusieurs jours dévorer par son muet chagrin. Mais une nuit qu'il était seul, que toutes les religieuses dormaient d'un profond sommeil, sa porte s'ouvrit, et Unna, tenant une lampe à la main, entra comme une gracieuse apparition. Elle mit un doigt sur ses lèvres pour lui ordonner le silence.

— Prince, dit-elle, l'évêque de Strasbourg a comploté votre perte, et cette nuit même on doit vous enlever de notre cloître. Ne voulant pas vous laisser tomber entre les mains de vos ennemis, j'ai préparé votre fuite. La dernière porte de notre enclos donne dans un bois qui s'étend jusqu'au Rhin; un sentier peu connu traverse la forêt et mène en une demi-heure sur les bords du fleuve. Là, vous trouverez un pêcheur qui, moyennant salaire, mettra sa barque à votre disposition. Venez, je me suis procuré, avec l'aide du Seigneur, la clef de notre jardin.

— Mais qui me conduira dans la forêt?

— Je vous servirai de guide jusqu'au moment où vous ne pourrez plus vous tromper de route.

Le convalescent eut bientôt achevé ses préparatifs : il envoya son seul domestique porter un message verbal aux seigneurs de Pfirt et de Bergheim, qui commandaient ses troupes ; puis, emmenant son épagneul, suivit la jeune recluse à travers le jardin du monastère.

Ils atteignirent au bout de dix minutes le lieu où elle voulait le quitter.

— Maintenant, lui dit-elle, vous n'avez plus qu'à marcher tout droit ; vous arriverez en peu de temps sur les bords du fleuve, que vous allez voir tout à l'heure briller entre les rameaux.

— Avez-vous réellement l'intention de m'abandonner ainsi pour toujours? lui demanda le prince. Faut-il que je vous perde après vous avoir retrouvée, après le service que vous m'avez rendu, sans pouvoir même vous témoigner ma reconnaissance ?

— N'est-ce point de cette manière, répliqua la

nonne, que nous devions nous séparer, puisque le hasard seul nous avait un moment réunis? La charité chrétienne m'ordonnait de vous soigner, mais l'heure est venue d'oublier vos chimères. Adieu, prince; choisissez une femme parmi celles qui peuvent monter sur un trône, et que le souvenir d'Unna ne vous cause ni regrets ni tristesse.

— Je chercherais en vain dans tout l'empire une jeune fille comparable à vous, dit impétueusement le fugitif. La nature produit seulement de loin en loin une créature aussi parfaite, et celles qui vous ressemblent inspirent des attachements extraordinaires comme leur beauté. Je vous ai vue, je vous ai entendue; j'ai admiré votre grâce, votre intelligence, vos nobles sentiments; je suis votre captif, et rien ne peut briser ma chaîne.

— Seigneur, dit Unna, vous me faites repentir d'avoir eu confiance dans votre loyauté, de vous avoir guidé comme un ami à travers cette forêt déserte. Pour vous sauver, je n'ai craint ni l'ombre, ni la solitude, ni la responsabilité d'une démarche faite à l'insu de notre abbesse. Et voilà que vous inquiétez, que vous effrayez votre libératrice!

— Moi, vous effrayer! dit le prince. Mais vous êtes sous la protection de ma reconnaissance, de ma tendresse, de mon honneur; je ne toucherais pas sans votre consentement le bord de votre voile. Rassurez-vous, Unna ; vous pouvez être aussi tranquille en ce bois désert, au milieu de la nuit, que dans la chapelle où vous adorez Dieu. Mais si je vous respecte, je vous aime, et la violence de mon amour ne me permet point de renoncer à vous.

— Il y a un moment, vous vous disiez mon captif ; et c'est moi qui suis votre prisonnière !

— Ah ! que vous connaissez peu le langage et l'entraînement des vraies passions, s'écria le prince, de ces passions qui donnent un avant-goût du ciel ou de l'enfer ! Ecoutez-moi, jeune fille : que je traverse le Rhin, sur l'autre bord je suis le plus puissant monarque du monde ; tous les seigneurs, toutes les populations de l'Allemagne obéissent à ma voix ; quand je passe, toutes les têtes se découvrent, et si mes regards tombent sur une femme, elle pâlit d'orgueil et de plaisir. Depuis les Alpes jusqu'à la mer Baltique, il me suffirait de vouloir pour obtenir la plus belle, la plus noble et la plus fière. Eh bien ! parmi tant de gracieuses châtelaines, parmi tant de princesses accomplies, c'est vous seule que je désire, c'est de vous seule que dépend mon bonheur ou mon infortune !

— Vous oubliez toujours, reprit Unna, que je suis la fiancée du Christ, que je dois dans peu de temps prononcer des vœux éternels. Je vous en conjure, prince, revenez à vous ; laissez-moi rentrer dans ce bercail où l'on n'accepte que des brebis sans tache, seule offrande digne du Très-Haut.

— Allez donc enfermer sous les voûtes d'un cloître cette beauté funeste, créée par le ciel pour mon malheur; j'espérais vous attendrir, mais puisque vous demeurez froide comme la pierre des tombeaux, je retourne avec vous dans le monastère. Que mes ennemis le cernent, qu'ils fondent sur moi, que m'importe! Ils ne me prendront pas vivant! Je les braverai, je me défendrai jusqu'au dernier soupir, et quand vous verrez les dalles teintes de mon sang, vous pourrez vous féliciter de votre courage, vous pourrez montrer à Dieu la victime et lui demander la récompense de votre insensibilité!

— M'aimez-vous à ce point? dit la jeune fille, pendant que sa voix tremblait d'émotion et que deux larmes coulaient sur ses joues dans l'obscurité de la nuit. Voulez-vous mourir plutôt que de vivre sans moi? Ah! Dieu qui a formé le cœur de la femme pour la tendresse, ne peut exiger une constance au-dessus de mes forces! Sachez-le donc, prince, mon âme est tout entière à vous, mais je luttais contre une passion que j'espérais vaincre. C'est elle qui triomphe, ce sont vos prières qui l'emportent : le ciel n'a pas accepté mon sacrifice. Je vous aime, Adolphe de Nassau, je vous aime plus que je ne puis le dire.

— Bénies soient donc la main qui m'a frappé, la

blessure qui m'a jeté dans la poussière ! O ignorance de l'homme ! cette dure épreuve me con-
duisait au bonheur.

Et prenant dans ses mains les mains de la
jeune fille, l'empereur les couvrait de baisers,
les trempait de larmes.

— Permettez, dit Unna, que je détache de mon
front l'emblème de ma vocation première, le
symbole d'une vie consacrée à la solitude ; je ne
dois point garder les insignes du cloître, puisque
je quitte cette pieuse retraite pour affronter les
orages du monde.

Et la jeune fille, ôtant son voile, l'abandonna
au souffle du vent. A peine la brise l'avait-elle
emporté que l'aimable couple entendit dans le
lointain un bruit d'armes et le sourd piétine-
ment des chevaux.

— Nous n'avons pas un moment à perdre, dit
la novice.

Et tous deux, se tenant par la main, gagnè-
rent le bord du fleuve. Ils éveillèrent le pêcheur,
qui les transporta de l'autre côté. Après une
marche rapide, ils atteignirent sans accident un
château du prince. Un mariage secret les unit
bientôt, car l'empereur n'osait scandaliser la noblesse par une alliance disproportionnée : lui
ayant fait un premier sacrifice, Unna l'aimait
trop pour lui imposer des conditions. Il ordonna
de bâtir dans une vallée solitaire, non loin de
Schwalbach, une élégante demeure qui fut nom-

mée Adolphs-Eck. Une petite rivière en baigne le pied de ses flots tumultueux et limpides. Au bruit de ce torrent, sur lequel un bois antique projetait son ombre, le prince passa des heures de délices. Unna lui faisait oublier les soucis de l'empire, les nombreux malheurs qui avaient attristé sa jeunesse, et la turbulence, l'esprit mutin des grands feudataires. Mais une étoile funeste avait éclairé son berceau ; elle continua de répandre sur lui sa maligne influence.

Albert d'Autriche ambitionnait la couronne impériale ; il était secondé par l'électeur de Mayence, le cousin germain d'Adolphe et son ennemi mortel. Les deux conspirateurs levèrent une armée ; le prince légitime leur opposa des troupes nombreuses et aguerries. Tourmentée d'une vague inquiétude, sa femme ne put se résoudre à le quitter ; elle voulut le suivre au milieu des hasards d'une expédition militaire. Sur le point de livrer une bataille décisive, Adolphe de Nassau eut bien de la peine à obtenir qu'elle en attendît l'issue dans le cloître de Rosenthal, près de Worms. Les trompettes sonnèrent la charge non loin du monastère. Emporté par sa fougue, le souverain plongea dans les bataillons ennemis, où il tomba percé de coups ; sa mort entraîna la défaite de son armée.

Unna cependant, agenouillée sur les dalles de l'église, invoquait le dieu des batailles, lui demandait avec larmes de faire triompher la bonne

cause. L'espérance et la crainte la tenaient en-
chaînée au fond du sanctuaire ; les heures s'é-
coulaient à son insu et la nuit arriva sans qu'un
message eût dissipé ses inquiétudes. La veuve
priait toujours, vaguement éclairée par la lune
qui projetait dans l'enceinte de mornes rayons.
Tout à coup l'épagneul du défunt s'élance vers
elle, en poussant des cris plaintifs, gratte sa
robe, puis se tourne du côté de la porte, comme
pour lui montrer la route, va, vient, répète plusieurs fois ce manége. Unna, saisie de terreur,
suit le fidèle animal, qui la conduit sur le champ
de bataille. Quel odieux tableau frappe alors ses
regards ! Ils étaient là étendus par milliers dans
des flaques de sang, les braves tombés pendant
le jour ! La lune blanchissait leurs pâles visages
de sa triste lumière. Le chien mena sa maîtresse
au corps de l'empereur, sur lequel un oiseau de
proie venait de s'abattre ; l'oiseau prit son vol
en poussant d'aigres clameurs, et Unna défail-
lante s'agenouilla près du cadavre, baisa son
front glacé par la mort et par le vent du soir.
On le transporta dans le monastère, à la lueur
des flambeaux ; le lendemain, on célébra ses funérailles et on l'ensevelit dans le préau du cloître. La veuve, depuis ce moment, errait jour et
nuit sous les arcades, autour du sépulcre où
était venu s'engloutir son bonheur : un matin,
on la trouva inanimée sur la dalle qui couvrait
la dépouille du héros.

La fin tragique de l'empereur n'assouvit pas la haine de ses ennemis : Albert d'Autriche fit démanteler le château d'Adolphs-Eck, pour que la chouette et le faucon pussent seuls y établir leur demeure; les oiseaux funèbres s'en sont emparés; ils jettent des cris lugubres, ils poussent des huées menaçantes, lorsqu'un voyageur trouble leur solitude, en visitant les ruines du manoir désert.

Nul ne peut imaginer les attitudes gracieuses, les airs charmants, les regards expressifs, dont cette pauvre montagnarde, à peine vêtue, accompagnait son récitatif. Ses blonds anneaux tremblaient autour de sa tête, à chaque mouvement qu'elle faisait. La nature produit une foule d'êtres vulgaires, vulgaires par les formes, par l'esprit et par les sentiments; mais, de loin en loin, comme pour montrer sa puissance, elle met au jour des créatures si parfaites qu'elles bravent tous les moyens d'imitation et toutes les ressources de l'art. Poésie, peinture, statuaire échouent pareillement : quelques-unes de leurs qualités, physiques ou morales, passent dans l'image qu'on essaie d'en tracer; mais leur vivant prestige, mais l'ensemble de leurs mérites, de leur attrayante personnalité, mais leurs gestes, leurs regards, le son de leur voix, la musique de leur rire, l'éblouissante délicatesse de leur peau, les mobiles reflets de leur chevelure, quel instrument, quel génie, quel procédé peuvent les rendre ? La jeune fille était une de ces ravissantes exceptions : le soleil couchant, qui dardait sa lumière dans la salle et dorait la figure, le buste de l'aimable chanteuse, semblait vouloir compléter le chef-d'œuvre, en le baignant de ses plus doux rayons.

Mais ce que la nature a si bien commencé, organisé, il faut que l'éducation l'achève. Par l'étude et le travail, l'homme a le don sublime de se purifier, de s'élever, de s'ennoblir. La nature forme des diamants bruts ; le lapidaire y fait pénétrer, y incorpore, pour ainsi dire, la lumière de l'astre vivifiant. Si une jeune adolescente, comme Christine, recevait l'instruction que demandent ses facultés, elle deviendrait une de ces merveilles qui donnent l'idée d'un monde supérieur, qui ont excité les poètes, les chefs religieux à inventer les houris et les anges. Privée, comme elle le sera, d'une bienfaisante culture, elle deviendra une jeune paysanne aux façons rustiques, à l'intelligence bornée, espoir déçu, astre noyé dans la brume, fleur précieuse qu'une gelée d'avril a gâtée, avant l'heure où tous les dons du printemps devaient s'épanouir en elle. O pauvres instituteurs, à qui l'on marchande de maigres honoraires, dont on dédaigne et contrarie les fonctions, quelle œuvre sainte et méritoire que la vôtre, qui tire du marbre grossier une statue vivante, qui pare de fleurs une colline aride et allume la flamme sur l'autel d'un temple désert !

Ces pensées voltigeaient autour de moi, comme un essaim d'abeilles, pendant que j'écoutais la chanteuse ingénue. D'autres idées préoccupaient l'anabaptiste, car il me dit gravement, aussitôt que le timbre jeune et frais eut cessé de charmer nos oreilles :

— Vous voyez, monsieur, les effets de la guerre. Ce pauvre prince est mort, parce qu'il n'a point observé les préceptes de l'Evangile, et sa femme est ensuite morte de chagrin. Vous connaissez l'histoire de la légion thébaine, qui se laissa égorger plutôt que de se défendre (1).

— En théorie, au point de vue de la morale abstraite, je suis tout-à-fait d'accord avec vous, répondis-je. Le conquérant le plus fier, le plus illustre, ne me paraît point égaler une sage-femme, qui, au lieu de tuer les hommes, facilite

(1) « Nourri des préceptes d'une loi divine, je servis long-temps, comme simple soldat, dans la légion thébaine où je portais le nom de Zacharie. Cette légion chrétienne ayant refusé de sacrifier aux faux dieux, Maximien la fit massacrer près d'Agaune, dans les Alpes. On vit alors un exemple à jamais mémorable de l'esprit de douceur de l'Evangile. Quatre mille vétérans, blanchis dans le métier des armes, pleins de force, et ayant à la main la pique et l'épée, tendirent, comme des agneaux paisibles, la gorge aux bourreaux. La pensée de se défendre ne se présenta même pas à leur esprit, tant ils avaient gravées au fond du cœur les paroles de leur maître, qui ordonne d'obéir et défend de se venger. Maurice, qui commandait la légion, tomba le premier. » ( CHATEAUBRIAND, *les Martyrs*, livre VII.)

leur entrée dans le monde. J'ajouterai avec un poète moderne : « Il y a plus de véritable honneur à sécher une seule larme qu'à verser des flots de sang. » Mais si l'on vous attaque, il faut se défendre, car il y a des individus, des peuples naturellement agressifs. On trouve dans une partie de l'espèce humaine tous les instincts féroces des animaux de proie. Les autres citoyens leur serviront-ils volontairement de pâture ? Vous-mêmes, que deviendriez-vous, si les lois pénales, si l'organisation judiciaire de la France ne vous protégeaient contre les malfaiteurs ? Vous vivez tranquilles, parce que vous vivez au milieu d'un grand royaume, et que ses institutions vous profitent. Vous pouvez subsister à l'état de secte, vous ne subsisteriez pas autrement.

La haine, remarquez-le bien, est la plus vive, j'allais dire la plus belle des passions humaines, car la nature lui a donné une force qu'on ne trouve point dans les autres : elle poursuit son but avec un acharnement qui va jusqu'à l'héroïsme. Voyez deux peuples en guerre : quels sacrifices ne font-ils point sans regret ? Quel enthousiasme ils déploient ! Quels dangers ils bravent ! Combien de malheureux tombent sous les balles sans décourager les survivants ! Que de privations, de douleurs, de fatigues les troupes endurent pour atteindre un champ de carnage, pour joncher la terre de morts et la baigner de

sang ! Quelle joie manifestent les vainqueurs !
Ils ont tué dix mille, vingt mille hommes ! Cette
belle prouesse devient un grand souvenir natio-
nal : on le célèbre par des chants et des fêtes.
Les peuples se rappellent surtout avec orgueil
et avec complaisance leurs fureurs guerrières ;
les batailles, les invasions, le sac des villes, le
bombardement des ports, les catastrophes ma-
ritimes, les innombrables infortunes qu'engen-
dre l'état de lutte ouverte, composent le fond
de presque tous les récits populaires, de presque
toutes les traditions intéressantes et de la plupart des grands poëmes. Certes, l'amour inspire
cent fois moins de courage et de dévouement.
On ne ferait pas, à beaucoup près, pour sauver
un peuple, ce qu'on fait pour l'exterminer.

— C'est là justement ce qui nous révolte et ce
que nos maximes ont pour but de prévenir, dit
M. Augsburger.

— Noble illusion, que les sots traitent de folie, que les vaniteux, les méchants et les scélé-
rats empêchent de se réaliser ! Mais nous débattons
là des questions bien lugubres, pendant que
cette jeune fille nous regarde d'un air étonné.
Elle n'est point à l'âge où l'on comprend d'aussi
tristes matières : elle a dans l'esprit et sur la
joue la fraîcheur du printemps. Mieux vaudrait
changer de sujet.

# CHAPITRE X

*La Cruche de Saint-Trudbert.*

Me tournant alors vers Christine, je lui dis :

— Vous savez d'autres légendes, d'autres contes populaires, ma belle enfant, puisque madame Augsburger, qui vous connaît bien, me l'annonçait tout à l'heure. Seriez-vous assez complaisante pour nous réciter ou nous chanter un second morceau ?

— Mais, me répliqua-t-elle avec une liberté charmante, c'est à votre tour. Vous êtes savants, vous autres messieurs ; vous venez de loin et vous devez avoir de belles choses à dire.

— Eh bien ! je veux vous contenter, répartis-je en souriant ; mais je ne suis point comme vous une fauvette des bois, qui chante sans avoir appris, et je vais tout simplement vous débiter mon histoire.

— A la bonne heure ! à la bonne heure ! s'écria-t-elle, pendant que la joie étincelait dans ses yeux.

Elle appuya son buste et son coude sur la table, son menton sur la main droite, et me re-

garda comme si elle voulait deviner le sens de
mes paroles.

LA CRUCHE DE SAINT TRUDBERT.

Trudbert était un noble personnage, qui possédait de grands biens et de grands titres. Mais
une piété fervente le dégoûtait du monde, lui
inspirait le mépris de ses luttes, de ses agita-
tions et de ses vanités. Il renonça donc sans
peine aux honneurs, aux priviléges, aux spa-
cieux domaines que lui avaient légués ses an-
cêtres. Un sacrifice plus douloureux lui restait à
faire : une jeune fille l'aimait, était aimée de
lui, l'abandonner pour toujours demandait un
suprème effort. Trudbert eut cet impitoyable
courage ; il monta sur un navire, s'éloigna de
l'Ecosse et chemina par le monde, en prêchant
la parole de Dieu. Pauvre, inconnu, fatigué d'un
long voyage, il pénétra enfin dans les montagnes
de la Suisse.

Là, au milieu d'une profonde solitude, il se
bâtit un ermitage et se traça un jardin, pour y
semer quelques légumes. C'était à une faible distance de l'ancienne ville romaine de Vindonissa,
que Childebert avait détruite de fond en comble:
elle ne s'était pas relevée depuis, et un linceul
de mousses, de fougères, de plantes saxatiles enveloppait ses décombres. Du banc placé devant
sa hutte, le saint homme apercevait au loin la
Reuss qui précipitait sa course à travers un

sage magnifique. Rien ne troublait donc les prières, les pieuses lectures, les travaux et les méditations de l'anachorète. Une villageoise, un montagnard venaient seulement par intervalles lui demander ses conseils et sa bénédiction.

Il n'avait guère que trente-cinq ans, et déjà il passait pour un élu du Seigneur, infailliblement destiné aux joies du paradis. Sa belle figure, sa haute taille, sa constitution robuste et son air majestueux augmentaient le mérite de son abnégation : Trudbert eût évidemment brillé dans les cours et obtenu des succès dans les batailles. Lui-même se jugea bientôt un modèle de vertu ; l'orgueil pénétra au fond de son cœur, et il loua hautemént sa propre conduite :

— Vous le voyez, Seigneur, disait-il, j'ai vaincu la faiblesse humaine, échappé à tous les piéges du démon. Honneurs, puissance, richesses, plaisirs, gloire, amour, bonheur du foyer domestique, il n'est rien, absolument rien que je n'aie sacrifié. Vous tournez sans doute vers moi des regards satisfaits, et ma place est marquée d'avance parmi les justes.

Un soir que Trudbert, après avoir ainsi exalté ses mérites, lisait dans sa hutte, aux rayons du soleil couchant, une jeune fille poussa la porte et entra. C'était bien la plus jolie créature qu'il fût possible de voir. Ses traits charmants, son teint d'une délicatesse enfantine, ses yeux brillants et spirituels, sa bouche aux fins contours, son abondante chevelure brune formaient un ensemble capable d'émouvoir un saint, de tenter un patriarche. Sa jupe courte, ses bas bien tirés, son corsage lacé par devant, son chapeau suisse coquettement posé sur l'oreille achevaient de la rendre dangereuse. Elle tenait à la main une petite cruche.

— Mon père, dit-elle, je voudrais me confesser à vous et obtenir l'absolution de mes fautes.

— Vous venez bien tard, ma fille, répondit le solitaire d'une voix quelque peu troublée. Mais puisque vous voilà, je ne vous refuserai point la pieuse satisfaction que vous demandez.

L'aimable enfant s'agenouilla dans une attitude gracieuse et avoua d'abord des péchés insignifiants. Trudbert, sans le vouloir, la regardait encore plus qu'il ne l'écoutait.

— Jusqu'ici, mon père, poursuivit-elle, je vous ai seulement avoué des fautes légères; plût au ciel que je n'en eusse point d'autres sur la conscience! Mais je me suis laissée entraîner à de si graves erreurs que je n'ose vous les confier.

Ce préambule augmenta le malaise moral du saint homme, mais il se domina et fit bonne contenance.

— Parlez, mon enfant; humiliez-vous au tribunal de la pénitence, et la miséricorde divine ne vous fera point défaut.

La jolie fille attacha sur lui un regard pénétrant :

— J'hésite encore, mon père, car vous allez être scandalisé ; je rougis moi-même de mon égarement.

— Si jeune encore, lui répliqua le solitaire avec une inquiétude croissante, vous ne pouvez avoir commis de ces actions criminelles qui excitent l'horreur.

— Oh ! non, assurément, dit la jeune fille ; mais, puisque je ne dois rien vous cacher, sous peine de faire un sacrilége, apprenez, mon père..... oh ! mon Dieu ! comment vous dire cela ?... comment vous dire que je suis éprise de vous, que votre image me poursuit dans mes songes et dans mes veilles, que pour vous apercevoir, ne fût-ce que de loin, je passe constamment près de votre ermitage, que vivre sans vous me paraît impossible, et que je lutte vainement contre l'amour qui m'obsède !

Pendant que la jeune fille articulait ces paroles brûlantes, ses yeux, sa figure exprimaient le trouble de son cœur avec une grâce enchanteresse, avec une passion presque irrésistible. Trudbert était devenu couleur de feu : il se signait, il invoquait tour à tour le Christ, la Vierge et les Saints. Mais il avait déjà triomphé dans une épreuve analogue, et cette fois encore il eut assez d'énergie pour vaincre.

— Si j'étais superstitieux, répliqua-t-il, je pourrais croire que le démon a pris votre forme, dans le but de m'entraîner au mal et de me perdre à jamais. Chassez loin de vous des sentiments coupables : depuis longtemps j'ai répudié toutes les affections terrestres. Mon seul désir, mon seul espoir est d'obtenir la couronne des élus, de mériter les joies ineffables que Dieu leur accorde. Je vais vous donner l'absolution, ma chère fille ; mais tenez-vous en garde contre les pensées mauvaises : songez que la vie est courte, pleine de tribulations, et préparez-vous au-delà du tombeau une éternité bienheureuse.

— Puisqu'il le faut, mon père, dit l'aimable enfant avec quelque dépit, j'aurai du courage.

Et elle baissa la tête pour recevoir l'absolution.

— Maintenant, dit-elle, permettez-moi **de** vous offrir un présent qui a peu de valeur, mais qui vous sera utile. Plusieurs fois je vous ai vu boire dans le creux de votre main l'eau des sources. Daignez accepter ma cruche, en témoignage de ma reconnaissance pour vos bons avis ; **elle** vous épargnera la peine de vous baisser et vous deviendra indispensable, quand vous aurez perdu la force qui vous reste.

— J'ai rempli les devoirs de mon ministère avec désintéressement, je ne puis accepter le plus faible don, repartit l'anachorète. Ainsi, ma fille, emportez votre cruche et laissez-moi dire mes prières du soir.

La pénitente mortifiée quitta la cellule, mais

par un sentiment d'espièglerie, elle posa doucement sa cruche près de la porte et s'éloigna.

— Seigneur, dit l'ermite quand il fut seul, je
viens de soutenir une épreuve plus difficile que
toutes les autres. Cette ravissante inconnue a
porté le trouble dans mon cœur ; ses aveux néanmoins, sa beauté, sa tendresse, la solitude profonde qui entoure ma cellule, ne m'ont point
fait oublier mes devoirs. Quelle passion maintenant pourra mettre en danger mon salut ?

Et comme un reste d'émotion agitait encore le
sang de l'ermite, il voulut sortir pour prendre
l'air. A sa porte, il trouva la cruche de la jeune
pénitente.

— La friponne, dit-il en lui-même, semble
avoir eu l'intention de me narguer, mais le tour
n'est pas bien méchant ! Il fait aujourd'hui une
chaleur insupportable : la cruche me servira
sans plus attendre. Le ruisseau est assez loin et,
la nuit, quand le sommeil a l'air de me garder
rancune, je ne puis, par le temps le plus lourd,
apaiser ma soif. Ces épais nuages me conseillent
la promptitude, car leur mauvaise mine prédit
un orage.

Et le saint homme alla d'un air joyeux remplir la cruche. Il la posa ensuite avec précaution
dans un angle de sa cellule, puis se tourna vers
son prie-Dieu. Mais aussitôt le vase trébuche,
tombe, et toute l'eau coule dans la chambre.
Trudbert examinait le gâchis d'un œil étonné.

— Allons, dit-il, je m'y serai mal pris !

Et comme la lumière baissait, il ramassa la cruche en toute hâte et alla de nouveau la remplir.

— Cette fois, pensait-il, je m'arrangerai de manière à ce qu'elle ne puisse se renverser.

Il choisit donc plusieurs pierres et cala soigneusement le pot d'argile. Ne craignant plus qu'il lui arrivât malheur, il s'agenouilla pour se mettre en prière. Mais il avait murmuré quelques mots à peine, lorsqu'il entendit le vase faire une nouvelle culbute.

— Ceci est étrange ! dit en lui-même le solitaire. La cruche me paraissait inébranlable dans son cercle de cailloux, comme le Schreckhorn sur sa base de granit.

Et il fit un troisième voyage au ruisseau. La tempête commençait : des tourbillons de vent courbaient les sapins, agitaient la robe de l'ermite et semblaient vouloir le dépouiller. Dans sa mauvaise humeur, l'homme de Dieu ne s'en préoccupait guère : c'est tout au plus s'il entendait gronder la foudre. Il emplit sa cruche et la rapporta.

Un expédient, qui lui était venu en tête, paraissait devoir le prémunir contre toute mésaventure : c'était de pendre le vase par son anse à un clou à crochet, planté dans la muraille de la cellule. Il exécuta ce dessein, qu'il jugeait infaillible, puis se coucha et s'endormit au roulement du tonnerre, au murmure de la pluie et des vents.

Il y avait une heure peut-être qu'il n'avait plus conscience de lui-même, lorsqu'un bruit sourd, comme produit par la chute d'une masse pesante, l'éveilla tout à coup. Il se mit sur son séant et se frotta les yeux.

— D'où vient ce tapage? Serait-ce encore une fois la cruche qui fait des siennes? Il faudrait jouer de malheur, pensa Trudbert.

Et il se leva, tàtonna dans l'ombre : sa cruche était tombée! Elle avait même détaché le clou de la muraille. Le liquide ruisselait sur le sol de de la hutte, qui, tant de fois humecté, ressemblait maintenant à un marécage.

— Le clou paraissait pourtant faire corps avec la muraille, dit l'ermite. Je le croyais en état de porter la cruche pendant un siècle! Un mauvais destin me persécute aujourd'hui. Et il fait une chaleur! Jamais air si étouffant ne m'a oppressé les poumons!

En articulant ces mots, Trudbert ouvrit la porte de sa cabane. Une nuit profonde régnait dehors; la tempête grondait toujours et tenait les montagnes en éveil : il était impossible d'aller à travers l'ombre jusqu'au ruisseau, qui devait former un vrai torrent.

Le solitaire vit qu'il fallait se remettre au lit et tàcher de dormir. La patience était bien près de lui échapper, mais il avait conçu un nouveau plan et désirait en faire l'épreuve : un misérable ustensile ne pouvait déjouer toutes ses combinaisons !

L'aube enfin dessina en noir sur un fond d'opale les sommets tourmentés des Alpes. Aussitôt saint Trudbert se lève, examine sa cruche : elle n'avait pas éprouvé le moindre dommage.

— C'est bien, dit le reclus dépité ; nous allons voir si je ne triompherai pas de cette maudite coureuse.

Et sans songer aux prières du matin, il va la remplir une quatrième fois, puis cherche partout de la terre glaise. Il en trouve au delà de ce qu'il lui faut. Il revient donc et bâtit une espèce de muraille circulaire, où le vase, enfoui jusqu'à moitié, semblait garanti de tous les accidents et assuré même contre les tremblements de terre.

— Ah ! ah ! maudite vagabonde, s'écria-t-il, vous voilà prisonnière ! Je savais bien que je finirais par avoir raison.

Puis songeant qu'il avait oublié de dire ses patenôtres, il prit son livre et chercha l'oraison du matin. Il n'avait pas encore trouvé l'endroit, qu'un bruit frappe son oreille. Il se retourne et, d'un œil stupéfait, voit la terre glaise fendue, la cruche renversée, l'eau qui serpente sur le sol.

— Ustensile de l'enfer, s'écrie-t-il dans un accès de rage ; puissé-je aller d'où tu viens, si je ne te brise en mille morceaux !

Et il saisit effectivement la cruche, la lance de toute sa force contre la muraille, puis, comme pour assouvir sa fureur, trépigne sur les tessons.

Mais, au milieu de ses transports, il entend une voix d'en haut qui lui dit :

— Eh bien ! homme infaillible ! tu te croyais au-dessus de toutes les épreuves ; tu te glorifiais en toi-même et pensais dans ton cœur : L'ambition, l'amour, la vanité, la mollesse n'ont eu aucune prise sur moi. Je domine les tentations et les vices, comme un promontoire domine la mer. Et voilà que tu perds toute modération, que tu compromets le salut de ton âme pour une pauvre cruche qui ne se tient pas d'aplomb !

Pendant que je débitais cette légende, la nuit était tout à fait venue, et la comète flamboyait au-dessus des noires forêts de sapins, comme l'aigrette du roi des génies. Sa courbe légère semblait produite par une marche rapide et par le vent du soir.

— Mais, c'est très-bien, ce que vous venez de raconter là ! dit Christine en frappant dans ses petites mains d'un air joyeux. Voilà une cruche entêtée ! Comme j'aurais voulu voir saint Trudbert, lorsqu'il en foulait aux pieds les débris !

— Ah ! mon Dieu ! ajouta madame Augsburger, résister à une si jolie fille et se laisser vaincre par un méchant pot de terre !

— Hélas ! oui, madame, cela prouve terrible-
ment la faiblesse humaine, répliquai-je ; il eût
peut-être mieux valu...

J'allais dire une sottise, mais le mennonite me
coupa heureusement la parole.

— L'exemple de saint Trudbert, dit-il gravement, prouve que la Bible et l'Evangile ont raison
de blâmer sans cesse l'amour-propre. « Mieux vaut
être humilié avec les âmes douces que de partager le butin avec les superbes, » lisons-nous dans
l'Ancien Testament. Et encore : « Les affronts
menacent l'orgueil, et les humbles d'esprit seront glorifiés. L'admiration de soi-même produit
l'insolence, mais la sagesse accompagne l'humilité. »

— Que ne prêchez-vous ces maximes, m'é-
criai-je, dans nos villes et dans nos campagnes !
Ce sont les plus importantes peut-être de la
morale chrétienne et les moins observées. Les
hommes se boursoufflent en général d'une telle
manière et pour si peu de chose, que cela paraîtrait incroyable, si ce n'était malheureusement trop réel. J'ai vu des personnes toutes
fières de ne pas savoir lire ; quelques autres se
glorifier de ne pas comprendre les livres sérieux
ou la philosophie. Un auteur allemand me disait un jour sans aucune intention plaisante :
— Si j'écris mal, c'est pour mieux montrer mes
idées, pour que la forme ne masque pas le fond.
Je suis comme un homme vigoureux qui porte-

rait des habits déchirés, afin de laisser voir par les trous de l'étoffe sa peau blanche et sa belle chair. Notez bien que le pauvre diable n'avait pas plus d'idées que de style. Je préfère incomparablement la littérature de notre petite chanteuse. Allons, Christine, fouillez dans votre mémoire et gratifiez-nous de quelque autre ballade.

— Je le veux bien, monsieur; vous avez vu que tout à l'heure je ne me suis pas fait prier. Cependant j'aime mieux vous entendre que de raconter moi-même.

— Et pourquoi donc, jeune espiègle?

— Parce que, vos histoires, je ne les connais pas, au lieu que les miennes, je les connais depuis longtemps, et elles ne m'intéressent plus ou m'intéressent peu.

— Mais il n'est pas juste que je vous divertisse et que vous ne fassiez rien pour me plaire.

— Eh bien! monsieur, avez-vous lu l'*Epreuve des pommes?*

— Non, mon enfant, je ne l'ai ni lue ni entendu conter.

— C'est un récit très-moral, dit madame Augsburger.

— Ecoutez-moi bien, dit la petite fille; je commence.

# CHAPITRE XI

*L'Epreuve des pommes.*

Chaque fois qu'il y avait une réunion, une petite fête chez Urbain Wahlen, une assiettée de belles pommes faisait invariablement son apparition au dessert. Il l'apprêtait souvent lui-même, et en outre, son jardin contenait les meilleurs pommiers du pays. Cela passait pour un goût très-prononcé ou pour un caprice. Julie, sa femme, n'avait pas à cet égard une autre opinion. Mais un jour, un beau jour d'automne, qu'ils avaient invité de la compagnie et dîné dans une salle ouverte, d'où le regard embrassait le lac de Thun, Wahlen ayant pris l'assiette pleine de pommes, pour l'offrir à ses voisins, la posa devant lui et parut oublier toutes les personnes présentes, comme perdu au milieu de ses rêveries. Sa femme l'examina quelques minutes, puis tout à coup lui adressa la parole, en souriant et en élevant la voix :

— Eh bien ! mon ami, pourquoi cet air songeur ? D'où vient que tu sembles te creuser la tête? Aurais-tu imaginé quelque greffe nouvelle ? ou bien veux-tu manger seul toutes les pommes, que tu les gardes ainsi devant toi ? Ce serait trop de gourmandise, en vérité.

Urbain eut l'air d'un homme qui s'éveille. Il regarda sa femme et lui dit d'un ton encore mal assuré :

— Qu'y a-t-il ? que veux-tu, chère femme ? Des pommes ?... les voilà. Que tout le monde en mange, on me fera plaisir. Je les aime beaucoup : c'est à elles que je dois mon bonheur !

Julie éclata de rire, et presque tous les hôtes l'imitèrent, avec plus de modération néanmoins, en contenant leur gaieté.

— Tu dois ton bonheur aux pommes, dit-elle enfin. L'idée est plaisante, quoiqu'elle ne me flatte guère. A-t-on jamais entendu dire qu'une si petite cause ait produit un si grand effet ? Rendre un homme heureux, ce n'est pas chose à dédaigner. Mais crois-moi, mon ami, ne répète point ailleurs cette parole étrange ; tu amuserais trop la compagnie. Décidément, tu rêves aujourd'hui tout éveillé.

— Tu t'imagines cela ? répondit Wahlen en attachant sur elle un regard de profonde tendresse. Mes discours sont plus sensés, plus flatteurs pour toi que tu ne penses. Si je préfère les pommes à tous les fruits, ce n'est pas que je leur trouve un goût délicieux et vraiment supérieur; c'est qu'elles me rappellent un souvenir bien cher. Sans elles, je n'aurais probablement point une femme excellente et un ami précieux à mon cœur. Et ce fut ma pauvre mère qui me conseilla de les employer comme moyen d'épreuve.

La curiosité la plus vive rayonnait dans les yeux de Julie : Urbain ne lui donna pas la peine de l'interroger.

— Après avoir porté longtemps les armes loin du pays, lorsque je revins chez nous, je ne trouvai plus mon père, que l'on avait depuis cinq mois couché dans la fosse ; ma mère était bien vieille, bien faible, et malade. Elle me pria de ne point la quitter. — Laisse-moi passer mes derniers jours avec toi, mon cher enfant, me dit-elle ; il ne m'en reste pas beaucoup à vivre. Il faut que tu sois là pour recueillir mon petit héritage. Le moment est venu, d'ailleurs, où tu feras bien de te marier. Trente-deux ans ! c'est le bon âge pour prendre une compagne. Ne reste point seul, mon ami. Tant qu'on est jeune, on préfère cheminer sans engagement à travers le monde ; mais quand le jour baisse, quand la nuit vient, on aime à se sentir appuyé sur un bras fidèle. La mort, hélas ! désunit trop souvent alors ceux qui ont porté ensemble le poids de la vie !

Et des pleurs brillaient dans les yeux de la chère femme.

— Je ne demande pas mieux que de suivre vos conseils, lui répondis-je. Puisque le sort m'a épargné dans les batailles, je reprendrai mes anciens travaux de cultivateur et de jardinier. Il me faut une ménagère pour soigner la maison, cela est évident. Et puis, à ne vous rien céler, je ne déteste pas le beau sexe. On ne porte jamais l'uniforme, sans qu'il vous communique une certaine dose de galanterie.

Je ne pus m'empêcher de sourire en disant ces mots, qui égayèrent aussi la bonne vieille.

— Mais la grande difficulté, repris-je, c'est que je ne connais personne dans le pays. Les jeunes filles d'autrefois sont mûres maintenant et toutes mariées. Celles que je pourrais choisir étaient des gamines quand je suis parti. Prendre au hasard, c'est trop dangereux. Dans nos garnisons, un joli minois nous suffisait ; la beauté même n'était pas toujours indispensable ; les moindres péronnelles qui daignaient répondre à nos œillades, faisaient souvent notre conquête. Mais dans la caserne du mariage...

— Comment ! c'était là tes mœurs au régiment ? s'écria l'hôtesse d'un air boudeur. Si j'avais connu tes habitudes !...

— Ne m'interromps pas, lui dit Wahlen ; je te répète ma conversation avec la défunte, et mon rapport doit être fidèle, ou il n'aurait aucun intérêt. Je ne veux pas d'ailleurs y changer un mot. Où en étais-je ? Ah ! bien ! Pour me marier donc, pour prendre une femme avec laquelle je serai uni sans rémission, Dieu me garde de procéder aussi cavalièrement ! Ce n'est pas tout qu'un joli visage, et, dans une si longue union, le caractère a plus d'importance que la figure.

— Tes paroles me font plaisir, dit ma mère, et je vois que l'expérience t'a profité. C'est beaucoup. Ton objection, d'ailleurs, ne me prend pas au dépourvu. J'ai songé à te choisir une femme, et même à te choisir un ami. Les bons amis sont encore plus rares que les femmes de cœur, les femmes sincères et dévouées. Aussi, après mûr examen, ai-je jeté les yeux sur les trois jeunes filles et les trois jeunes gens, qui me paraissent les plus estimables du bourg. Je les ai, tous les six, invités à dîner pour jeudi prochain. Le repas aura lieu sous la tonnelle, d'où la vue embrasse notre lac aux flots transparents et les hautes montagnes qui le bordent. J'espère qu'alors je me porterai bien et pourrai m'asseoir près de vous; mais si je gardais le lit, mon absence ne fera point manquer l'épreuve à laquelle je veux soumettre les convives. Un plat de belles pommes terminera le dessert, et tu auras soin d'en offrir. Insiste pour que tout le monde prenne un de ces fruits; laisse les jeunes filles manger ceux qu'elles choisiront, mais, comme si un caprice te passait par la tête, demande aux jeunes gens que chacun d'eux te présente un morceau du sien. Examine alors attentivement ce qui aura lieu de part et d'autre.

Le jour de la fête, ma mère se trouva bien et

put y assister sans inconvénient. Nous dînâmes en plein air, comme elle l'avait voulu : le temps était magnifique, et l'humeur la plus joyeuse animait les convives. Au dessert, l'aimable vieille me fit signe : je pris le plat de pommes, pour en offrir à toute la société ; puis, prétendant que je ne savais pas peler les fruits, je priai les jeunes gens de me donner une portion des leurs. J'observai alors ce qui se passait, tandis que ma mère épiait de son côté les faits et gestes des trois couples. Pas une des six personnes ne remarqua notre attention, pas une ne se douta qu'elle subissait une épreuve. Quand on eut longtemps causé, on se sépara enfin, et ma mère, me jetant un regard expressif, me dit, aussitôt que nous fûmes seuls :

— Eh bien ! as-tu examiné comment nos hôtes s'y sont pris, quand ils ont eu les pommes entre les mains ?

— Assurément, puisque vous me l'aviez recommandé. Je soupçonne même laquelle des jeunes filles doit devenir ma fiancée, lequel des jeunes gens mon ami.

— Rapporte-moi donc ce que tu as observé, me dit en souriant ma mère, et n'omets aucun détail.

— Lorsque nos trois payses eurent fait leur choix, Gertrude, la coquette, parée outre mesure, éplucha brusquement sa pomme et enleva presque une moitié du fruit avec la peau. Héloïse, la mal vêtue, qui semblait porter les habits de sa grand'mère, et qui portait peut-être effectivement une partie de son costume, avala gloutonnement le fruit sans y mettre le couteau : pulpe, enveloppe, trognon, pepins, tout y passa. Les nœuds même ne furent point épargnés ; à peine laissa-t-elle la queue. Julie, habillée avec une élégance modeste, se comporta différemment. Elle pela sa pomme d'une main délicate et soigneuse, sans trop attaquer la chair, sans trop l'épargner, comme font les avares. Elle rejeta ce qu'on dédaigne habituellement, et me paraît avoir procédé de la manière la plus convenable.

La femme d'Urbain avait rougi, quand elle l'avait entendu prononcer son nom ; sa rougeur augmenta, lorsqu'il poursuivit en ces termes :

— Ton opinion est parfaitement juste, me dit ma conseillère. C'est à Julie que tu dois accorder la préférence, c'est elle que tu dois tâcher d'obtenir. Habillée sans prétention et sans négligence, éloignée de l'avarice comme de la prodigalité, attentive et modeste, elle sera pour toi une excellente femme.

Et moi qui avais justement admiré les grâces de son maintien, la vivacité contenue de ses regards, l'expression aimable de ses traits ! Vous pensez si je fus ravi de l'approbation que lui donnait ma mère. Je commençai dès-lors à te courtiser, ma chère Julie, et grâces te soient rendues de ce que tu ne t'es pas montrée farouche. Allons, ne te trouble pas ; mais, pour dire vrai, tu accueillis assez bien mes premiers éloges et mes premières attentions.

— Je ne sais sur quelle herbe tu as marché, dit Julie ; mais te voilà devenu l'indiscrétion en personne.

— Qu'importe, dit Wahlen, puisque les prédictions de ma mère se sont réalisées, puisque nous sommes heureux l'un avec l'autre ?

— Et les jeunes gens, de quelle manière avaient-ils soutenu l'épreuve ? demanda un convive, un parent de la ménagère, car tous étaient de la famille, excepté un seul.

— Vous allez le savoir, répondit l'hôte. Ma mère m'interrogea sur leur compte, ainsi qu'elle l'avait fait pour les jeunes filles. Chacun d'eux, selon ma prière, devait m'offrir un morceau de pomme, à la pointe de son couteau. Brunell, avec une complaisance outrée, avec des gestes et une mine de flatteur, me présenta, bien avant les autres, les trois quarts de son fruit et n'en garda qu'un petit morceau. Après avoir grossièrement épluché le sien, Leuthold m'offrit d'une main avare, presque à regret, et en m'interpellant d'une voix rude, une tranche des plus minces. Willibald, dépouillant sa pomme avec soin et avec adresse, la coupa en deux, et m'adressant un aimable coup d'œil, me pria de choisir. — Prends le morceau qui te conviendra le mieux, me dit-il. Les moitiés sont égales ; je veux partager avec toi comme un frère. Ce procédé m'a paru le meilleur, et la figure ouverte, l'expression engageante du convive ne laissaient pas de le rendre plus agréable encore.

— Tu veux me flatter, dit Willibald, tu es un courtisan.

— Je rapporte les choses comme elles ont eu lieu, répliqua Wahlen, et les jugements que les faits ont inspirés. — Tu as encore raison cette fois, me dit ma mère ; oui, c'est Willibald qu'il faut choisir. Il a su se préserver également d'une rudesse avare et d'une servile obséquiosité. Ce sera pour toi un ami fidèle, probe, intelligent et sincère, qui ne te refusera jamais ses bons avis ou son aide, aussi éloigné de la ruse que de l'égoïsme. »

— Décidément tu veux me faire perdre contenance, s'écria Willibald. C'est trop d'éloges, mon cher ; que diable ! je ne suis pas un saint.

— On n'est saint qu'après sa mort, quand on ne peut plus faillir. Ma mère cependant t'avait aussi bien apprécié que Julie : tous les deux, depuis huit ans, vous avez été pour moi ce que la rosée est pour mes fleurs, ce que le soleil est pour mes espaliers. Je vous dois le bonheur présent, la gaieté, le courage au travail, l'espoir d'un tranquille avenir. Je me prends donc parfois à considérer les pommes avec attendrissement, parce qu'elles m'ont fourni le moyen de juger votre caractère. Allons, marmots, venez en chercher, car vous les aimez aussi.

Deux petits garçons et une petite fille quittèrent le bout de la table, et accoururent vers leur père, qui leur mit une pomme dans chaque main. Ils regagnèrent leurs places en sautant, la joie peinte sur la figure.

— Ma pauvre mère n'est plus là, reprit Wahlen avec tristesse, pour jouir du spectacle de notre concorde. Mais elle a vu pendant quelque temps l'effet de ses bons avis, et elle a emporté la satisfaction de m'avoir uni à des cœurs fidèles.

— En vérité, dit madame Augsburger, cette histoire contient de bonnes leçons.

— Parlez-moi d'un récit comme celui-là, dit le pasteur anabaptiste. Il en reste au moins quelque chose. J'ai voulu lire un des romans que l'on publie dans votre grande ville, et non-seulement il m'a ennuyé, mais je n'y ai rien compris. Tous les personnages faisaient des contorsions abominables ; ils avaient tant de désirs, tant de choses étaient nécessaires pour les rendre heureux, ils commettaient tant de crimes pour de si légers motifs, que des fous n'auraient ni pensé ni agi autrement.

— Oh ! oui, c'était bien ridicule et bien peu agréable, dit la maîtresse de la maison.

— Aussi nous avons employé l'ouvrage à faire des sacs, reprit le mennonite. Je crois même qu'il en reste des feuilles dans le grenier.

— Et quel titre portait ce livre, mon cher hôte ?

— Je l'ai tout-à-fait oublié. Mais un coup d'œil jeté dans l'armoire de la cuisine.......

M. Augsburger se levait.

— Ne vous dérangez point, lui dit sa femme.

Elle entra aussitôt dans la pièce voisine et en rapporta un sac, où étaient pressées des fleurs de sureau.

Ayant cherché le sommet de la page, un sourire involontaire effleura mes lèvres. C'était les *Mémoires du Diable !* Que venaient-ils faire dans le séjour de la paix, de la modestie, des contentements faciles et de la piété ?

— Je conçois, dis-je au ministre élu, le peu de charme qu'ont dû avoir pour vous les scènes convulsives d'un roman frénétique. La nature n'a pas destiné l'homme à de si violentes émotions : elles auraient bientôt épuisé son système nerveux et troublé toutes ses fonctions organiques. Vous avez tiré de l'ouvrage le meilleur parti possible. Mais par quel singulier hasard est-il tombé entre vos mains ? Comment vous êtes-vous décidé à lire une production de cette espèce ? On m'avait dit que les œuvres d'imagination ne franchissaient point le seuil des mennonites.

Ma question troubla évidemment le sectaire. Une faible rougeur colora ses joues, teinte charmante sur les traits d'un vieillard, qui mêle la naïveté de l'adolescence à la gravité de l'âge mûr. Il ne se pressait point de me répondre.

— J'avais cru, me dit-il enfin avec embarras, que c'était des mémoires véritables.

— Y pensez-vous? Les mémoires du malin esprit?

— J'avais lu plusieurs fois l'éloge de cette publication dans les *feuilles,* quand j'allais à Rothau vendre du seigle, du kirsch ou des pommes de terre.

— Et vous vous étiez imaginé que Satan lui-même.....

— Hélas! oui, j'avais cru que, dans un moment de repentir, il avait fait l'aveu de ses crimes, dévoilé ses artifices. Et comme Dieu nous apprend qu'il rôde sans cesse autour de nous, qu'il nous dresse constamment des piéges, l'idée m'était venue de lire ses confessions, pour me préserver de ses embûches et en préserver mes frères. J'ai donc acheté le livre, qui m'a coûté une grosse somme, et j'ai bientôt vu qu'il ne pourrait m'être utile.

Comme il finissait de parler, le digne homme baissa les yeux, circonstance qui vint à propos, car je réprimais avec peine une violente envie de rire, et si sa vue ne s'était pas détournée de moi, il eût remarqué mes efforts. Je me contenais héroïquement, pour ne pas lui déplaire.

Christine, par bonheur, changea le cours de

nos idées. Nos réflexions l'intéressaient peu, et elle nous rappela, pour ainsi dire, à l'ordre.

— Je vais être obligée de vous quitter, monsieur, dit-elle ; ainsi ne perdez pas de temps et contez-moi vite une histoire, afin que j'aille ensuite retrouver ma mère.

— Encore une ? Mais il me semble que je vous en ai déjà narré plusieurs. Ce serait à vous de me faire les honneurs du pays. J'apprendrai peu de chose, si je parle toujours.

— Eh bien ! monsieur, je serai une autre fois la complaisance même : vous pourrez me demander tout ce que vous désirerez savoir. Mais aujourd'hui, soyez assez bon pour ne point me refuser.

Et la voix, les yeux, les traits, l'attitude même de Christine avaient une expression de câlinerie charmante.

— Allons, lui dis-je, si vous sollicitez toujours de cette manière, on ne vous refusera jamais rien. Mais c'est mon dernier conte.

# CHAPITRE XII

*Le Tombeau sur la frontière.*

Entre les cantons d'Uri et de Glarus, au pied d'une double chaîne de montagnes qu'on appelle les Clarides, s'étend une profonde vallée, où la Cluss roule ses flots tumultueux. A droite et à gauche du torrent verdoient de magnifiques pâturages, qui grimpent sur les pentes ; l'inclinaison excessive du terrain, une double zône de rochers et de vieilles forêts leur barrent enfin le passage. Plus haut s'alignent ou se groupent des cônes, des flèches, des mornes grisâtres, qui n'ont de relation qu'avec les étoiles, avec les nues vagabondes et les souffles orageux toujours prêts à se déchaîner autour de leur tête.

Ces grasses prairies furent longtemps un objet de contestation entre les montagnards d'Uri et de Glarus. Les derniers y amenaient-ils leurs vaches, les habitants de Schæchen et d'Altdorf accouraient au plus vite, maltraitaient les animaux et les pasteurs. Mais si, à leur tour, les bergers d'Uri conduisaient leurs troupeaux dans

la vallée, la jeunesse de Schwanden, du Linth-
thal, arrivait à la hâte, belliqueuse et menaçante;
elle jouait aux envahisseurs toute espèce de
mauvais tours, et même employait contre eux
la force ouverte. Ainsi se narguaient, se malme-
naient depuis plusieurs générations les hommes
des deux provinces. Quoique le sang n'eût jamais coulé, ils se fatiguèrent d'une pareille
lutte, qui leur causait de mutuels dommages,
résolurent d'entrer en négociations et de faire
la paix.

Six vieillards furent choisis, de part et d'autre, pour représenter les cantons, pour débattre
leurs intérêts. L'assemblée eut lieu sur un plateau situé entre les deux territoires, au sommet
d'une montagne d'où l'on découvrait un immense paysage : les redoutables massifs, les im-
posants glaciers du Tœdi en formaient la principale décoration. La douce et blanche lumière
d'un soleil de printemps éclairait toutes les perspectives. Des blocs de pierre, que la nature semblait avoir rapprochés à dessein, furent les siéges
où prirent place les délégués.

La délibération commença. Les rustiques plé-
nipotentiaires, avec leurs grands chapeaux, leurs
rhingraves, leurs gilets rouges, leurs culottes
courtes et leurs bâtons noueux, avaient un air
plus noble et plus digne qu'on ne serait tenté
de le croire. Dans un esprit de conciliation et
de bonne foi, ils cherchèrent si quelque ancien-

ne tradition ne désignait point les limites des deux pays. Aucun d'eux ne se rappelait-il avoir entendu dire qu'autrefois un ruisseau, une borne, la lisière d'un bois marquait la ligne de séparation ? Les anciens eurent beau fouiller leur mémoire, ils n'y trouvèrent aucun souvenir de cette espèce.

Une de ces discussions flottantes et vagues, qui sont les pires de toutes, s'engagea donc bientôt. Par des arguments très-peu décisifs chacun eut la prétention de clore le débat. Les faux raisonnements se multiplièrent, les esprits s'aigrirent, et les muettes régions, les sites majestueux de la montagne furent troublés par des voix discordantes. L'examen pacifique allait se changer en dispute ouverte, lorsqu'un orateur plus calme et plus réfléchi que les autres se leva, demanda quelques minutes d'attention et parla ainsi :

—Puisque personne ne peut indiquer de limites positives, que nous sommes réduits à de vaines conjectures, permettez-moi, chers compatriotes, de vous soumettre un projet qui rétablira la concorde entre les deux populations, s'il obtient votre assentiment. Les chefs-lieux de nos cantons, Altdorf et Glarus, sont à une distance égale du territoire contesté. Nous voici plus près du solstice que de l'équinoxe de printemps ; les fortes chaleurs vont bientôt embraser l'air. Attendons l'équinoxe d'automne, où les jours et les nuits auront la même longueur, où l'on ne sera plus menacé d'une température accablante : l'épreuve jusque-là serait trop dure. Que chacun des Etats rivaux choisisse un excellent piéton, un jeune homme robuste, accoutumé à gravir, à marcher au milieu des broussailles, à se cramponner aux roches, à se tenir en équilibre sur les éboulis, connaissant d'ailleurs parfaitement les sentiers; qu'au premier chant du coq, l'un parte de Glarus, et l'autre d'Altdorf. Ce sera leur affaire d'avancer le plus rapidement possible. L'endroit où ils se rencontreront marquera la frontière des deux pays. Faisons tous vœu de nous résigner, si la plus faible part nous échoit.

Cette proposition, qui ne terminait point le différend et laissait aux deux partis l'espoir d'obtenir l'avantage, fut accueillie avec un empressement unanime. Les anciens promirent d'accepter sans murmure le résultat de l'épreuve. Ils quittèrent leurs siéges moussus, prirent congé les uns des autres, puis commencèrent à descendre par les deux versants de la montagne, chaque groupe se flattant que la lutte tournerait au profit de son canton.

Les citoyens dont ils avaient défendu la cause partagèrent cette façon de voir. A l'est comme à l'ouest des Clarides, les imaginations s'exaltèrent, on crut pouvoir compter sur un triomphe décisif. Mais une circonstance mit les esprits en campagne : on ne doutait point qu'on trouverait un marcheur leste et robuste au delà de toute comparaison ; seulement, on craignait que le coq le plus matineux du pays ne chantât point d'assez bonne heure. Comment prévenir cette mésaventure ? Les hommes et les femmes tinrent conseil , proposèrent différents moyens , puis d'autres encore, parlèrent longtemps, parlèrent beaucoup, et prirent enfin une décision. Ils pensèrent qu'il ne fallait pas attendre le caprice d'un animal, qui, par sa lenteur, pouvait mettre en péril de graves intérêts. On convint donc d'en choisir un, de le préparer ; mais chaque province adopta une méthode spéciale. Les ménagères du canton d'Uri pensèrent qu'un coq maigre, enfermé dans une cage étroite, où il ne serait point à l'aise, et qu'on nourrirait avec parcimonie, pour que sa faim fût toujours en éveil, chanterait avant les autres. Les matrones du canton de Glarus préférèrent le système opposé : elles jugeaient qu'un coq gras, vigoureux, bien logé, bien nourri, ayant un excès de force, ne dormirait que d'un œil, pour ainsi dire, et saluerait infailliblement les premières lueurs du jour.

Il eût mieux valu sans doute consulter une horloge et attendre que l'heure indiquée sonnât aux deux paroisses ; mais on ne connaissait point encore les horloges, ni en Suisse, ni ailleurs, ce qui ne permettait pas d'y songer. La première qu'on vit en France fut placée à Paris sous Charles V, dans la seconde moitié du XIV<sup>e</sup> siècle.

Les marcheurs alertes ne manquèrent pas pour disputer le prix de la course. Les mêmes réflexions et les mêmes goûts, qui avaient présidé au choix des coqs, présidèrent au choix des volontaires. Le canton d'Uri, après un mûr examen, adopta pour champion un jeune homme maigre, élancé, aux longues jambes, aux cheveux châtains, qui paraissait plus agile que vigoureux. Jode, le pâtre, fit un bond de plusieurs pieds, quand on lui annonça qu'il avait obtenu la préférence. Le canton de Glarus jeta les yeux sur un chasseur de taille moyenne, robuste, nerveux, aux jambes solides, aux larges épaules. Ses traits accentués, ses cheveux noirs témoignaient d'un tempérament énergique. Marcel Blum ne dit pas un mot, mais se frotta les mains ; il trahit par sa contenance, par ses regards, la joie et l'orgueil que lui inspirait l'honneur d'être chargé d'une si importante mission. L'amour-propre, le désir de vaincre, et l'ardent patriotisme qui animait alors les libres montagnards, donnaient la certitude que chacun ferait des efforts inouïs pour remporter l'avantage.

La veille du premier jour d'automne s'écoula enfin, et l'ombre descendit lentement sur les vallées. Le soleil se coucha, les étoiles se levèrent aussi paisiblement que si le lendemain ne devait pas éclairer l'issue d'un mémorable conflit.

Les habitants de Glarus, comme ceux d'Altdorf, passèrent tous la nuit dans l'attente. Jode
et Blum étaient équipés trois heures d'avance.
Habillés en chasseurs de chamois, portant les
culottes courtes, les gros bas de laine tricotée
qui laissent le genou libre, les souliers de peau
de bœuf, la veste et le bâton ferré, ils se tenaient
prêts à partir. Avec quelle impatience on guet-
tait les premières lueurs du matin ! Avec quelle
attention toutes les oreilles épiaient le signal !
La population de chaque ville comptait suivre
de loin son représentant, pour le surveiller, le
stimuler, pour connaître plus vite le résultat de
ses efforts. On ne voulait point l'abandonner à
lui-même, de peur qu'une minute d'oubli, de
relàchement, de négligence, ne fît perdre au canton un pouce de terrain.

— Bravo ! bravo ! crièrent les habitants d'Altdorf, pendant qu'ils frappaient dans leurs mains,
car la sentinelle affamée avait vu la première
lueur qui dessinait une frange au sommet des
montagnes, et mêlé une fanfare retentissante
aux derniers glapissements de la chouette. Jode
partit comme un trait, effleurant à peine le terrain de ses longues jambes et modérant toutefois
son ardeur pour ménager ses forces, car il avait
à escalader de hautes montagnes, à franchir de
rudes passages. Tous ses concitoyens se mirent
en route au même instant, défilèrent dans les
rues et quittèrent la ville, formant une troupe

considérable que le pasteur eut bientôt distancée. Les femmes, les vieillards, les enfants se pressaient, ivres de joie, autour du coq, lui offraient de l'avoine, du blé, de la mie de pain, des gâteaux, pour le récompenser de sa promptitude et le dédommager de sa longue abstinence.

Il s'en fallait bien que la même gaieté régnât sur les bords de la Linth. Debout près de la cage où reposait la grasse sentinelle, le champion de Glarus attendait que le coq lui donnât le signal, et se désespérait de sa lenteur. Appesanti par l'excès de nourriture, le maudit oiseau prolongeait tranquillement son sommeil. On eût dit un chanoine sous un lit à baldaquin. Les étoiles pâlirent, la lumière changea en bleu tendre le sombre azur du ciel, les virtuoses des bois commencèrent à chanter leurs ariettes, et le paresseux dormait toujours! A mesure que le temps s'écoulait, vous eussiez vu les figures s'allonger dans la ville. Telle était néanmoins la probité de cette époque naïve, que l'idée ne vint à personne d'éveiller le malencontreux animal. Enfin, le soleil était près de paraître, quand il secoua ses plumes, allongea le cou et fit retentir son cri sonore. Exaspéré, inquiet, plein de fâcheux pressentiments, Blum partit au pas de course. Les bougeois les plus alertes le suivirent. Tous chargeaient l'oiseau de malédictions, et les femmes, les enfants ne purent maîtriser leur colère. On maltraita d'importance la pauvre bète, qui, dans la bagarre, perdit quantité de plumes.

Afin de regagner le temps perdu, Blum arpentait le sol avec une fiévreuse énergie. Sans se donner ni paix ni trève, sans ralentir un moment sa course, il grimpait, descendait, franchissait les ravins, sautait par-dessus les blocs de pierre, traversait les plus épaisses broussailles, maniant son bàton ferré comme une tige de chanvre. Tout homme moins vigoureux n'eût pu soutenir un pareil exercice. Malgré sa force étonnante, Blum fut bientôt couvert de sueur, mais il ne changea point d'allure, et insensiblement ses compatriotes le perdirent de vue. Quant à lui, ses regards plongeaient dans le lointain : il craignait toujours de voir son compétiteur apparaître sur quelque cime dominante, après avoir laissé derrière lui la moitié la plus pénible du trajet. N'ayant plus alors qu'à descendre, il aurait, pour ainsi dire, gain de cause. Et pendant que ses yeux interrogent avec anxiété les hauteurs, voilà justement qu'une forme noire se découpe sur le ciel, au point culminant de la chaîne. La lumière était si vive, l'air était si pur et le firmament si bleu, qu'il n'y avait pas moyen de se tromper : c'était la silhouette d'un homme. Déjà l'inconnu bondit de rocher en rocher, le long d'un torrent qui sillonne l'autre pente du Glærnisch, ou bien, appuyant derrière lui son bâton ferré, il glisse comme une ombre vers le pâturage limitrophe, cause du débat et prix de la victoire.

— Ah! c'est lui, c'est le messager de malheur, c'est le rival qui me couvrira de honte, s'écrie Blum dans un transport de douleur. Le coq d'Uri a sans doute chanté avant celui de Glarus, et une fatale circonstance, un pitoyable hasard me voue à la défaite, annule mon courage, ma vigueur et mes efforts. Le ciel n'est pas juste!

Et des larmes de dépit humectent les yeux du pauvre montagnard. Il jette son bâton sur le sol, il éprouve la tentation de s'y jeter aussi, de renoncer à une vaine lutte. Sa poitrine haletante, les flots de sueur qui baignent son corps, la palpitation furieuse de ses artères lui en donnent le conseil. Mais sa volonté se ranime; le désir de vaincre, la honte d'abandonner une entreprise à laquelle tant de monde s'intéresse, l'idée que ses compatriotes vont le rejoindre, un sentiment de haine contre la destinée lui font prendre la résolution de poursuivre l'épreuve, de triompher ou de mourir. Aussitôt il ramasse son bâton, il franchit les rocs, les broussailles, il gravit les dernières pentes de la montagne, il fait des efforts surhumains. Ah! s'il pouvait seulement ne pas laisser le magnifique herbage, dans toute son étendue, au canton rival! S'il pouvait atteindre les bords du torrent!

Mais la joie, la proximité du but, la perspective du succès animent Jode, le pasteur, rendent sa mince personne presque impondérable. S'enlevant de terre avec son bâton ferré, il effleure à peine la montagne, il a plutôt l'air d'un oiseau que d'un homme. Il atteint le pacage ; il le traverse, il en dépasse même la seconde limite, et c'est alors seulement que les deux montagnards se rencontrent. Marcel est vaincu, entièrement vaincu : sa figure exprime le plus violent désespoir.

— Allons, résigne-toi, mon pauvre camarade, lui dit Jode ; tu as fait ton devoir, tu ne pouvais faire davantage. Le sort a décidé entre nous. La fertile vallée appartient à mon canton. Ne m'en garde pas rancune, et donne-moi la main.

Et Jode, le sourire sur la bouche, lui tendait cordialement la main pour serrer la sienne, car l'aménité est facile dans le bonheur, et l'on se montre généreux sans peine, quand le succès, quand la joie qu'il inspire, ouvrent l'âme aux idées bienveillantes.

Mais Blum retire sa main, s'en frappe la poitrine et crie avec désespoir : — Oh ! oui, les événements se sont ligués contre moi ! Ce coq, ce maudit coq a chanté une heure trop tard. Quelle chance funeste, et quel avenir elle m'annonce ! Personne ne voudra plus me regarder dans mon canton : je ne serai pour tous qu'un emblème de ruine et un souvenir de désastre.

En prononçant ces mots, Blum baisse la tête ; la sueur inonde son visage, une sueur d'épuisement et d'angoisse. Il paraît sur le point de défaillir.

— Reprends courage, lui dit le vainqueur; les citoyens de Glarus ne sont pas assez dénués de raison , assez injustes pour t'attribuer un revers dont tu n'es pas cause. Le chagrin que tu éprouves me désole, ton abattement me serre le cœur.

— Eh bien ! dit Marcel en relevant la tête, pendant qu'une lueur d'espoir éclairait ses yeux, si tu compatis réellement à mon affliction et ne veux pas me voir mourir de douleur, accorde-moi une grâce dont je te serai à jamais reconnaissant. Nous avons laissé bien loin derrière nous nos compatriotes ; personne ne nous surveille pour le moment, et nous pouvons nous arranger ensemble. N'abuse point de ton bonheur : concède-moi une partie du vallon qu'un sort favorable, non moins que ton zèle et ta rapidité à la course, viennent d'adjoindre au sol de ton pays. Je n'ose te demander que tu m'abandonnes la moitié du terrain divisé par le torrent; mais, au nom du ciel, au nom de ta mère, au nom de tes enfants, octroie à ma prière un morceau convenable, qui puisse détourner de moi la haine du pauvre et de l'orphelin. Car, tu as beau dire, ils ne me pardonneront jamais la perte d'un herbage communal. Ma lassitude prouve les efforts que j'ai faits pour ne pas me laisser vaincre; sois généreux, montre-toi plus clément que la fortune.

— Si mon intérêt seul était en cause, répondit le pâtre, je satisferais sur-le-champ ton désir et calmerais ta douleur. Mais ce n'est pas dans des vues personnelles que j'ai disputé le prix de la course. Altdorf m'a choisi entre tous les volontaires, a mis en moi sa confiance. Je ne puis te rien céder sans trahison.

— Les rapports de bon voisinage, l'amitié, la concorde ne sont-ils pas infiniment plus précieux qu'une parcelle de terre ? s'écrie le malheureux Blum. Réconcilie des deux populations, au lieu d'entretenir leur animosité. Si Glarus se voit entièrement dépouillé d'un bien qu'il croyait lui appartenir, sa rancune...

Mais Jode détournait les yeux et secouait la tête.

Alors, Blum éperdu, tomba sur ses genoux, dans la poussière, et levant ses mains tremblantes vers Jode, lui dit avec l'expression du désespoir :

— Puisque rien ne peut t'attendrir, achève donc ton ouvrage. Tiens, voilà mon épieu, enfonce-le moi dans la poitrine. Arrache-moi une existence qui m'est odieuse. Je préfère la mort au supplice que j'endure. Marque de mon sang les nouvelles limites de ta province, pour que le monde sache que, dans le cœur des Suisses, l'avidité l'emporte sur tous les autres sentiments.

— Je ne suis pas un meurtrier, lui répliqua Jode ; mais puisque tu crois que l'avarice seule m'inspire, je veux bien t'accorder une grâce. Tu es robuste ; prends-moi sur tes épaules, et tout l'espace que tu pourras franchir ainsi, je te le cède de bon cœur.

Blum, à ces mots, se relève. Il compte sur son énergie et sa force pour accomplir un prodige, pour regagner un vaste morceau de terrain. Il ne sent plus la fatigue, il ne sent plus les battements précipités de son cœur. Un zèle héroïque le fait avancer rapidement sous son fardeau. Mais tout à coup ses muscles fléchissent, le pasteur lui échappe ; il trébuche, il tombe. Un vaisseau s'était rompu dans sa poitrine. Jode lui porte secours, tâche de le ranimer, lui soulève la tête, lui adresse la parole ; Blum n'entend pas sa voix, des efforts surhumains ont terminé ses jours. Sa figure, tout à l'heure cramoisie, devient pâle comme la neige.

— Pauvre camarade ! dit Jode d'une voix émue. Et dans son chagrin, il éprouve comme un remords ; il voudrait, par un sentiment d'expiation, porter Blum à son tour, accroître ainsi l'espace de terrain qu'il a si chèrement payé. Mais il ne peut lui rendre ce service posthume ; les citoyens d'Altdorf commencent à paraître sur les cimes du Glærnisch, poussent des cris de joie et descendent en courant dans la vallée. Ignorant le malheur qui vient d'avoir lieu, ils ne songent qu'au plaisir de voir leur sol agrandi. Mais lorsqu'ils approchent, lorsqu'ils entourent le cadavre, la tristesse se peint sur leurs figures.

S'ils voulaient reculer les bornes de leur territoire, ils ne pensaient pas que la mort viendrait, comme un fantôme ironique, assister à leur triomphe.

Les citoyens de Glarus, dépassant les crêtes du Balmwand, atteignirent enfin le lieu de la catastrophe et pleurèrent le sort de la victime. Les deux cantons célébrèrent ses funérailles d'un commun accord. On éleva un cippe de granit sur sa fosse, et l'humble monument servit de limite aux Etats rivaux. On l'a depuis lors entretenu, à cause du souvenir qu'il rappelle et à cause de son utilité. La blanche cardamine trace alentour une couronne de fleurs sans tache, comme un emblême d'honneur, comme un signe de regret. Les montagnards en font souvent un but de promenade et se racontent avec attendrissement cet épisode des anciens jours, qui atteste combien l'amour de la patrie inspirait alors et fortifiait les cœurs.

Quand j'eus fini ma narration, il y eut un moment de silence. Christine prit ensuite la parole.

— C'est triste, ce que vous venez de conter là, dit-elle. J'espérais que ce pauvre Blum en serait quitte pour une chute ou un malaise ; mais mourir, c'est affreux ! Notre voisine Adélaïde travaillait le mois dernier au couvent : vous savez qu'elle est catholique. Eh bien ! pendant qu'elle était là, une religieuse fort dévote se trouva mal et crut qu'elle cessait de vivre. Quand on l'eut transportée sur son lit, qu'on lui eût fait reprendre connaissance, elle dit avec chagrin : — Ah! je suis une pauvre créature! Je croyais aimer Dieu sincèrement, mais c'était le bon Dieu de la chapelle que je désirais voir, et non celui de là-haut. — Ainsi elle n'aurait pas voulu mourir, même pour aller dans le ciel!

L'anabaptiste, sa femme et moi, nous ne pûmes nous empêcher de sourire.

— Votre nonne pouvait être pieuse, dis-je à l'aimable enfant; mais elle n'avait pas autant de courage que Blum.

— Il en avait trop, s'écria l'espiègle, il en avait trop; pour un méchant quartier de terre, périr si jeune!.... Vous avez beau dire, votre histoire commence bien, mais elle finit mal.

— Je crois me souvenir, dit madame Augsburger.....

Puis étonnée, confuse de sa propre hardiesse, l'excellente femme s'arrêta tout court.

— Vous croyez vous rappeler une aventure, dis-je en complétant sa pensée, qui se termine d'une façon plus heureuse. Eh bien! faites-nous la connaître.

— C'est que je n'ai point l'habitude de parler devant le monde..... et je ne pourrai peut-être pas me tirer d'affaire.

— Ne craignez rien; nous ferons si peu de bruit que vous vous imaginerez être seule.

— Et puis, c'est un véritable conte de Noël, une de ces légendes que l'on débite aux veillées.

— Tant mieux, je les aime beaucoup, et votre petite voisine aussi, je gage.

— Elle vous plaira peut-être, car elle n'est pas ordinaire.

— Commencez donc sans préambule, nous sommes impatients de vous entendre.

Madame Augsburger, tenant ses yeux fixés sur la table, pour ne pas nous voir et ne point se troubler, prit timidement la parole, mais se rassura peu à peu et finit par ne plus songer à nous.

# CHAPITRE XIII



*La Légende des douze mois.*

C'était une veuve à laquelle son mari avait laissé deux filles, l'une venue au monde pendant leur union, l'autre née d'un mariage antérieur. Vous pensez bien qu'elle ne pouvait souffrir cette dernière ; elle lui portait une haine d'autant plus vive qu'elle était d'une beauté rare, tandis que sa fille, sa propre fille attristait les yeux par une laideur vulgaire et une expression déplaisante. Madeleine ne pouvait comprendre pourquoi sa belle-mère la traitait si mal ; elle ignorait même que la nature lui avait donné ces charmes qui ravissent les cœurs, pourvu que les cœurs ne soient point endurcis par la prévention. L'élégant ovale de sa figure, le limpide éclat de ses yeux bleus, l'idéale pureté de son front, sa bouche aux gracieux contours, la blancheur parfaite de ses dents, ne lui inspiraient aucun orgueil. Si quelque miroir lui offrait accidentellement son image, il lui semblait que ses cheveux et ses sourcils étaient d'un blond trop pâle ; elle ne voyait point que cette nuance défavorable était compensée par la merveilleuse finesse de ses traits. Si jeune encore, elle n'appréciait pas plus ses avantages que les fleurs ne jouissent de leurs parfums. On ne lui laissait guère le temps de s'en occuper, d'ailleurs ; elle seule travaillait dans la maison : il lui fallait faire le ménage, la cuisine, laver, repasser, coudre, filer, soigner la basse-cour. Elle s'endormait tous les soirs épuisée de fatigue. A l'exigence de sa belle-mère et de sa sœur, Madeleine n'opposait qu'une angélique résignation.

Chaque jour, cependant, elle devenait plus belle, et la mauvaise humeur de sa marâtre croissait à mesure.

— Quand ma fille sera en âge de se marier, pensait la veuve, et que les jeunes gens se présenteront, Madeleine empêchera Héloïse de trouver un bon parti ; les prétendants ne regarderont qu'elle et n'adresseront pas un mot d'amour à sa sœur. Ah ! si je pouvais l'expulser de la maison, me délivrer de ce cauchemar !

Et ses duretés, ses violences, ses tracasseries augmentaient ; sa fille et elle ne cherchaient que des prétextes pour injurier leur souffre-douleur, pour la battre et la priver de nourriture. Madeleine pleurait, en quelque sorte, nuit et jour ; elle tournait bien souvent les yeux du côté du cimetière, dans l'espoir d'y dormir bientôt. Mais

son chagrin n'attendrissait pas ses deux persécutrices ; elles la tourmentaient à l'envi ; elles
lui imposaient les tàches les plus folles et les
plus capricieuses.

Un jour, en plein hiver, au mois de janvier,
sa sœur désira un bouquet de violettes. — Allons,
Madeleine, dit-elle, va m'en cueillir un dans les
bois ; je veux l'attacher à mon corsage et me dé-
lecter de ses parfums.

— Comment, lui répliqua Madeleine, vous
voulez que j'aille chercher des violettes sous la
neige ? Attendez la saison où elles croissent, et
ne m'ordonnez pas des choses impossibles.

— Voilà bien la fainéante ! s'écria Héloïse ;
elle trouve toujours des objections, et aime
mieux discuter qu'obéir. Mais, cette fois, tes
chicanes ne te serviront point. Sors à l'instant,
va dans la forêt, ou ma mère et moi nous allons
si bien t'étriller que tu deviendras docile pour
le reste de tes jours.

A ces mots cruels, la marâtre joignit l'action ;
elle saisit le bras de la pauvre fille et la poussa
dehors.

Que faire ? Madeleine s'achemina en pleurant
vers la forêt. Partout la neige couvrait la terre
d'un épais linceul ; les arbres, blanchis par le
givre, avaient l'air d'étincelants madrépores. On
ne voyait aucune trace de sentier. La malheureuse créature monta longtemps, bien longtemps ; elle marchait au hasard et grelottait de

froid, priant Dieu de mettre un terme à sa misère. Mais voilà que sur un plateau élevé, elle
aperçoit une flamme; elle se laisse guider par la
lueur, et bientôt elle arrive près d'une clairière,
où un spectacle étrange frappe sa vue. Autour
d'un grand feu étaient rangées douze pierres,
et sur chaque pierre un homme était assis. De
ces personnages mystérieux, trois avaient la
barbe blanche, trois autres grisonnaient, trois
paraissaient dans la force de l'âge; les trois derniers étaient tout jeunes et d'un aspect charmant. Ils regardaient en silence le feu qui brûlait au milieu du cercle. L'un d'eux occupait un
siége plus élevé que ses collègues et semblait
leur chef; il portait à la main un bâton sans
écorce; ses cheveux et sa barbe inspiraient un
sentiment de froid par leur blancheur hyperbo-
réenne. Ces douze solitaires étaient les douze
mois, que présidait le mois de Janvier.

En les apercevant, Madeleine demeura saisie
d'étonnement et de crainte; elle se rassura bientôt néanmoins, s'approcha et dit d'un ton modeste :

— Braves gens, permettez-moi de me chauffer à votre feu, car mon sang gèle dans mes
veines.

Le mois de Janvier inclina la tête en signe de
consentement, et dit à la jeune fille :

— Pourquoi viens-tu sur la montagne par un
temps si froid? Que cherches-tu?

— Je cherche des violettes, répondit Madeleine.

— L'hiver n'est point la saison où elles fleurissent ; comment donc espères-tu en trouver?

— Oh ! je ne l'espère point, répliqua la pauvre enfant ; mais ma sœur Héloïse et ma belle-mère m'ont commandé d'aller voir si j'en découvrirais dans le bois. Elles m'ont menacée des traitements les plus cruels, et il a bien fallu obéir. Hélas ! comment sortir de peine? Je n'ose rentrer à la maison sans bouquet, et je mourrai si la nuit me surprend au milieu des neiges.

— Prends courage, dit le mois de Janvier : les méchants ne triomphent pas toujours.

En prononçant ces paroles, le vieillard se leva, marcha lentement vers le mois le plus jeune, lui mit son bâton à la main et lui dit :

— Frère Mars, prends le commandement !

Le mois de Mars alla siéger à la place d'honneur, et balança son bâton au-dessus du feu. De grandes flammes s'en élevèrent, qui répandirent au loin une vive chaleur. La neige et la glace commencèrent à fondre sur le plateau ; puis, les arbres gonflèrent leurs bourgeons, le sol verdoya, s'étoila de fleurs : le printemps régnait autour de la clairière. Sous les buissons, les violettes s'épanouirent en si grande abondance qu'elles formaient comme un tapis de velours.

— Allons, Madeleine, dépêche-toi de cueillir les plus belles, dit le mois de Mars, et ne conte à personne d'où te vient ce présent : c'est la seule marque de gratitude que nous te demandions.

La jeune fille obéit avec empressement et eut bientôt fait un gros bouquet. Ayant remercié les douze chefs de l'année, elle s'éloigna ensuite d'un pas rapide. Héloïse et la veuve, qui épiaient son retour, furent bien surprises de la voir venir tenant les fleurs à la main. Elles se hâtèrent de lui ouvrir la porte, et aussitôt que Madeleine fut entrée, l'odeur des violettes parfuma toute la chambre.

— Où les as-tu trouvées ? demanda Héloïse d'un ton sec.

— Là-haut, sur la montagne ; il y en a beaucoup dans l'herbe, sous les buissons.

— Dans l'herbe ? sur la montagne ? c'est étrange. Mais peu importe !

Et elle flaira le bouquet merveilleux, le fit sentir à sa mère, l'attacha gaiement à son corsage et ne daigna point remercier Madeleine.

Le lendemain, comme elle était assise près du poêle, trouvant le temps long et ne sachant que faire pour dissiper son ennui, car elle n'aimait pas le travail, Héloïse eut un nouveau caprice.

—Mon Dieu ! que je voudrais manger des fraises ! s'écria-t-elle en bâillant. Madeleine, va donc m'en chercher dans la forêt.

— Des fraises au mois de janvier ? dit la pauvre fille. Mais c'est une moquerie ! Où voulez-vous que j'en trouve ?

— Tu as bien découvert des violettes ; pourquoi ne trouverais-tu pas aujourd'hui des fraises ? Au surplus, dispense-nous de tes réflexions ; tu sais maintenant quel est mon désir, fais en sorte de me contenter.

— Voici de quoi t'imposer silence et de quoi t'éclaircir la vue, dit la mère pendant qu'elle saisissait un vieux manche de fouet.

La proscrite n'eut que le temps d'ouvrir la porte et de s'élancer dans la campagne. Elle prit la même route que la veille, stimulée par l'espoir de retrouver ses bienfaiteurs. Mais pendant la nuit la neige était devenue plus profonde, et, quoique Madeleine fût agile comme un chevreuil, elle eut peine à gravir la montagne. Lorsqu'elle atteignit le plateau où siégeait le grave cénacle, elle pressa le pas pour réchauffer ses membres glacés au feu magique. Aussitôt que le mois de Janvier l'aperçut, il lui dit :

— Comment se fait-il que tu reviennes parmi ces hauteurs inhospitalières, quand la prudence conseille de rester auprès du poêle, aujourd'hui surtout que le vent gronde avec fureur ?

— Hélas ! dit la pauvre adolescente, ma mère et ma sœur l'ont exigé. Elles veulent que je leur rapporte des fraises, sinon je serai meurtrie de coups.

— L'hiver n'est pas la saison où mûrissent les fraises, lui répliqua le vieillard. Que feras-tu donc si tu n'en trouves point ?

— Je marcherai à travers la campagne tant que mes forces me le permettront; puis, je me coucherai sur la neige, pour m'y endormir du sommeil éternel.

— Ne te désole point, reprit le mois de Janvier; la nature, dont nous sommes les ministres, veille au salut de ses enfants. De tous les fléaux qui peuvent accabler ton espèce, l'homme est le plus redoutable.

Et le majestueux vieillard, quittant son siége, marcha vers le personnage qui lui faisait face, lui remit son bàton et lui dit :

— Frère Juin, prends le commandement.

Le mois robuste alla s'asseoir à la place d'honneur et balança la verge mystique au-dessus du foyer. De grandes flammes s'en élevèrent, qui répandirent au loin une vive chaleur. La neige commença partout à fondre sur la montagne, le sol se couvrit d'herbe et de fleurs; un épais feuillage orna les branches, des insectes diaprés voltigèrent au soleil, la fauvette, la mésange et le rossignol luttèrent de mélodieux accords; on était en plein été. Madeleine voyait d'innombrables corolles dessiner autour de la clairière de blanches broderies; c'était les fraisiers qui ouvraient leurs pétales. Penchée sur leurs touffes verdoyantes, la jeune fille les regardait travailler; les fruits se formèrent, grossirent sous ses yeux, prirent enfin leurs splendides couleurs.

— Allons, Madeleine, ne perds pas de temps,

dit le mois de Juin ; fais ta provision et cours offrir à ta méchante sœur, à ton odieuse belle-mère, ces dons funestes.

Madeleine remplit son tablier des baies délicates, remercia vivement le synode, puis s'élança d'une marche légère sur le blanc tapis déroulé devant elle. La veuve et sa fille, qui ne croyaient point la revoir, furent bien étonnées, quand elle ouvrit la porte de la maison et leur montra sa récolte. Jamais fraises si aromatiques n'avaient embaumé l'air, tenté la gourmandise : les cruelles femmes s'en rassasièrent et n'offrirent même point à Madeleine d'y goûter. Ce jour-là cependant elles la laissèrent tranquille. Mais leur bonne humeur ne devait pas durer longtemps.

Le lendemain, en effet, un nouveau caprice, une nouvelle persécution mirent à l'épreuve la patience de leur victime. La docilité accroît l'exigence des tyrans. La laide sœur désira manger de ces prunes des montagnes que les Allemands nomment *zwetschgen*. Elles mûrissent en septembre et ne craignent même point les premières gelées.

— Madeleine, dit Héloïse, il faudrait m'aller cueillir des prunes d'automne.

— Il y a longtemps que les dernières ont été enlevées des arbres.

— Sans doute, mais tu sauras bien en trouver, comme tu as trouvé des violettes et des fraises.

— Je ne puis avoir toujours le même bonheur, dit Madeleine, et vous me forcez à tenter le destin. Que vous ai-je fait? Pourquoi vous acharnez-vous ainsi contre moi? Je ne souhaite que vous être agréable, et vous ne cherchez que les moyens de me tourmenter.

— Ainsi, tu nous accuses, tu nous trouves méchantes, injustes, cruelles? Tu voudrais peut-être que nous fussions mortes? s'écria Héloïse. Cœur dénaturé, mauvaise fille, mauvaise sœur, voilà où te conduisent tes vicieux penchants!

— Qui te retient chez nous? Puisque tu nous détestes, va chercher fortune ailleurs, ajouta la belle-mère.

— Que deviendrais-je seule, à mon âge? Voulez-vous que je mendie? répliqua Madeleine, le cœur gros de larmes.

— Demande ton pain, si cela te plaît, reprit la marâtre; mais, si tu es trop fière pour tendre la main, obéis à ceux qui te nourrissent. Va chercher ce que ta sœur désire, et garde-toi de rentrer sans les fruits.

Et la belle-mère accompagna ces mots d'un geste menaçant.

Madeleine effrayée quitta la maison. Plus triste encore que les autres fois, elle prit le chemin de la clairière. Les douze mois y étaient assis comme les jours précédents, mais ils considéraient la flamme d'un air plus grave, et paraissaient presque soucieux. Quand la jeune fille leur demanda la permission de réchauffer ses mains, Janvier lui dit d'un ton assez rude :

— Est-ce que tu veux périr dans les neiges ? Pourquoi rôdes-tu constamment parmi ces âpres solitudes ? Va coudre, va filer auprès du feu, et ne brave point la colère des éléments.

— Je viens, comme je suis déjà venue, répondit Madeleine, par l'ordre de ma belle-mère et de ma sœur. J'ai beau faire, leur animosité contre moi augmente tous les jours, et elles voudraient maintenant me chasser de la maison. Il faut que je leur rapporte des prunes d'automne, ou elles ne me recevront point.

— Pas une seule n'est restée aux branches des arbres, dit le mois sévère.

— Oh ! mes bons seigneurs, vous avez été si généreux pour moi, que vous ne me laisserez sans doute point dans la peine.

— L'heure de ta délivrance approche, lui répondit son bienfaiteur.

Et il se leva, marcha lentement vers un des personnages en cheveux gris :

— Frère Septembre, prends le commandement, lui dit-il, pendant qu'il lui remettait le bâton magique.

Le mois de Septembre alla siéger à la place d'honneur et fit osciller le bâton au-dessus du feu : il s'en éleva de grandes flammes, qui répandirent au loin une vive chaleur. La neige et

la glace commencèrent à fondre sur le plateau;
le sol se couvrit d'herbe, les rameaux de feuillages; mais ce n'était ni l'herbe ni les feuillages
de la belle saison. Ils offraient les teintes mala-
dives qui annoncent l'approche de l'hiver, et un
léger brouillard pàlissait encore ces nuances
amorties. Les fleurs non plus n'étaient pas celles
du printemps et de l'été : çà et là on voyait les
touffes roses de la saponaire, les étoiles bleues
de la centaurée, la colchique aux pétales lilas,
et les blanches grappes de la bruyère des montagnes. Le moindre vent jonchait le gazon de
feuilles mortes, qui roulaient tristement dans
les sentiers. Les champignons dressaient partout
leurs têtes vénéneuses.

Près de la clairière s'élevait un prunier portant des *zwetschgen*. Madeleine le secoua; mais
deux fruits seulement tombèrent devant elle;
un second effort en détacha le même nombre.

— C'est assez, dit le mois de Septembre; n'espère pas en obtenir davantage. Prends ce qu'on
te donne, et va retrouver tes parentes.

Madeleine mit les prunes dans son tablier, remercia les douze mages; puis, d'un air inquiet,
descendit vers le bourg. Quand Héloïse l'aperçut, elle dit à sa mère : — Vous voyez, elle n'apporte rien aujourd'hui.

— Tant mieux, dit la maràtre; nous la chas-
serons et n'entendrons plus parler d'elle.

Mais la jeune fille arriva, leur montra sa faible

récolte. Les méchantes femmes mangèrent les prunes, et lui dirent :

— Pourquoi n'en as-tu pas apporté davantage ? n'en as-tu pas trouvé d'autres ?

— Il y en avait beaucoup d'autres, mais on m'a défendu de secouer l'arbre pour les faire tomber.

— Tu es une sotte, répartit la mère ; il ne fallait point écouter un propos absurde.

— Elle l'a fait exprès, dit Héloïse, elle a mangé de ces prunes à satiété, et, comme elles lui semblaient délicieuses, elle n'a pas voulu nous procurer le même plaisir : elle nous a seulement apporté de quoi nous mettre en goût, de quoi exciter nos regrets.

— Où as-tu trouvé ces fruits ? demanda la mère.

— Là-haut, sur la montagne, au carrefour des Trois-Sapins.

— Je veux voir si elle nous trompe, dit Héloïse ; je vais de ce pas au lieu qu'elle indique, et je saurai bientôt à quel point elle déguise la vérité. Ces prunes d'ailleurs sont un régal exquis : la malice de ma sœur ne m'en privera point.

La veuve fit tous ses efforts pour la détourner de ce projet, sans y pouvoir réussir ; la jeune arrogante prit son manteau, mit une faille sur sa tête et escalada les hauteurs. Elle aperçut avec étonnement la flamme qui brûlait dans la clairière. Sa surprise augmenta, quand elle vit les douze personnages muets, groupés autour du feu. Elle se remit bientôt cependant et courut vers le foyer, car ses mains étaient engourdies par le froid. Non-seulement elle ne demanda point la permission de se chauffer, mais l'impudente ne salua même pas l'auguste compagnie.

— Que viens-tu faire dans ces lieux inhabités? dit le mois des tempêtes.

— Pourquoi me le demandes-tu, vieux sot? Qu'as-tu besoin de le savoir? lui répliqua l'audacieuse jeune fille.

— Le moment est venu, dit Janvier d'un air sinistre, et sa voix, pendant qu'il articulait ces paroles, grondait comme le souffle de la bise dans les rameaux dépouillés, comme l'avalanche qui se précipite du haut des montagnes.

Il fronça les sourcils, leva son bâton et le fit osciller au-dessus de sa tête.

A l'instant même le feu pâlit, baissa, ne jeta plus qu'une chaleur douteuse. Des nuages profonds et obscurs voilèrent le ciel : on entendit le vent gémir dans toutes les vallées, dans toutes les gorges, sur toutes les éminences. Il faisait craquer les sapins comme les mâts d'un navire en détresse. Puis, la neige forma d'épais tourbillons, qui semblaient vouloir éteindre le jour et empêchaient de voir à trois pas.

Héloïse effrayée avait pris sa course vers le logis où sa mère regrettait son départ. Mais comment distinguer sa route au milieu d'une si cruelle tourmente? La neige aveuglait la méchante fille ; ses légers flocons touchaient à peine le sol que le vent les ramassait, pour ainsi dire, les promenait en longues traînées, qui bientôt se heurtaient l'une contre l'autre, se pulvérisaient, tombaient comme une pluie sablonneuse. La fugitive erra bien longtemps ; plus elle marchait, moins elle retrouvait son chemin, et elle courait à chaque pas le danger de rouler dans un abîme.

Son absence prolongée transformait en supplice l'inquiétude de sa mère. Elle ne quittait la fenêtre que pour aller ouvrir la porte, afin d'examiner la campagne. Mais la blanche averse ne lui permettait pas d'étendre au loin ses regards. Enfin, son anxiété devenant trop forte, elle prit son manteau, s'enveloppa la tête d'un châle et sortit pour aller chercher sa fille. Elle monta dans la direction du carrefour, elle marcha longtemps et ne vit personne. — Héloïse! Héloïse ! criait-elle de minute en minute ; mais sa voix mourait à quelques pas. Cependant un froid polaire engourdissait les membres de la veuve, lui gerçait la figure. Elle commençait à trembler pour elle-même, lorsqu'il lui sembla entrevoir sa fille appuyée contre un arbre. Elle s'élance de ce côté : elle ne se trompait pas! L'insolente créature n'avait plus la force de se traîner dans le glacial enfer qui la cernait de toutes parts.

— Héloïse! lui dit-elle, ma chère Héloïse, ranime-toi, ou nous sommes perdues.

— Rien ne peut nous sauver, lui répliqua sa fille d'une voix éteinte; c'est un piége que nous a tendu Madeleine. J'ai rencontré là-haut des magiciens, qui ont déchaîné sur moi la tempête. Ah! nous avons été trop bonnes pour ce monstre sans pitié!

— Oui, trop bonnes! mais c'était ma fille, c'était ta sœur; nous ne pouvions croire qu'elle eût de si affreux sentiments. Oh! nous nous vengerons! Viens, Héloïse; appuie-toi sur mon épaule. Marchons, nous retrouverons notre chemin. L'heure de mourir n'est pas encore venue pour nous.

Et soutenant, traînant presque sa fille, elle essaya d'échapper à l'inflexible arrêt du destin. Mais la neige tombait, tombait, comme un froid déluge; la blanche nappe dont elle couvrait le sol montait, montait toujours. Les deux coupables y enfonçaient de plus en plus; elle leur vint d'abord aux genoux, puis à la ceinture, et empêcha dès lors tout mouvement. L'implacable hiver les saisit comme une proie, étendit sur elles son morne linceul. Les dernières paroles de la veuve et d'Héloïse furent des imprécations, des menaces contre Madeleine. Elles n'eurent pas l'ombre d'un remords, elles ne comprirent pas un moment que leur fin tragique était le résultat de leur méchanceté.

Cependant l'aimable fille attendait leur retour. Assise auprès du poêle, elle faisait gronder son rouet en écoutant le murmure de la bise. Souvent elle regardait par la fenêtre pour voir si les absentes ne revenaient point.

— Comme elles restent longtemps dehors ! pensait-elle. Pourvu qu'elles ne soient pas tombées dans un précipice ! Ah ! la lumière baisse ! La nuit va les surprendre !

Et elle mit sa lampe devant la croisée pour leur servir de phare. La tempête avait cessé ; les étoiles suspendaient au dôme céleste leurs guirlandes de feu. Mais l'innocente créature eut beau regarder sur la neige, eut beau prier Dieu et les saints : l'aube empourpra le sommet des montagnes sans qu'elle eût revu ses deux persécutrices.

Elle donna l'alarme dans le bourg ; on se mit en quête, on chercha longtemps, mais on n'aperçut aucun vestige des malheureuses femmes. Après la fonte des neiges seulement, un berger trouva par hasard leurs corps, au-dessus desquels planaient les oiseaux de proie.

Madeleine, leur seule héritière, allait avoir dix-sept ans. Sa taille parut plus svelte, ses yeux plus beaux que jamais ; on se disputa ses bonnes grâces, en convoitant sa dot. Elle n'eut point hâte de porter la couronne nuptiale, emblème d'une royauté passagère ; ayant connu l'oppression, elle craignait de retomber sous un joug tyrannique. Aussi épia-t-elle les galants plutôt qu'elle ne les écouta ; mais on dit qu'elle a su bien choisir, car elle mène son mari ; seulement elle le mène avec douceur, et ne lui donne pas lieu de se plaindre.

Comme madame Augsburger cessait de parler :

— Ce dénouement vous plaît-il ? demandai-je à Christine. Les méchants y sont punis, la vertu...

J'allais poursuivre, mais la pendule prit la parole et nous annonça qu'il était neuf heures.

— Neuf heures ! déjà neuf heures ! s'écria l'espiègle. Oh ! comme ma mère va me gronder ! Pourvu qu'elle se borne à m'adresser des reproches !

— Tu lui diras que nous t'avons retenue, qu'il y avait chez nous un étranger qui voulait causer avec toi... Les paroles ne te manqueront point du reste. Et puis je vais te donner un beau morceau de lard, pour que tu sois bien reçue, dit madame Augsburger.

Allumant aussitôt une chandelle, la femme du pasteur exécuta sa promesse et enveloppa la viande dans une feuille imprimée, qui me sembla du même grain et de la même couleur que le papier des sacs. Les romans épileptiques ne sont pas chose inutile, comme on voit. La jeune montgnarde remercia vivement notre hôtesse, nous souhaita le bonsoir à tous, et prit en quelque sorte la fuite, avec une gracieuse allure que mainte jeune fille de bon ton aurait enviée. On ne l'entendit point passer sous les fenêtres, mais à peine fut-elle au bout du jardin qu'elle fredonna une cadence tyrolienne. Ces légers accents se perdirent peu à peu dans le calme de la nuit.

— Est-ce qu'elle est de votre communion? demandai-je au ministre, dès qu'elle fut dehors.

— Mon Dieu! non, me répliqua-t-il; ses parents sont luthériens.

— Ils ne doivent pas avoir de grandes ressources, puisqu'ils laissent leur fille courir presque nue dans les champs.

— Ah! monsieur, la pauvreté est le fléau des montagnes. Nous avons ici un dicton populaire, qui exprime très-bien la pénurie contre laquelle luttent presque tous les habitants des Vosges. Dans le Sundgau, trois communes peu distantes l'une de l'autre ont chacune leur église et leur cloche; on prétend que ces cloches causent ensemble, et voici comment on explique leur dialogue :

> Roggenbourg
> Est très-pauvre!
> Est très-pauvre!

dit la première;

> Ederschwyl
> L'est bien plus,
> L'est bien plus!

répond la seconde;

Et Kifflis
L'est-il moins?
L'est-il moins?

demande la troisième. Vous voyez que nos paysans ont une mince opinion de leur fortune.

— Leur pauvreté heureusement n'est pas
triste comme celle de grandes villes. Elle ne les
éloigne pas de la nature, elle ne les prive ni d'air
ni de soleil. Le rouge-gorge et le pinson chantent
au bord de leur toit, l'hépatique, le trèfle et le
gramen encadrent le seuil de leur maison. Aussi
ai-je observé qu'ils supportent leur indigence
avec une résignation calme et douce, inconnue
à Paris.

Comme j'achevais cette phrase, mon hôte et sa
femme se levèrent.

— Maintenant, me dit-il, nous allons vous
quitter. On se couche et s'éveille de bonne heure
à la campagne. Cette chambre est celle que nous
vous destinons.

— Vraiment? m'écriai-je. Eh! bien, vous me
faites plaisir et semblez avoir deviné un de mes
caprices. Cette pièce flatte mon imagination : il
me sera très-agréable d'y passer une nuit.

— Bonsoir donc, et dormez bien, car le bruit
que nous ferons involontairement troublera votre repos, dès que le ciel blanchira derrière la
montagne.

Deux secondes après, j'étais seul, je me trouvais installé dans cette chambre poétique, où j'aurais vu sans étonnement apparaître quelque fée délicate, aux longues tresses d'or ; j'allais goûter quelques heures de sommeil dans l'alcôve ornée d'une frise de vaisselle, où trônait si noblement le moutardier ! Quelle bonne fortune ! N'était-ce pas dormir en plein roman ? Je me couchai donc, je pris un livre et ne tardai point... à fermer les yeux. C'est cependant une histoire amusante et instructive que celle des chanoines belliqueux de Saint-Dié, comme le lecteur le verra bientôt.

# CHAPITRE XIV

*Une matinée dans les Vosges. — Ruines du château de Salm. —
Histoire curieuse de l'arrondissement de Saint-Dié. — Les
quatre monastères souverains. — Mœurs galantes et belliqueuses des chanoines. — Bataille sur la grande place de
Saint-Dié. — Attachement furieux des moines à leurs biens.
— Anathème contre un voleur. — Le couvent de Senones
prend pour défenseurs les comtes de Salm. — Fortune rapide
de cette famille ; elle parvient en Autriche aux plus grands
honneurs.*

Comme me l'avait prédit l'anabaptiste, le matin versait à peine sur la campagne sa lumière
gris de perle que j'entendis remuer dans la maison et au-dehors. La matinée était d'une douceur
merveilleuse ; j'eus honte de paraître plus effé-
miné que les habitants de la clairière, et après
avoir quelque peu examiné la chambre, comme
pour bien me rappeler où j'étais, je finis par sau-
ter résolûment à bas du lit. Je voulais voir les
restes du château de Salm, qui m'intéressait dou-
blement depuis que j'avais lu l'histoire des chanoines de Saint-Dié : ses anciens possesseurs
avaient d'abord été les vidames du monastère,

puis, empiétant peu à peu sur les droits du chapitre, avaient commandé au lieu d'obéir. Je sortis de la maison sans rencontrer personne.

Une légère brume flottait dans l'air, une abondante rosée couvrait de diamants les broussailles et le gazon. Un sentier inégal, déchiré en maint endroit par l'eau des pluies et des neiges fondues, me conduisit au sommet de la montagne. Le vieux manoir achève d'y tomber en ruines, car il est plus délabré, plus dispersé que presque tous les autres châteaux des Vosges. La moitié d'une tour a seule résisté au flot du temps, qui ne s'arrête point, comme la mer, devant des limites infranchissables. La plupart des pierres accumulées pour bâtir la forteresse jonchent maintenant le plateau, ou hérissent les alentours, dans un désordre sauvage. Des lits profonds de mousse, de lichens, de fougères, de saxifrages et de myrtilles comblent leurs intervalles. Aux murs encore debout se sont cramponnés des lierres, aux lierres se sont cramponnées des viornes, drapant ainsi un manteau flottant sur une tunique immobile. Voilà tout ce qui reste d'une demeure princière, où une famille d'abord peu importante acquit assez de force pour oser un moment aspirer à la couronne impériale.

L'histoire de l'arrondissement de Saint-Dié, est un des épisodes les plus curieux de l'histoire de France. Pendant sept ou huit siècles, quatre monastères d'hommes y exercèrent une autorité souveraine, tandis que l'abbesse de Remiremont gouvernait à elle seule l'arrondissement qui le borne au midi. Profitant de leur situation entre la France et l'Allemagne, ils se maintenaient indépendants de nos rois aussi bien que des empereurs. Le couvent de Moyenmoutier ne possédait pas moins de deux mille fermes dans les montagnes. Le pouvoir absolu et la richesse des cénobites leur firent adopter les mœurs guerrières et licencieuses de la noblesse féodale. Leurs pieux séjours ne tardèrent point à se métamorphoser en citadelles : eux-mêmes se familiarisèrent avec tous les exercices de la chevalerie, montèrent la garde sur leurs créneaux, portèrent la lance et l'épée, entreprirent des expéditions militaires et même, comme l'attestent de nombreuses chroniques, détroussèrent à l'occasion les passants. Les bons Pères entretenaient d'ailleurs des concubines, chevauchaient par les villes et les campagnes avec des femmes en croupe, les installaient même dans leurs cloîtres, où on leur donnait ration de moine. « La nièce d'un abbé ou d'un prieur, dit M. Gravier d'après des pièces officielles, traitait avec son oncle, du consentement de la communauté, pour obtenir la même faveur. Les nièces, parentes, ou soi-disant telles, des simples religieux, traitaient avec le prieur, du consentement de l'abbé. » Les quatre monastères se peuplaient donc de jolies filles, ce qui n'empêchait pas leurs compagnons d'aller boire et jouer dans les tavernes. Ils ne faisaient d'ailleurs vœu de chasteté que *sous condition et autant que le permet la nature humaine* (1). La loi cruelle de la féodalité condamnant au servage tout enfant de prêtre, les seigneurs tonsurés travaillaient eux-mêmes à augmenter le nombre de leurs vassaux.

Les joûtes et les batailles ne les occupaient pas moins que les plaisirs, car c'était de rudes champions et des maîtres peu commodes. En 1308, une lutte mémorable entre les chanoines et les bourgeois de Saint-Dié ensanglanta les rues de la ville. Fatigués des vexations du chapitre, les habitants avaient demandé à Thiébault, duc de Lorraine, qu'il leur fît construire un moulin banal. Le duc s'empressa de les satisfaire. Les moines eurent à peine le temps d'aviser que déjà l'établissement fonctionnait. Les prêtres excommunièrent le seigneur laïc, mais Thiébault ne paraissant point s'en inquiéter, ils ordonnèrent de raser le moulin; deux chanoines, Philippe de Bayon, Hennequin de Sierck, vinrent présider à la démolition. Le prévôt ducal voulut naturellement s'y opposer. Les moines belliqueux fondent sur lui ; mais les bourgeois prennent part à la lutte, repoussent les agresseurs, chassent les ouvriers. Les religieux sont contraints de se mettre à l'abri derrière les murailles de leur

(1) Profession de foi de 1506, au monastère de Senones.

couvent ; là ils réunissent les chantres, l'écolâ-
tre, tous les clercs de l'établissement, leur donnent des armes, puis revêtent eux-mêmes la cuirasse et montent sur leurs chevaux de guerre. Le
pont-levis s'abaisse, la troupe martiale sort en
bon ordre. Les bourgeois, groupés devant l'abbaye, racontaient justement leurs prouesses et la
fuite des deux ecclésiastiques. C'était jour de
foire, en sorte qu'il y avait abondance de peuple.
Tout à coup les moines belliqueux se précipitent
au milieu de la foule, blessent, tuent, renversent
les auditeurs et les narrateurs. Un combat terrible s'engage. Mais les chanoines armés de toutes
pièces bravent les coups, les projectiles, sont in-
vulnérables. Le sang coule autour d'eux, les
morts jonchent la terre ; les chevaliers monastiques ne reçoivent pas une blessure. La multitude vient se briser contre leur impassible pha-
lange, comme les flots contre un écueil.

Alors, dans leur désespoir, les citadins courent à un monastère peu éloigné, dont les religieux portaient une haine violente aux chanoines
de Saint-Dié. Ces nouveaux champions endossent
à leur tour le haubert et la cotte de mailles, puis
entrent dans la ville, pour diriger les efforts du
peuple. La bataille devient plus acharnée que
jamais. Enfin les chanoines sont contraints de céder au nombre ; ils se retirent dans leur cloître
militaire, sans avoir essuyé aucune perte. Leurs
antagonistes payaient cher leur apparente vic-

toire : les prêtres même, qui étaient venus seconder la bourgeoisie, étaient tous blessés. Les vainqueurs célébrèrent leur triomphe par des chants peu modestes et par de copieuses libations.

Le temps, le progrès de la civilisation ne purent affaiblir en eux cet esprit de violence. Une réforme ayant été jugée nécessaire à l'abbaye d'Estival, ordonnée même par le souverain pontife, pendant les premières années du XVII<sup>e</sup> siècle, le duc de Lorraine fut obligé de mettre garnison dans le monastère, pour obtenir l'obéissance des moines, pour changer leurs mœurs farouches et licencieuses. Malheur aux imprudents qui ne respectaient pas le bien des révérends Pères ! Ils n'admettaient pas du tout l'abnégation de la primitive Eglise et poussaient jusqu'au fanatisme l'amour de la propriété. En 1664, un trésor enfoui, pendant les guerres, dans l'enclos de l'abbaye de Senones, ayant été subtilement dérobé, les chanoines fulminèrent contre le larron un monitoire, où l'avarice et la colère s'expriment avec une fureur sans égale. Lançant l'interdit contre les détenteurs des sommes soustraites, le chapitre accumule sur eux et sur leurs familles les malédictions les plus effrayantes. « Que leurs noms soient rayés de la liste des vivants, dit l'acte de proscription ; qu'ils n'aient jamais place avec les gens de bien ; que la vengeance divine les châtie d'une mort aussi terrible et aussi exemplaire que furent celles d'Ananias et de sa femme ; qu'en attendant cette mort, ils soient battus des verges de la justice de Dieu par toutes sortes de malheurs ; s'ils se mettent en voyage, que leur chemin soit de verglas, que le jour se change en ténèbres pour eux, et que l'ange du Seigneur les fasse trébucher dans les précipices ; que leurs biens se dissipent comme la poussière au vent ; que les juges s'entendent afin de décider toujours contre eux, et que toute leur chevance soit abandonnée, comme celle de Jéroboam, à la discrétion et méchanceté de Satan. S'ils sont mariés, que l'homme ait le chagrin et la honte de voir déshonorer sa femme par ses ennemis, à la face de tout le monde ; que leur postérité s'éteigne malheureusement dès la première génération, ou si quelques-uns de leurs enfants survivent, que le péché de leurs père et mère les tourmente jusqu'à la troisième et quatrième générations ; qu'ils sèchent tout vivants, comme le foin sous les ardeurs de la canicule, et fondent comme la neige au soleil, ou comme la cire au feu. Que la femme devienne veuve et les enfants orphelins, que personne n'assiste la mère, n'aie pitié de ses fils et de ses filles ; que chacun, au contraire, les persécute ; que l'un prenne leurs terres, que l'autre les chasse de leur maison ; que leurs créanciers se partagent tous leurs meubles ; que les étrangers emportent tous leurs vêtements et tous leurs ustensiles. Que Dieu leur soit contraire dans toutes leurs entreprises et qu'au lieu d'écouter leurs gémissements, lorsque leur infortune sera parvenue à son comble, il repousse leur prière comme un nouveau péché, n'étant pas faite dans l'état de grâce et d'union avec l'Eglise. S'ils approchent de la sainte table pour communier, que le pain de vie leur soit un poison, comme à Judas, les fasse crever exemplairement et de male-mort. Que Dieu accumule sur leur tête les effets de sa malédiction ; qu'elle ne les quitte non plus que leur chemise, et les environne de toutes parts, comme la ceinture environne le corps. Que leur ange gardien les juge indignes de son assistance et les délaisse; que le diable soit toujours à leur côté, comme leur maître et leur bourreau, jusqu'à ce qu'ils aient fait la déclaration et restitution auxquelles ils sont exhortés par le présent monitoire. »

Nous n'avons pas voulu abréger cette longue imprécation, parce que l'histoire ecclésiastique n'en offre peut-être pas de plus violente. Quel désintéressement, bon Dieu ! quel mépris des biens passagers du monde ! Comment une somme d'argent, même très-forte, inspirait-elle à des serviteurs de Dieu une rage si effrénée ? Les anabaptistes sont loin de traiter avec cette rigueur ceux qui leur nuisent. Ils se montrent infiniment plus généreux et plus charitables (1).

_______

(1) Voyez leur sentence d'excommunication ou, pour mieux dire, de séquestration, que nous avons rapportée, chapitre V. Les moines de Senones avaient, au reste, calqué leur ana-

Mais quelque vaillants que fussent les moines, ils ne pouvaient toujours avoir la lame au poing, conduire perpétuellement leurs vassaux en guerre, soit contre la noblesse féodale, soit contre les abbayes hostiles. Force leur fut donc de choisir un capitaine parmi les barons du voisinage, pour commander leurs troupes et protéger leur voluptueux repos. Les quatre monastères souverains élurent des vidames, que l'on nommait aussi des voués. A la fin du XIe siècle, le couvent de Senones prit son défenseur dans la maison de Salm et, depuis lors, cette charge y

thème sur celui des souverains pontifes, quand ils frappaient un individu de proscription, comme on peut s'en convaincre par les passages suivants :

« Maudit soit-il partout où il sera, dans sa maison, dans son champ, sur la route, dans le sentier, dans la forêt, dans l'eau, ou dans l'église.

» Maudit soit-il en vivant, en mourant, en mangeant, en buvant, en jeûnant, en dormant, en veillant, en se promenant, en se tenant debout, en s'asseyant, en se couchant, en travaillant, en se reposant, *mingendo, cacando, flebotomando.*

» Maudit soit-il dans toutes les forces de son corps, à l'intérieur et à l'extérieur, dans ses cheveux et dans son cerveau.

» Maudit soit-il à la tête, aux tempes, au front, aux oreilles, aux sourcils, aux yeux, aux joues, aux mâchoires, aux narines, aux dents incisives, aux dents machelières ou molaires, aux lèvres, au gosier, aux épaules, aux bras, aux mains, aux doigts, à la poitrine, au cœur, et dans toutes les parties internes du corps, aux reins, aux aines, au fémur, *in genitalibus,* aux cuisses, aux genoux, aux jambes, aux pieds, à toutes les articulations et aux ongles.

» Maudit soit-il dans l'enchaînement de toutes les parties des membres. Que pas un point de son corps ne soit sain, depuis le haut de la tête jusqu'à la plante des pieds ! »

devint héréditaire. Mais la force commande toujours, abstraction faite de son origine ; les vidames des monastères, d'abord très-obséquieux, rendirent bientôt leurs services redoutables. Ces gardiens étaient toujours prêts à se jeter sur leurs maîtres. Henri, le troisième comte de Salm qui guerroya sous la bannière du couvent de Senones, enleva aux chanoines des terres considérables. Le fameux saint Bernard et l'archevêque de Trèves eurent toutes les peines du monde à les lui faire restituer, en 1135. Moins d'un siècle après, les voués s'emparèrent de l'administration de la justice ; les *plaids,* où jusqu'alors ils ne paraissaient point sans être appelés, se tinrent sous leur présidence, leur fournirent l'occasion de rançonner les moines et le peuple.

L'imprudence d'un abbé de Senones accrut le pouvoir des comtes de Salm. Ces derniers avaient pour résidence principale le château de Blamont (1), situé en Lorraine, et fort éloigné du monastère, ce qui retardait parfois les secours dont les gens d'Eglise avaient besoin. Henri II leur proposa donc de bâtir une forteresse dans leur voisinage, sur le Val-de-Brusche, et le supérieur l'y autorisa, moyennent une redevance annuelle de deux sous strasbourgeois. Le comte fit promptement élever la citadelle, qui jonche

(1) A six lieues de Lunéville, sur la Vezouze. C'est maintenant un chef-lieu de canton du département de la Meurthe. La ville a 2,400 habitants.

maintenant de ses ruines le plateau désert, où je me promenais parmi les plantes sauvages. De ces rochers, il domina bientôt les clercs licencieux, plus avides de plaisirs que d'émotions guerrières, quoiqu'ils préférassent les luttes belliqueuses aux devoirs de leur profession. Le comte de Salm usurpait journellement quelqu'un de leurs droits. L'abbé Conon ne s'en souciait guère, attendu qu'il avait pour la chasse une passion tellement furieuse que, pendant les cinq années de son règne, il n'entra jamais au chœur sans porter un faucon sur le poing. Aussi Henri III de Salm ne se fit-il pas scrupule d'emprisonner les trois frères d'un autre supérieur, dans le manoir bâti pour la sécurité des moines-souverains. Sa mort leur sembla un châtiment du ciel, quoiqu'elle fût peut-être leur ouvrage. Son chapelain exerçait la médecine. La femme du comte, désespérée de n'avoir pas d'enfant, demanda au saint homme un remède contre la stérilité. Le bon père lui administra un breuvage qui la rendit féconde, prétendent les chroniqueurs, mais il fit avaler au mari une potion qui en débarrassa les chanoines. Il offrait toutes les apparences de la mort, quoiqu'il n'eût pas cessé de vivre : on se hâta de l'inhumer dans l'église de la Haute-Seille. Pendant la nuit des cris sourds, des plaintes étouffées sortent de son tombeau. Le curé attend le jour et fait ouvrir le sépulcre : on trouva le comte réellement décédé, mais il avait la face contre terre, et son attitude, ses draperies **en** lambeaux attestaient de douloureux efforts pour quitter son étroite prison.

Cette fin terrible n'empêcha pas son frère d'imiter son exemple. Ses empiétements furent si hardis et si opiniâtres qu'il déposséda l'abbaye de tout son territoire et de toute son autorité. Les moines ne gardèrent que leur pouvoir spirituel, furent réduits à prier et à dire la messe. Bien mieux, le comte les força, l'épée en main, de conclure avec lui un traité, où ils abdiquaient leurs droits politiques et administratifs. Ils les reconquirent plus tard, du moins en partie, mais ce ne fut que pour les perdre de nouveau. Enfin, au xvi<sup>e</sup> siècle, le 30 septembre 1571, un acte solennel légalisa les envahissements des comtes de Salm, nommés dans l'acte même *les comtes sauvages*. Après la cérémonie, le peuple ameuté chassa les moines du couvent, pilla leur maison, les poursuivit jusqu'à la résidence claustrale de Moniet, et là, croyant mettre à mort l'abbé de Senones, qui avait excité une haine générale, **tua** le prieur qu'on ne détestait point.

Henri IV de Salm ayant découvert, au milieu du treizième siècle, les mines de Framont, **les** exploita aussitôt ; il fit non seulement fondre, mais forger le fer, et, en augmentant ses **revenus**, cette industrie augmenta sa puissance. **Les** moines cependant lui contestèrent la **propriété** du sol que fouillaient ses ouvriers, assiégèrent même et détruisirent son usine ; pour obtenir la paix, il convint de partager avec eux les dépenses et les produits. Afin d'y attirer les travailleurs, on les affranchit de toute servitude ; un grand nombre d'ouvriers accoururent, et deux villages se formèrent aux rayons de cette liberté féconde, si rare pendant le moyen-âge. Mais on pense bien que les vidames querelleurs finirent par évincer les moines d'une propriété essentiellement lucrative (1).

Une inscription gravée sur le roc en instruit les rares promeneurs qui visitent les décombres. Elle occupe une surface horizontale et semble, au premier abord, indiquer un tombeau ; on s'est amusé à lui donner la figure géométrique et l'encadrement d'une dalle funèbre. On l'a même rédigée en latin, pour compléter le pastiche. Elle n'offre pas néanmoins un sens lugubre, comme on peut en juger par la traduction :

« Aujourd'hui, 15 octobre 1779, en mémoire de leurs illustres aïeux, ont gravi sur cette roche célèbre les princes Charles-Alexandre et Guillaume-Florentin de Salm-Salm, ayant pour compagnons le prince François d'Hohenlohe Schillings-Fürst, maître François Bruno Humbourg, syndic du chapitre de Strasbourg, Pierre-Fran-

(1) J'ai décrit dans mes *Etudes sur l'Allemagne,* t. I<sup>er</sup>, les mines de Framont. Ce morceau faisant depuis longtemps partie d'un volume, je ne le réimprime pas ici.

çois Noël, gouverneur de la principauté de Salm, Bernard et Marc-Antoine Chouard, directeurs des mines de Framont. »

Telles furent les destinées des comtes de Salm dans les Vosges. Mais cette famille s'est étendue fort loin, a porté très-haut son ambition. Elle fait remonter sa généalogie, car elle existe encore, à un des guerriers francs que Clovis précipita sur les Gaules. Quoiqu'elle ne puisse donner aucune preuve de cette lointaine origine, elle doit être classée indubitablement parmi les races les plus anciennes de l'Europe. Au onzième siècle, nous la voyons divisée en deux branches, depuis longtemps établies, l'une et l'autre, dans les Ardennes et dans le voisinage de Lunéville. On sait comment la dernière, la ligne des comtes du Haut-Salm, fit habilement son chemin. L'un d'eux, Nicolas I$^{er}$, se mit au service des Habsbourgs, lutta sous leurs drapeaux contre Charles-le-Téméraire, contre la République de Venise, les Français et les Turcs. Il se distingua surtout en 1525, dans la grande guerre des paysans et, la même année, à la bataille de Pavie, culbuta le cheval de François I$^{er}$, blessa le monarque à la main. Pour le récompenser, l'archiduc Ferdinand, frère de Charles-Quint, lui donna la seigneurie de Neubourg, sur l'Inn, qui incorpora la famille à la noblesse autrichienne. En 1529, Nicolas était avec son beau-père, le baron Guillaume Roggendorf, dans les murs de Vienne,

assiégée par Soliman. Tous les deux contribuè-
rent pour une forte part à la délivrance de la
ville. Le comte reçut une blessure mortelle en
défendant le bastion des Augustins (*Augustiner-
bastei*); mais avant d'expirer, il eut la joie de
voir le Grand Seigneur en pleine déroute.

Comme presque toute la noblesse germanique
au XVI<sup>e</sup> siècle, la famille de Salm, qui était alors
subdivisée en quatre ou cinq branches, adopta
les principes de la Réforme. Deux de ses membres
prirent une part active à la guerre de Trente
Ans, et comptent même parmi les héros de cette
lutte acharnée. C'étaient deux frères qui appar-
tenaient à la ligne de Salm-Kyrbourg, laquelle
possédait en même temps le manoir des Vosges,
le château de Kyrbourg, dans les montagnes sauvages du Hundsrück, et plusieurs fiefs en Lorraine. Leurs principautés avaient beaucoup souffert, depuis que le sanglant conflit bouleversait
l'Allemagne, et ils secondaient sous main les
protestants, lorsqu'un édit impérial vint leur
défendre, en 1625, de lever des troupes pour les
Danois. Non seulement le plus jeune des deux
frères, Otto-Ludwig, n'obéit pas à cette injonc-
tion, mais il prit le commandement des soldats
qu'il avait réunis, et les mena lui-même au roi
de Danemarck, suprême espoir de la Réforme en
ce moment critique. Le réfractaire déploya une
bravoure indomptée, pendant la malheureuse
campagne où l'Autriche accabla les champions

du libre examen. Après la défaite, une heureuse chance lui permit de s'embarquer pour l'île de Fünen et d'y attendre les événements. Au mois de septembre 1628, il s'enrôla sous la bannière de Gustave-Adolphe avec son régiment, et fut dépêché vers le duc de Mecklembourg, qui avait besoin de renforts. Otto-Ludwig battit le colonel Wengersky, le successeur futur de Wallenstein, mais ne put tenir devant Wallenstein lui-même, et fut contraint de se rembarquer.

Gustave-Adolphe préparait la célèbre expédition en Allemagne, qui l'a couvert de gloire. Le chef intrépide monta sur la flotte, suivit le roi dans les plaines de la Poméranie et dans le voisinage de Magdebourg : au mois de juin 1631, il tailla en pièces un régiment de Pappenheim ; au mois de juillet, un corps de dragons. A la bataille de Leipsick, où les Huguenots remportèrent une si brillante victoire, le comte avait sous ses ordres douze compagnies de chevaux, et tenait tête au fameux Pappenheim. Ce fut un capitaine de son régiment, Frédéric-le-Long, qui, poursuivant Tilly, vaincu pour la première fois, et voulant le contraindre à se rendre, lui martelait le crâne avec son pistolet, au lieu de lui brûler la cervelle, comme il aurait dû le faire, quand le duc de Saxe-Lauenbourg termina la scène, en tuant d'un coup de feu l'opiniâtre et maladroit luthérien.

Otto-Ludwig était dans les armées protestan-

tes le meilleur général de cavalerie, comme
Pappenheim dans les troupes de Ferdinand II. Il
excellait à conduire l'avant-garde, n'ayant pas
moins de vigilance que de bravoure, pas moins
de talent naturel que d'expérience militaire. Son
visage maigre et sérieux était encadré d'une longue chevelure, qui tombait sur ses épaules; sa
large poitrine et sa haute taille lui donnaient une
apparence imposante.

Après la bataille de Leipsick, le comte suivit
Gustave-Adolphe aux bords du Rhin, pour délivrer le Palatinat des troupes espagnoles. Il n'y
resta bientôt plus un soldat de ce peuple inepte
et cruel. Le *roi d'or*, comme les schismatiques
appelaient le monarque suédois, offrit en récompense au chef des montagnes les vastes domaines
de l'abbaye Saint-Maximin; Otto-Ludwig accepta
le présent, mais dut bientôt le partager avec
l'électeur de Trèves, l'archevêque Philippe-Chris-
tophe, sur le territoire duquel se trouvait le monastère. Pendant que Gustave-Adolphe marchait
vers Munich, le comte de Salm eut la mission
d'occuper l'Alsace, avec le comte de Horn. L'année suivante, lorsque le vengeur des protestants
et le libérateur de l'Allemagne eut été assassiné
durant la bataille de Lutzen, le seigneur des
Vosges s'unit au fameux Bernard de Weimar, et
poursuivit la lutte des réformés contre les Habsbourgs. Son régiment prit part à la désastreuse
bataille de Nordlingen, le 27 août 1634. De

Francfort-sur-le-Mein, que Bernard avait dési-
gné comme lieu de rendez-vous aux Suédois et
aux troupes auxiliaires, le comte gagna la rive
gauche du Rhin avec quelques mille hommes,
et mourut peu de temps après, le 7 octobre, dans
la ville de Spire, à l'âge de trente-sept ans : on
ignore si le chagrin, la fatigue ou des blessures
devenues incurables terminèrent sa courte et
laborieuse destinée.

Son frère, le comte Jean-Philippe de Salm, eut
un sort analogue. Dès l'année 1623, il s'était joint
au duc Christian de Brunswick et avait défendu,
le casque en tête, les droits de la raison humaine. Fait prisonnier par les impériaux, il obtint sa liberté au bout de quelque temps, et,
lorsque les Suédois arrivèrent sur les bords du
Rhin, il s'engagea sous leurs drapeaux, comme
Ludwig. Bernard de Weimar, qui le prit en amitié, eut la douleur de le perdre au combat de
Rheinfelden, en 1638. L'aide-de-camp de Bernard, Christian von der Grün, nous apprend,
dans son *Journal,* que les Autrichiens qui l'en-
touraient lui offrirent quartier: « Quel quartier?
quel quartier? leur répondit-il. C'est dans le ciel
que sont nos quartiers! « Furieux de cette hau-
taine réplique, les soutiens du pape le taillèrent
en pièces. Il devait être peu âgé, avoir quarante-
cinq ans tout au plus.

Tandis que ces deux comtes de Salm luttaient
pour l'indépendance de l'esprit humain, un au-

tre personnage de la famille combattait pour prolonger l'asservissement de la raison. Philippe-Otto, qui avait d'abord soutenu la Réforme dans les troupes de l'électeur de Saxe, où il était colonel, changea de croyance et de parti après la bataille de la Montagne-Blanche, où ses coréligionnaires avaient subi un affreux échec. Il passa dans les rangs des vainqueurs, et fut récompensé de sa défection par la couronne de prince, que Ferdinand II lui octroya en 1623. Il est le premier membre de la famille qui ait porté ce titre, et devint la souche de la ligne Salm-Salm. A Nordlingen, il luttait pour l'ambition de l'Autriche, tandis que son parent, Otto-Ludwig de Salm, dirigeait la cavalerie luthérienne : ce combat ne lui fut pas moins désastreux qu'au chef des montagnes ; il y reçut une blessure dont il mourut peu de temps après, au château de Neufville. Grâce à la reconnaissance de Ferdinand II, il avait pu épouser une Croy.

Ferdinand III témoignait à son fils une telle faveur, qu'il obtint le droit de siéger et de voter dans les diètes de l'empire. Il siégea également et vota dans le collége des comtes de Westphalie, lorsqu'une aimable comtesse de Bronchorst lui eut apporté en mariage la seigneurie d'Anholt, située non loin de Clèves. Cet important domaine devint le séjour de la famille, qui continue à y résider.

Le troisième prince de Salm contracta une

alliance plus brillante encore : il épousa en 1671 une petite nièce de Charles 1er d'Angleterre. L'aïeule de la jeune personne était la princesse Elisabeth, unique sœur du roi décapité. Charles-Dietrick-Otto se trouva donc allié de fort près à l'illustre et malheureuse famille des Stuarts ; il aurait pu aspirer, comme Guillaume III, à la couronne d'Angleterre, s'il n'avait professé un dévouement absolu au pape. Lorsque cette union fut bénie par l'Eglise, le prince habitait le château d'Anholt. Ses relations avec l'Autriche lui ayant inspiré la haine la plus profonde pour la France, il courut aux armes, quand Louis XIV, pendant l'invasion de la Hollande, approcha de ses domaines. Il conduisit sur les champs de bataille un régiment levé à ses frais. Sa violente animosité ne lui porta point bonheur ; au lieu de culbuter nos soldats, il eut l'extrême maladresse de se laisser prendre par eux. Sa captivité passagère lui inspira une aversion furieuse pour notre sol : après son élargissement, il s'éloigna donc le plus possible de nos frontières et alla établir son domicile à Vienne. C'était une bonne inspiration, car une haute fortune l'y attendait ; son étoile devait y jeter un éclat imprévu.

Comme un de ses aïeux avait contribué à la délivrance de Vienne assiégée par Soliman, il fut au nombre de ceux qui la délivrèrent en 1683, lorsqu'elle était investie par Kara Mustapha.

Le 12 septembre, il descendit des hauteurs du Léopoldsberg, avec Charles de Lorraine et Jean Sobieski, l'électeur de Saxe et le margrave de Bade, pour chasser les hordes islamites. L'impétueux gentilhomme fit ensuite la campagne de Hongrie, où les Musulmans prirent l'habitude de la défaite. En 1685, il était déjà conseiller intime de la cour, et devint alors gouverneur du jeune prince qui régna sous le nom de Joseph Ier.

Dietrick-Otto de Salm avait le cœur bon, à ce qu'il paraît, et, quoiqu'il aimât fort le plaisir, conservait au milieu de la débauche un air majestueux. Ses habitudes sensuelles ne l'empêchaient pas non plus de montrer une excessive piété, de se confondre en génuflexions et en prières. Son libertinage sérieux, sa dévotion outrée, son courage et sa haine de la France lui attiraient une faveur générale : c'était un personnage suivant le cœur des Autrichiens. Un seul vice lui causait d'assez nombreux désagréments : l'indomptable fougue de son caractère l'entraînait comme un tourbillon. Même dans ses rapports avec son élève, Otto ne parvenait point à se dominer. Subissant, comme tous les jeunes esprits, l'influence de l'exemple, Joseph imitait parfois ses emportements. Un jour que son gouverneur lui reprochait sa violence, il lui répliqua : « Mais je ne fais rien que je ne vous aie vu faire. »

Lorsque l'archiduc monta sur le trône, en 1705,

il nomma pourtant le prince de Salm chef du cabinet. Ils eurent, comme on le pense bien, des altercations assez fortes ; entre deux individus irritables, dénués de patience, la bonne harmonie ne pouvait subsister longtemps. Après quelques années de relations difficiles, troublées par maint orage , ils en eurent assez l'un et l'autre : le ministre abandonna son portefeuille et se retira dans ses domaines, auxquels une transaction de famille avait joint le fief de Kyrbourg, depuis 1696.

L'article IV du traité de Ryswick mettait à la merci des princes catholiques les populations dissidentes, qui habitaient les bords du Rhin et les contrées voisines. Otto fit le plus violent usage de cette clause funeste : il travailla obstinément à ramener dans le bercail de l'Eglise orthodoxe les brebis égarées qui préféraient l'abondant pâturage du libre examen au sol maigre et pelé de la foi implicite. Les diverses lignes des comtes de Salm, demeurées fidèles aux principes luthériens, lui adressèrent de vives remontrances, et comme ces admonestations envenimaient son fanatisme, au lieu de le guérir, ses parents l'accusèrent devant la chambre impériale. Le farouche vieillard n'en tint pas compte ; il laissa déborder sa pieuse fureur, et ne ménagea ni les sectaires, ni les objets de leur culte. Ses mandataires armés allaient de commune en commune , suivant la méthode autrichienne , démolissaient les temples, chassaient les ministres de l'Evangile, rétablissaient les curés ultramontains et les cérémonies papistes, comme du temps de l'invasion française.

Un accommodement garanti par le cercle du Haut-Rhin, qui eut lieu au mois d'octobre 1700, lui fit suspendre ou modérer ses persécutions, mais n'en préserva pas longtemps l'Eglise réformée. Un an après, il molesta les schismatiques de plus belle, et la guerre de la succession d'Espagne lui venant en aide, il ne garda plus aucune mesure. Toutes les fonctions, même les moins nobles, furent réservées aux sujets bien pensants : on ne put conduire les pourceaux dans les bois, sans témoigner d'abord de son orthodoxie. Une garnison autrichienne, qui vint occuper le fief de Kyrbourg, augmenta les souffrances des Lutheriens et les porta aux dernières limites. Les champions de Rome ne leur épargnaient aucun outrage, aucune douleur, n'hésitaient devant aucun acte de spoliation. Si les victimes s'adressaient aux autorités locales, bien loin de les secourir, les agents du prince semblaient écouter avec joie le récit de leurs infortunes. Les seigneurs limitrophes ne purent y mettre un terme qu'en faisant rappeler les lansquenets autrichiens, et en leur substituant une garnison de soldats schismatiques. Bientôt après, en l'année 1710, l'intolérant débauché finit ses jours aux bains d'Aix-la-Chapelle, où il était allé soigner la goutte qui le rendait presque paralytique, juste châtiment d'un libertinage aussi peu conforme aux principes de la vraie religion qu'une piété sauvage et cruelle.

Depuis sa mort, les différentes lignes des princes et comtes de Salm ont poursuivi le cours de leurs prospérités (1).

Si le berceau de la famille tombe en ruines, la famille elle-même n'a donc pas eu à se plaindre du sort. Les événements qui l'ont emportée bien loin de son premier séjour, ont accru sa richesse, augmenté son pouvoir et son crédit. Elles s'intéresse peu, sans doute, au manoir de ses aïeux, et ne voudrait plus y braver le froid des hivers, l'ennui de la solitude. Quel spectacle magnifique pourtant s'y déroule aux yeux ! D'une roche surplombante, on voit à ses pieds toute la clairière du Salm, avec ses agrestes demeures, ses champs cultivés, son rempart de vieux sapins, emblème de calme et de sérénité. N'est-ce pas une singulière coïncidence, un effet merveilleux du hasard que la plus pacifique, la plus morale des sectes chrétiennes semble préférer le district où guerroyaient, tapageaient et se livraient à la débauche les plus turbulents des moines, où

(1) M. Schneider, pasteur de Kirn, petite ville de la principauté d'Oldenbourg-Birkenfeld, a récemment écrit leur histoire, qui a été publiée à Kreuznach en 1854. Le docteur Vehse y a puisé les renseignements qu'il donne sur cette famille, dans le septième volume de son *Histoire des petites cours allemandes.*

une famille belliqueuse avait établi son aire,
pour prendre de là son vol, étendre au loin ses
rapines? Un poète, qui voudrait former un contraste, pourrait-il mieux inventer? Le soleil,
déjà levé derrière les montagnes, mais encore
masqué par leur cime, plongeait ses rayons dans
les intervalles et dessinait de grandes traînées
lumineuses. Entièrement éclairés du côté qui me
faisait face, les mamelons offraient le plus charmant spectacle. La couleur verte des feuillages,
les rayons dorés du soleil et la brume matinale
composaient ensemble une teinte olive d'une
délicatesse inexprimable. Cette coupole brillante, appuyée sur une base sombre, paraissait d'une substance plus délicate, plus légère,
formait comme un dôme aérien porté par de
lourdes assises.

Mais, voyez la faiblesse de l'homme! un si
merveilleux tableau ne m'empêcha point de re-
marquer, avec une attention extrême, la fumée
qui sortait des maisons, qui tournoyait en bleuâtres spirales au-dessus des toits rouges. Les
femmes étaient évidemment à leur poste, on
préparait le déjeuner. Cette vulgaire circonstance m'intéressa plus que je n'ose le dire; mais
enfin j'errais depuis deux heures dans le brouillard, et le lecteur me pardonnera si je ne me
pose point devant lui en héros spiritualiste.

# CHAPITRE XV



Quand nous eûmes terminé le repas du matin, je dis à mon hôte :

— Le moment de notre séparation approche. Je voudrais faire une tournée dans les montagnes et rendre visite à vos coréligionnaires, voir leurs principales résidences. Mais j'aurais besoin d'un bon guide, car les pays très-accidentés ne permettent pas aux voyageurs de compter sur eux-mêmes, sur leurs instincts ou leur connaissances géographiques. Les illusions de la vue déroutent tous ceux qui parcourent un district des montagnes pour la première fois.

— Nous avons ce qu'il vous faut, me répliqua Augsburger ; notre maître d'école s'apprête justement à partir pour le Hang, où il a passé la belle saison, et il vous conduira aussi loin que

vous voudrez. Il est là, chez mon frère : je vais
l'avertir.

En conséquence, je vis bientôt paraître un
homme de haute taille, aux larges épaules, qui
avait une ressemblance frappante avec le saint
Jean d'Albert Dürer. Ses cheveux d'un blond
foncé bouclaient naturellement, ce qui forme
toujours une élégante parure. Son front bien
fait, ses yeux d'un gris bleuâtre, ses sourcils
pâles, presque réunis par un bouquet de poils,
qu'un physionomiste eût regardé comme un
signe de jalousie, un nez régulier, des lèvres
fortes, mais sans excès, de belles dents, une
oreille d'un bon dessin composaient un ensemble qui avait son mérite. Ses quarante ans ne
pesaient point à sa forte constitution. Et cependant son costume ne relevait pas sa mine. L'instituteur portait une casquette noire avec une
visière, une cravate de même couleur, un sar-
reau bleu terni par le lavage et déchiré en maint
endroit, un pantalon de toile effilé dans le bas.
Le pauvre homme était râpé comme la science
et la vertu. Son regard craintif, ses manières
obséquieuses trahissaient l'inquiétude et les soucis d'une existence précaire. Qu'aurait-il fallu
cependant pour lui donner une respectable apparence, un air calme et digne, qui eût été en
harmonie avec sa nature ? quelques aunes de
drap noir qu'il ne possédera jamais !

Augsburger lui expliqua mon désir de faire

une tournée dans la montagne, en allant d'une
ferme d'anabaptiste à une autre. Le magister,
avec un extrême empressement, offrit aussitôt
de me conduire, et m'assura qu'il connaissait
toutes les routes. Il avait instruit d'ailleurs les
enfants de la plupart des mennonites, chez lesquels je voulais me rendre.

— Vous n'aurez jamais eu un guide pareil, me
dit Augsburger; voyez ses mains.

Le magister les mit en évidence et me fit re-
marquer ses doigts: il en avait six à chaque main.
Le sixième, plus petit que l'auriculaire, suivait
parfaitement la gradation; il était bien formé,
articulé comme les autres, mais s'en ecartait un
peu et les rejoignait difficilement.

— Voilà une singulière fantaisie de la nature,
lui dis-je; vos pieds offrent-ils la même ano-
malie ?

— Le pied gauche seulement, me répliqua-t-il;
le pied droit s'est conformé à la règle.

— A la bonne heure! repartis-je. C'est bien
assez de vingt-trois doigts, il me semble. Et vous
pouvez quitter vos élèves en ce moment?

— Ils me quittent eux-mêmes tous les étés; je
ne fais la classe que l'hiver. Pendant la belle
saison, les familles ont besoin de tout leur personnel. Les petits garçons et les petites filles sont
employés aux travaux des champs. Ils gardent
le bétail, arrachent les mauvaises herbes, font
les commissions, ramassent du bois, aident à

enlever, à rentrer l'avoine, l'orge, le seigle et les pommes de terre. Je suis donc libre durant six mois.

— Eh! bien, nous partirons dans un quart d'heure, si rien ne s'y oppose, et vous me guiderez jusqu'à la fin de mon excursion. Allez faire vos préparatifs.

— Ils ne m'occuperont pas longtemps, dit le magister en blouse; je n'ai que mon bâton à prendre. Mais, si vous voulez bien me le permettre, je porterai votre sac de voyage et votre manteau.

— Pour peu que vous le désiriez sincèrement, je ne veux pas faire le cruel et vous priver de ce plaisir.

— Ah! monsieur, j'ai plus que vous l'habitude de la fatigue ; je serai charmé, je vous jure, de porter votre mince bagage.

Pendant qu'il jetait mon manteau sur son épaule, mettait en bandoulière la courroie de mon havresac, je dis au mennonite :

— Avant de vous quitter, je voulais vous adresser une dernière question. Vous ne m'avez pas appris comment, ni en quel lieu, vous ensevelissez ceux de vos frères que vous venez à perdre. Vous ne les transportez sans doute pas au cimetière ; le clergé orthodoxe ne voudrait point les y admettre, vos opinions diffèrent trop du dogme catholique.

— Nous ne déployons pas dans nos obsèques

un grand appareil. Si l'un de nous expire, les assistants se mettent à genoux et recommandent aussitôt son âme au Père des hommes. On lui fait ensuite une espèce de toilette funèbre : on lui lave les mains et la figure, puis on lui met un bonnet de toile ou de calicot, des bas blancs, un caleçon et une camisole. Les étoffes de laine et de couleur sont interdites par nos usages. Le soir, les amis se joignent aux parents pour la veillée des morts. D'heure en heure, ils débitent une prière, où ils recommandent le défunt à la bonté céleste. Dans les intervalles on cause peu, par tristesse et par sentiment des convenances. Le matin, la commune entière se réunit. On place le corps dans une bière de sapin sans ornements, car vous savez peut-être que les montagnards des Vosges ont l'habitude de peindre les cercueils ; ils y tracent en rouge, en vert, en bleu, des étoiles, des fleurs, des rinceaux, des zigzags. Cette décoration nous semble un luxe inutile et même tout-à-fait inopportun, au moment qui prouve le mieux la faiblesse et la vanité de l'homme. On étend sur le coffre mortuaire un drap blanc ou un drap noir ; mais ce n'est point un usage obligatoire, et le cercueil reste parfois découvert.

Quand tous les préparatifs sont achevés, on lit le chapitre quinzième de la première Epître aux Corinthiens : il traite surtout de la résurrection. Quatre jeunes gens mettent alors la bière sur des traverses de bois, et la portent lentement vers le lieu du repos : la commune entière les suit en chantant des cantiques. Arrivés au bord de la fosse, on invoque une dernière fois la miséricorde divine, puis on descend les restes dans la cellule des morts. Un des ministres prononce un discours, et tout est fini. Nous n'élevons pas de monuments funèbres, nous ne désignons même point par une croix de bois noir la place où dorment nos frères.

Lorsqu'un assez grand nombre d'entre nous habitent une localité, nous traçons un enclos, nous choisissons un lieu de suprême rendez-vous. Mais si nous nous trouvons dispersés, nous enterrons nos morts dans une prairie, dans un bois, dans nos jardins : nous ne tenons pas à un endroit plutôt qu'à un autre. Dieu est présent partout, et la terre entière lui appartient.

— Avez-vous au Salm une de ces enceintes funéraires ? demandai-je.

— N'avez-vous pas encore vu notre cimetière ? Il est là-bas, près de la forêt d'où vous avez débouché sur le plateau.

— Vous serait-il désagréable de m'y conduire ?

— Pas le moins du monde. Philippe Jahn, votre guide, pourrait vous y mener ; mais j'aime mieux aller avec vous.

— A la bonne heure ! nous passerons ensemble quelques moments de plus.

Après cinq minutes de marche, nous entrions dans le bouquet d'arbres résineux qui drapent, pour ainsi dire, leur verdure autour de l'enclos, comme une tenture mélancolique. Les protestants ont cherché l'expression de l'égalité humaine dans la similitude parfaite des tombes ; plus humbles, plus radicaux, les anabaptistes ont nivelé le terrain, laissé leurs fosses sans ornements et chargé la nature d'effacer leur souvenir. Elle y met un empressement qui montre combien leur désir s'accorde avec ses propres intentions, car elle dédaigne la mort et ne s'intéresse qu'à la vie. Dès qu'une créature cesse d'exister, elle a hâte d'anéantir ses restes ; elle en détruit jusqu'aux moindres vestiges, pour que rien ne trouble sa sérénité, pour que rien n'attriste sa fête éternelle. Aussi, quand on lui abandonne notre dernier asile, comme elle le voile sous un tapis de mousse et de gazon ! comme elle y sème des fleurs avec une abondance inépuisable ! comme elle y arbore joyeusement les signes d'un éternel oubli ! Pareil au nostoc, cette plante mystérieuse qu'on voit un matin dans nos parterres et qui, le jour suivant, a disparu sans laisser de traces, on croirait que l'homme se dissout en vapeur ou se transforme en argile. J'en avais à mes pieds la preuve la plus manifeste. Sans la clôture élevée autour du champ de repos, sans une faible ondulation du sol, nul n'aurait pensé qu'il avait sous les yeux un cimetière. La scabieuse élégante, image d'un deuil qui finit, la germandrée avec son corymbe de fleurs blanches, la génestrolle aux pétales d'or, la balsamine des montagnes, que l'on nomme impatiente ou *Noli me tangere*, parce que ses gousses éclatent et lancent au loin leur graine, dès qu'on les effleure, la renouée, le serpolet, le géranium bec-de-grue étoilaient une herbe profonde et irrégulière. Par-dessus la muraille, le pin noir d'Autriche étendait ses rameaux frangés, qui murmuraient comme les dernières vibrations d'une harpe. A travers les feuillages, le soleil dardait ses rayons d'or, les éparpillait sur le gazon. Tout semblait protester contre le vain rêve d'une autre existence, contre l'ambition de laisser après soi une mémoire illustre, tout donnait gain de cause à la modestie des anabaptistes.

Hélas! l'homme le plus fier est conduit aux mêmes sentiments d'humilité, quand il regarde en face le mystérieux abîme où il doit disparaître, et qu'un aveugle espoir ne lui fait point prolonger au-delà du tombeau les mesquines passions de la vie!

Cet enclos charmant et lugubre m'inspirait bien d'autres idées, car je n'ai pas sur notre fin dernière les mêmes opinions que la plupart des hommes ; aussi le mennonite remarqua-t-il mon air pensif :

— Qu'avez-vous donc ? me demanda l'excellent homme. Vous paraissez absorbé dans des réflexions plus ou moins tristes? La mort vous cause-t-elle de l'effroi?

— J'y songeais à peine. Ce qui me préoccupait et ce qui me préoccupe d'ordinaire, c'est la variété infinie des sentiments humains, les idées si peu semblables que l'on se forme du bonheur, et les différences que ces conceptions mêmes produisent dans le sort des individus. Ceux qui cherchent, qui ambitionnent le moins, sont les plus près du but ; ils n'ont pas égaré leur imagination au pays des chimères, et les objets de leurs désirs se trouvent sous leur main. Beaucoup d'hommes rêvent que la nature leur doit des extases, des félicités sans bornes ; elle ne leur prépare que des plaisirs très-simples. Tout le reste est factice, et l'on paye habituellement fort cher les jouissances les moins pures, les satisfactions les moins réelles. Ceux qui dorment sous l'herbe de cet enclos ne sont pas à plaindre : ils ont eu la meilleure part des biens de la terre.

— C'est dommage que vous ne soyez pas un des nôtres, me répliqua Augsburger, vous seriez devenu pasteur et vous auriez fait de beaux discours dans nos assemblées.

— Votre regret me flatte, mon cher hôte ; mais il est trop tard maintenant : j'ai l'habitude d'écrire, et la vie solitaire me plaît mieux que toute autre. Je ne voudrais point exercer la plus petite fonction, pas même celle de prédicateur.

Le digne homme prit au sérieux cet argument

évasif, de sorte qu'il ne trouva rien à me répondre. Nous nous serrâmes cordialement la main et nous fîmes nos adieux. Il s'achemina vers sa maison, pendant que mon guide et moi nous dirigions vers les Quellen , autre bourgade mennonite.

Une demi-heure de marche nous suffit pour l'atteindre. Le hameau est protégé contre le vent du nord-est par deux golfes creusés dans la montagne, qui forment un cadre merveilleux : le site a une autre physionomie que le plateau du Salm, quelque chose de plus enfermé, de plus encaissé, mais il n'est pas choisi avec moins de bonheur, il n'inspire pas moins le goût du calme et de la retraite. Les mennonites semblent avoir hérité des moines l'habileté avec laquelle ils choisissaient l'emplacement d'une abbaye.

Comme je ne voulais point m'arrêter dans le hameau, nous le traversâmes rapidement et, par les plus coquets chemins que l'on puisse voir, descendîmes au fond de la vallée où coule la Brusche. Mais, à mesure que nous avancions, la nature changeait de physionomie autour de nous. Les bois disparaissaient ; aux montagnes verdoyantes succédaient peu à peu des collines nues, que la rapacité de l'homme avait dépouillées. Une herbe rare, incessamment tondue, maigre pitance des vaches et des moutons, remplaçait les magnifiques ombrages d'autrefois : on aurait dit une mousse terne et grossière plutôt que du gazon. Le torrent gémissait au milieu de ce triste paysage, comme s'il en déplorait la sécheresse et la mélancolie. Une longue route à faire au milieu de pareils sites n'était pas une perspective bien agréable. Aussi mon compagnon, qui, sans le savoir, m'intéressait beaucoup, absorba-t-il dès ce moment toute mon attention.

Pauvre diable ! quelle peine il se donnait pour me plaire ! Comme il cherchait obséquieusement les sujets d'entretien qui lui semblaient devoir être de mon goût ! Le soir, il fut tout ravi de déboucler mes guètres. Et c'était un maître d'école, c'est-à-dire qu'il avait la grave mission d'instruire, de former les générations nouvelles ! Cette tàche sérieuse, pénible et délicate lui rapportait soixante francs par an, plus la nourriture et le coucher. Mais son régime eût fait pousser les hauts cris aux romanciers, poètes et utopistes de notre temps, qui assurent que le développement de l'intelligence accroît les besoins. Philippe partage, cela va sans dire, les aliments de ses hôtes, car il habite toujours une ferme, où la classe a lieu dans une grande salle. Eh bien ! j'ai vu ces modestes cultivateurs prendre leur repas, et comme c'était un dimanche, je suis disposé à croire que la solennité du jour avait influé sur la carte. Or, voici le menu de ce festin : premier plat, pommes de terre cuites à l'étouffée ; second plat, pommes de terre dans du lait doux ; troisième plat, salade mélangée de haricots violets,

assaisonnée de crème et de vinaigre ; pour boisson, de l'eau ou du petit lait à volonté ; mais ce
dernier liquide obtenait la préférence. Les deux
fils du métayer se coupaient seuls, de temps en
temps, comme une friandise et pour se donner
bonne bouche, une mince tranche de pain noir,
qui semblait ranimer leur appétit. Les jours ordinaires, je crois que l'on supprime la salade
aux haricots violets. Si les études des maîtres
d'école anabaptistes développent beaucoup leurs
besoins gastronomiques, on voit qu'ils ont peu
l'occasion de les satisfaire. Ils changent souvent
d'habitation, mais ne changent pas de nourriture.

Ce sont en effet des instituteurs nomades.
Pour qu'ils tiennent classe, il faut qu'il y ait
dans la commune et dans les environs une quantité suffisante d'élèves, douze ou quinze au mi-
nimum. S'ils ne sont pas tous anabaptistes, peu
importe ; le précepteur connaît les dogmes, les
pratiques et la morale de plusieurs religions. Il
les enseigne loyalement à ses écoliers, suivant
l'opinion de leur famille. Des enfants mennonites, luthériens et juifs sont souvent réunis
dans une même salle. Le maître leur apprend
en commun la lecture, l'écriture, le calcul, la
géographie, un peu d'histoire, puis leur expose
séparément les principes de leur communion.
Jamais certes on n'a poussé plus loin la tolérance. Si les jeunes catholiques ne viennent pas

chercher l'instruction dans ces humbles exter-
nats, c'est que leurs parents s'y opposent. On
leur enseignerait les maximes de l'Eglise domi-
minante avec la même impartialité. Quoique
mon guide eût presque toujours des pupilles
anabaptistes, leur foi n'était pas la sienne; fils
d'un luthérien, il avait gardé la croyance de son
père. Les mennonites cependant l'acceptaient
comme instituteur, le logeaient dans leurs maisons, le chargeaient en toute confiance d'expliquer leur doctrine à leurs enfants.

Si l'on ne peut réunir dans une localité assez
de disciples pour payer les frais d'école, on attend que le nombre se complète, que les marmots grandissent, et on forme ensuite une
classe, où des élèves de tout âge reçoivent une
même instruction générale. Beaucoup viennent
de fort loin, à travers les bois et les rochers, avec
leur petit sac de cuir. J'étais charmé de voir ces
bambins trotter ainsi au milieu de splendides
paysages, sérieux et tranquilles déjà comme de
vrais montagnards. Cela prouvait en faveur de
la population, en faveur des sectes qui se donnent tant de peines, qui se taxent volontairement pour communiquer aux esprits novices les
éléments de la civilisation. Il s'en faut bien que
l'on montre le même zèle dans toute la France,
le même respect pour ces lumières primitives,
sans lesquelles l'homme diffère peu des animaux.

Philippe Jahn demeurait donc tantôt dans une commune, tantôt dans une autre, suivant que le sort disposait de lui. N'ayant pas même de domicile fixe, il ne pouvait aspirer au mariage, et encore moins aux joies furtives d'un secret amour. Chez une secte rigide, c'eût été préparer sa perte. Son indigence le métamorphose donc en fourmi travailleuse, le condamne à un célibat sans appel. Il a dû comprimer sous sa main les élans de son cœur. C'est ainsi que la hanse teutonique exigeait un serment de chasteté des commis qu'elle envoyait dans ses lointains comptoirs.

Et là ne s'arrêtent point ses tribulations. Quel humble service, quelle pénible tâche peut refuser un homme livré de cette manière aux caprices du destin ? Toute besogne qu'on lui demande, fût-ce de l'air le plus amical et de la voix la plus douce, il faut qu'il l'exécute. Lorsqu'il y a un malade dans la commune, par exemple, c'est le magister qui va chercher les médicaments prescrits. Et les pharmaciens n'abondent pas dans les montagnes. Du Hang, il doit aller à Sainte-Marie-aux-Mines, pour rapporter quelque fiole ou quelque plante exotique. Or, il y a cinq lieues de distance, cinq lieues de terrain accidenté, où l'on monte et descend toujours ; cela fait dix lieues de marche. Comme la famille attend le remède, le délégué ne peut courir trop vite. Quelquefois le médecin est venu dans l'après-midi ; le messager part vers deux ou trois heures ; la nuit le surprend au milieu des forêts, et la nuit n'est jamais sans péril sur ces hauteurs inhospitalières. Les orages pendant l'été, la neige pendant les mois rigoureux, les précipices et les chutes en toute saison peuvent lui rendre le voyage fatal. Trop heureux, quand la lune éclaire sa route, transforme le brouillard en gaze d'argent, lui montre les silhouettes des arbres et des rochers, la pente des abîmes! Quelque robuste que soit le précepteur agreste, la lassitude le contraint parfois, comme il l'avoue lui-même, à se coucher sous un sapin et, si la température n'est pas trop froide, à y dormir quelques heures. Pour manteau, il n'a souvent alors que sa blouse, car on oublie parfois de lui prêter une plus chaude enveloppe, et le pauvre diable n'ose la demander.

Voilà, sans le moindre doute, une existence peu enviable. Cette vie précaire, incertaine, n'est pourtant point exempte de rivalité. Philippe Jahn a plus de quarante ans; il appartient à la vieille race des instituteurs nomades, à la race complétement alsacienne; le français pour lui est une langue étrangère, il ne connaît que le dialecte local. Les jeunes maîtres d'école parlent les deux idiomes et sont plus instruits. On peut donc prévoir que le magister ne soutiendra pas longtemps leur concurrence. Déjà il perd du terrain; il ne garde sa position que par la force de l'habitude, par l'intérêt qu'on lui porte. Quel avenir menace sa vieillesse? Je n'ose y penser. Ira-t-il le long des routes offrir ses mains en spectacle, pour obtenir quelque aumône? Déplorable fin d'une carrière utile, d'une existence sacrifiée! Mais les anabaptistes, je l'espère, trouveront à l'employer dans leurs fermes.

Et cependant cet homme n'était pas triste; jamais ses yeux, ni son visage n'exprimaient l'abattement et la mélancolie. Son fort tempérament et une résignation instinctive éloignaient de son cœur l'anxiété. Comme les matelots sur la mer, il flottait au hasard sur la vie, sans craindre la tempête et sans redouter le naufrage. Combien à sa place auraient gémi, se seraient désolés? Mais il était de la montagne, il voyait autour de lui l'homme faible et la nature puissante; ce contraste lui avait enseigné une philosophie pratique. Le pauvre instituteur ressemblait à l'oiseau des champs : une tige de blé est pour le roitelet un appui solide, où il dort immobile et sans inquiétude.

Ce tableau d'une aride destinée s'esquissait peu à peu devant moi, pendant que nous cheminions dans la vallée nue et déserte, où la Brusche coulait précipitamment, avec un sourd murmure, comme impatiente d'atteindre un canton plus fertile et de plus riants paysages. Tout à coup nous entendîmes le bruit d'une voiture, qui roulait derrière nous et venait de doubler une sorte de promontoire. La légère carriole

avançait rapidement. C'était un nouveau type
que le sort m'envoyait : celui du médecin des
montagnes, pour servir de pendant au maître
d'école. L'agreste véhicule portait effectivement
M. Scheidecker, le docteur le plus accrédité de
Rothau, avec lequel j'avais fait précédemment
plusieurs excursions. Il arrêta son petit cheval
dès qu'il fut près de nous.

— Eh bien! vous nous quittez déjà? me dit-il
d'un air de reproche amical, pendant qu'il atta-
chait sur moi ses yeux bleus, qui produisent un
singulier effet, au milieu de son visage bistré par
le vent et la pluie, par le froid et le soleil.

— Vous savez pourquoi je suis venu, lui répliquai-je ; il faut maintenant que j'aille voir le
Hang et Sainte-Marie-aux-Mines.

— Je puis vous conduire un bout de chemin,
vous épargner quelques lieues de marche, si
vous voulez monter dans mon coche.

— Avec grand plaisir, mon cher ami ; ce sont
là des offres qu'un voyageur sensé ne refuse
jamais.

Au bout d'une minute, nous étions installés
tous les trois, et le bidet aux longs poils repre-
nait sa course.

Si, avant cette rencontre, nul habitant d'une
grande ville ne se fût douté que j'avais pour
guide un maître d'école, très-peu de citadins
m'auraient cru alors en compagnie d'un docteur. Quoique l'art de guérir soit partout une

profession pénible et peu avantageuse, elle n'exige nulle part autant de patience, d'activité, de courage et de dévouement qu'au milieu des régions accidentées où la nature associe la grâce, la magnificence et la terreur. L'hiver surtout condamne le pauvre savant à un rude exercice. Par la neige, par la grêle, par un froid boréal, au milieu des tempêtes qui déracinent les pins séculaires, il faut qu'il atteigne, sur un plateau, dans une gorge sinistre ou une vallée perdue, la ferme lointaine, la cabane isolée sous le toit de laquelle languit un malade. La famille inquiète l'attend comme un dernier espoir. De minute en minute, un parent examine la blanche nappe qui enveloppe tous les terrains, où on peut voir le docteur apparaître à plusieurs lieues, ainsi qu'un point noir. Lui, cependant, lutte avec effort contre l'inclémence du ciel et contre les difficultés du sol. Il distingue malaisément la route, que lui cachent les frimas ; seul sur un traineau, il glisse à travers les immenses forêts de sapins, qu'il doit connaitre de longue date, pour ne pas s'égarer. Sous leur épais manteau de givre et de neige, sous les froides stalactites qui pendent à leurs rameaux comme des franges d'argent, ce ne sont plus des arbres, mais des fantômes. Quelques-uns plient, d'autres se rompent, ne pouvant supporter le fardeau énorme dont les charge insidieusement l'hiver.

Parfois le docteur longe un précipice, où un

écart de son cheval lui ferait trouver le repos éternel. Parfois il renonce forcément à ce compagnon de périls : si les chemins sont trop mauvais, le brouillard trop dense, la neige trop profonde, il doit partir seul, braver toutes les fureurs de la saison, pendant que chacun s'enferme et se claquemure, écoute gronder le poêle ou regarde en frissonnant la campagne. Il n'est point rare que le docteur enfonce jusqu'aux genoux dans la neige et même jusqu'au buste. Il avance lentement, il se tire d'affaire comme il peut ; afin de porter secours au malheureux qui souffre, il risque lui-même sa santé, il joue charitablement sa vie.

Et tant d'efforts, de courage, ne produisent souvent aucun résultat. Les parents ont trop attendu ; l'homme généreux constate du premier coup d'œil un mal parvenu à son dernier période, un mal contre lequel doivent échouer tous les remèdes. Souvent encore, pour prix de ses fatigues, de sa bravoure, il n'a que le témoignage de sa conscience et l'estime de lui-même. Il est entré sous le toit de la misère (et la misère abonde dans les montagnes) ; il a vu le patient sur un grabat, au coin d'une chambre nue, triste et froide. Que demander, qu'espérer de cette détresse ? Bienheureux le docteur quand il n'est pas contraint d'ajouter à son ordonnance la somme qu'exigera le pharmacien ! Ah ! si l'on voit tous les jours des actions viles et méchantes, il y en a aussi de bonnes qui réjouissent le cœur !

Un médecin, dans des contrées pareilles, doit être non seulement agile et robuste, mais infatigable. Il ne porte point, je vous assure, la cravate blanche et l'habit noir qui distinguent son confrère des grandes villes. On le prendrait pour un fermier plutôt que pour un docteur. Il a un costume simple et rustique : un chapeau de feutre à grands bords, de solides chaussures, le teint hâlé par le soleil, le froid et le grand air. Ses mains rudes et bistrées n'offrent aucun signe d'élégance aristocratique. Mais les services qu'il rend, la tâche qu'il exécute lasseraient trois médecins des villes ; ses courses aventureuses commenceraient même par les effrayer, et je doute qu'un seul voulût le suppléer pendant un mois ou un laps de temps quelconque. Tel est mon ami Scheidecker : il réside la nuit à Rothau, le bourg le plus voisin du Salm ; mais, le jour, vous seriez bien alerte et bien habile, si vous pouviez le trouver dans un rayon de six lieues, autour du logis qu'il semble habiter. Sa demeure n'est pour lui qu'un lieu de halte où il s'abat un moment, comme les oiseaux de passage, où il reprend des forces entre deux excursions.

Lorsque nous eûmes parlé de choses et d'autres, le hasard de la conversation amena le médecin à me dire :

— Où avez-vous donc passé la nuit dernière ? J'ai appris accidentellement que vous n'étiez point revenu chez M. Wiedemann.

— Ce n'était pas mon intention ; je m'étais promis, en partant, de coucher au Salm, pour voir lever le soleil dans les ruines du vieux château. Quand même je n'aurais pas eu ce projet d'ailleurs, il m'eût été impossible de quitter mon hôte : une adolescente du voisinage, une petite fée, qui est survenue, nous a mis en goût de débiter des légendes, et nous nous sommes divertis de la sorte jusqu'à neuf heures du soir. Il n'eût pas alors été opportun de se mettre en route.

— Vous aimez donc ces récits d'autrefois ?

— Quand ils ont du charme et sont ingénieux, comme le sont en effet beaucoup de traditions populaires. Ils contiennent souvent plus de données originales, plus de scènes touchantes, plus d'effets dramatiques et littéraires, que les ouvrages maintenant à la mode, où le romancier traîne, pour ainsi dire, le lecteur par les cheveux, à travers douze, quinze et vingt volumes.

— Si je vous avais connu cette manie, ce goût, veux-je dire, me répliqua M. Scheidecker, je vous aurais donné un vieux bouquin allemand, dont je me soucie très-peu et qui est intitulé : *Le Coffret des Historiettes,* Mærchen Kæstlein. Vous y auriez trouvé de quoi vous satisfaire, car il a au moins six cents pages.

— Le Coffret des Historiettes ! voilà un titre qui me plaît et qui pique ma curiosité. Je regrette bien de ne pas l'avoir à ma disposition.

Vous êtes-vous donné la peine de l'ouvrir, et savez-vous si le contenu a de l'intérêt?

— J'ai feuilleté le livre plusieurs fois, quand par hasard j'avais un moment de loisir, ce qui ne m'arrive guère; j'y ai trouvé un tas de contes à dormir debout.

— Peut-être les avez-vous jugés trop sévèrement, comme un homme plus habitué aux méditations de la science, qu'aux rêves capricieux de l'imagination. Mais vous rappelez-vous quelques épisodes? Ils nous feraient passer le temps et me donneraient une idée du volume.

— Je crois pouvoir vous rapporter au moins deux aventures, qui ne m'ont point paru tout à fait ennuyeuses.

Et le médecin, d'un air tant soit peu moqueur, nous conta les deux histoires suivantes. Je dois prévenir que je ne conserve pas le style négligé du docteur et change notablement la forme des récits.

# CHAPITRE XVI



## LE MARIAGE IMPRÉVU.

Les Etats généraux étaient assemblés à Stuttgart. Parmi les députés, on remarquait Gunther, le bourgeois d'Ebinghen. C'était un homme riche, qui possédait une belle maison, des prés, des vignes et des terres de labour. Quand il ouvrait sa cassette, il y voyait tant de florins que ce spectacle suffisait pour le réjouir et en eût réjoui bien d'autres. Il ne se gênait donc ni dans ses paroles, ni dans ses actions, la fortune donnant toujours de l'assurance. La bonhomie, la franchise et la cordialité faisaient d'ailleurs une partie essentielle de son caractère ; mais il y joignait, heureusement pour lui, un sens droit et même une certaine finesse.

Le duc de Wurtemberg était, de son côté, un

seigneur bienveillant et affable. Il aimait, comme tous ses aïeux, le vin, la bonne chère et la compagnie. Ses sujets n'avaient pas à se plaindre de son gouvernement, et les députés approuvaient ses façons d'agir, car il tenait pour eux table ouverte. Notre bourgeois louait fort cette manière de communiquer avec les interprètes de la nation.

Un jour qu'il était assis, non loin du prince, devant un repas somptueux, le duc Louis porta une santé : — Buvons, dit-il, buvons en l'honneur de la Souabe, la patrie des vaillants chevaliers et des gracieux trouvères ; prenons des forces pour le prochain tournoi, comme pour la prochaine bataille. Chacun lui fit raison, les prélats, les seigneurs, les hommes des communes, et les verres, qui s'entrechoquaient, rendirent un son joyeux.

Gunther avait déjà vidé mainte bouteille ; dans son intelligence confuse, toutes les distinctions de rang commençaient à s'évanouir : — Seigneur duc, s'écria-t-il, daignez me faire une promesse. Vous m'avez assez bien traité, Dieu merci, et j'ai eu du bon temps chez vous. Si vous passez quelque jour dans ma ville, je serai charmé de vous recevoir, et je vous prie de me donner votre parole que vous n'éviterez point ma maison.

Ce hardi langage troubla toute la société : l'inquiétude se peignit sur les visages, et, en un moment, les verres reprirent leur place sur la table.

Un vassal commettre une telle irrévérence ! Chacun examinait le duc. Mais il rassura la compagnie d'un coup d'œil, et, adressant au bourgeois un sourire gracieux : — Votre demande vous est accordée, lui répliqua-t-il ; j'aurai l'honneur de vous rendre visite.

C'était le dernier festin donné par le prince ; il congédia ses hôtes avec sa cordialité habituelle, et, le lendemain, les Etats généraux tinrent leur dernière séance. Les députés regagnèrent ensuite leurs manoirs et leurs communes. Gunther rentra dans sa maison d'Ebinghen, et n'épargna ni les soins, ni la dépense, pour engraisser ses porcs, ses oies, ses canards, et pour se munir des meilleurs vins.

Deux mois s'étaient écoulés à peine, lorsque le duc, voulant visiter son château d'Hohentwiel et y passer quelques jours, se mit en route ; force lui fut de traverser le Tannenhart, canton accidenté où la ville d'Ebinghen repose entre des forêts de sapins. Comme il cheminait dans la grande rue, il éprouva une soif ardente et se fit indiquer la maison de Gunther. — Holà ! cria-t-il, en frappant à la porte, ouvrez à votre suzerain. Et quand le bourgeois lui eut ouvert: — Je vous tiens parole, lui. dit-il, et viens vous demander l'hospitalité.

La table fut bientôt mise pour le duc et pour ses gens. On leur sert un banquet splendide. Le prince donne à tous l'exemple : les chevaliers boivent intrépidement, les écuyers boivent encore mieux. Les chiens sont largement repus.

— Allons, dit le prince au bourgeois, vous êtes un bon et fidèle vassal ; vos oies sont excellentes et vos beignets aussi. Votre vin me paraît délicieux. Honneur à vous et à votre maison ! Une seule chose manque ici : pour quel motif avez-vous laissé vide ce siége à ma droite ?

— Je vous ai réservé le meilleur pour la fin, lui réplique Gunther, en lui faisant un profond salut. Qu'on apporte les vins les plus vieux, les plus exquis ! et vous, musiciens, jouez vos plus beaux airs !

Le bourgeois donne un signal, une porte s'ouvre, et l'on voit entrer une jeune fille, belle comme le printemps, fraîche comme l'espérance, qui porte sur sa tête la couronne des fiancées.

— Mais c'est un ange, une créature céleste, dit le prince transporté d'admiration. Il ne fallait pas nous cacher si longtemps cette merveille de grâce et de beauté !

Gunther prend par la main sa charmante fille, toute couverte de soie et de perles ; il la conduit vers son hôte et l'assied à sa droite.

— Le ciel me récompense d'avoir tenu ma promesse, dit le noble seigneur en la regardant ; j'aurais fait cent lieues pour voir un aussi aimable visage, et le monde entier ne saurait m'offrir un plus attrayant spectacle. Heureux le fiancé, gente demoiselle, qui doit vous mener à l'église avec cette couronne de fleurs !

— Vous êtes veuf, seigneur duc, répond le bourgeois d'Ebinghen dans sa hardiesse pleine de bonhomie. Ma famille, grâce à Dieu, a toujours été sans tache. Vous trouvez ma fille belle, et vous n'avez pas tort. Je lui donnerai d'ailleurs une assez bonne dot, quelques milliers de florins. Vous pouvez la prendre pour femme, et, s'il faut parler franchement, je vous la destinais. C'est à votre intention qu'elle a mis cette robe de noce, ces brillants atours et cette couronne virginale.

Un éclair passa dans les yeux du prince. La beauté de la jeune fille et la naïve proposition du père agitaient, troublaient son cœur; mille images enchanteresses, mille songes gracieux le ravissaient tour à tour, lui faisaient entrevoir un bonheur sans égal. Berthe sourit de sa préoccupation, et ce charmant sourire acheva la défaite du prince.

— C'est mon bon ange qui m'a conduit ici ; je ne veux point refuser le don que m'offre un loyal serviteur ! s'écrie le duc dans son enthousiasme.

Et il passe au doigt effilé de Berthe un anneau garni de diamants. La fiancée rougit de plaisir ; tous les yeux s'animent et semblent approuver le duc ; les musiciens font retentir la salle de notes joyeuses : le prince ne se connaît plus.

— Je retourne à Stuttgart, dit-il ; un brillant cortége viendra chercher la nouvelle duchesse de Wurtemberg. Mais si mon beau-père y consent, je ne partirai point sans avoir donné à ma future le baiser d'adieu, qui sera aussi mon baiser de fiançailles.

Berthe lui présente ses joues, aussi roses que la fleur des bruyères, et le duc s'élance sur son destrier. Il pique des deux, il galope vers Stuttgart, suivi de tous ses gens, car il a hâte de célébrer ses noces. Quelques jours après, une troupe somptueuse de dames et de seigneurs vient chercher Berthe, l'aimable princesse. Gunther l'accompagna, sans plus s'émouvoir que si ce brillant mariage eût été la chose du monde la plus naturelle. Sa fille porta la couronne ducale avec la même grâce que la blanche couronne des fiancées.

### LE DOUBLE SACRIFICE.

Au-dessus des vagues s'arrondissait une île charmante ; Emmeline y était assise près de son fiancé. L'île, avec ses abondants feuillages, ressemblait à un jardin de la terre promise, la jeune châtelaine à un rêve de bonheur ; avec ses noirs cheveux, son beau visage, son œil fier et pensif, le chevalier de Marbourg paraissait avoir été fait pour elle. Aussi Emmeline avait-elle juré de lui donner sa main, et en même temps que sa main, l'île dont elle était souveraine.

— Reposons-nous sous le feuillage et chante-moi sur ta mandoline quelque touchante ballade. Ces fruits qui se nouent, ces vignes qui fleurissent, et la terre qui les porte, tout cela t'appartiendra bientôt.

Ainsi parlait Emmeline. Mais le chevalier de de Marbourg se leva soudain :

— Je ne puis chanter, s'écria-t-il : je ne puis attendre ici la bénédiction de l'Eglise. J'ai reçu tout à l'heure un message. Mon père a fait vœu de partir pour la Palestine, et l'âge ne lui permet point d'accomplir son serment : il est trop faible, il est malade. Or, notre suzerain a déployé son pennon ; il faut que je prenne la croix pour l'honneur de mon père, il faut que j'aille combattre les Infidèles pour le salut de son âme.

Emmeline fut agitée d'un tremblement douloureux : des larmes coulèrent sur ses joues, il lui sembla que c'en était fait de son bonheur. Le chevalier lui dit avec un accent triste et affectueux : — Ne pleure pas, ne pleure pas, ô mon amie ! Ayons confiance dans le ciel : je vais en Palestine défendre le tombeau du Christ, le Christ me sauvera. N'oublie point les doux moments que nous avons passés ensemble : garde-moi ton cœur, et nous nous reverrons.

Il s'élance dans la barque, les flots l'emportent à l'autre rivage. Il court embrasser son père ma-

lade ; il revêt pour lui le heaume et la cuirasse.
Le chagrin d'Emmeline, sa propre douleur vont
le changer en héros : malheur aux Sarrasins que
frappera son épée, qu'atteindra sa hache d'armes ! Il jonchera de leurs corps le sol de la
Terre-Sainte.

Cependant la fiancée prie et se désole : elle
attend, elle attend toujours dans son manoir
solitaire ; elle parcourt sans cesse les lieux que
Rodolphe et elle ont parcourus ensemble. Dieu
soit loué ! l'expédition touche à sa fin ! les com-
battants regagnent leur patrie. Emmeline se
place sur leur passage : elle cherche des yeux
celui qu'elle aime ; celui qu'elle aime est absent !

— Seigneur duc, et vous, nobles barons, oh !
dites-moi, s'écrie-t-elle, ce que le chevalier de
Marbourg est devenu ? Depuis longtemps nous
sommes promis l'un à l'autre ; s'il est mort en
Palestine, je mourrai de douleur.

— Le chevalier de Marbourg, noble demoiselle, n'a point péri sous les coups des Musulmans ; ils l'ont pris dans une embuscade, ils
l'ont enfermé dans une tour. Nul ne peut dire
s'il reviendra.

Emmeline accablée rentre avec peine en sa
demeure. Comme le temps est triste ! Comme
les nuages de l'automne défilent d'un air lugubre ! Comme les feuilles mortes roulent avec
des bruits sinistres sur la terre ! Comme les oi-

seaux de passage poussent des cris funèbres, et comme le vent gémit dans les rameaux dépouillés ! La nature prend part au deuil de la jeune fille : on dirait qu'elle aussi pleure un espoir déçu !

Et maintenant on se dispute la main d'Emmeline ; mais elle sourit tristement à ceux qui espèrent obtenir son affection. Toutes ses pensées volent vers Rodolphe, vers le malheureux prisonnier qui languit dans un cachot. Il est là, étendu sur la paille, livré aux plus poignantes douleurs, aux plus amers regrets. On lui offre la liberté, de l'or et des honneurs s'il veut abjurer sa croyance ; mais il est fidèle à son Dieu, comme il est fidèle à son amour.

Des années de souffrance se passent : tous les deux gémissent et se désolent de leur côté. Ils finissent par tomber à genoux devant le Père des hommes, lui dans sa prison obscure, elle dans son île embaumée. Le Seigneur eut enfin pitié de leur affliction : il résolut de délivrer le captif, de lui rendre au moins la lumière du soleil et l'air pur des campagnes.

Une nuit, le chevalier crut entendre une voix qui lui disait : — Immole au Très-Haut ton amour ; fais vœu d'entrer dans un de ces ordres militaires qui prescrivent le célibat, et aussitôt la porte de ta prison sera ouverte. — Si je reste au fond de cette tour humide, pensa Rodolphe, je ne tarderai point à y périr sans avoir vu Emmeline ; si je retourne dans ma patrie, je la verrai du moins, quoique séparé d'elle pour jamais. Oh ! la contempler une fois encore, et puis mourir ! Et le malheureux fit le serment solennel de prendre l'habit des chevaliers teutoniques.

A peine avait-il prononcé en lui-même ce vœu terrible qu'il entendit la clef tourner dans la serrure de son cachot. Un rayon de lumière éclaira la froide cellule, et le geôlier entra, une lanterne à la main. Malgré les préceptes du Koran, il avait un goût prononcé pour les liqueurs maudites, et humait secrètement les vins de Naxos et de Rhodes. Ce soir-là, il avait bu plus que d'ordinaire, de sorte qu'il voyait trouble et avait ouvert la prison de Rodolphe, croyant rentrer chez lui.

Le chevalier remarqua son ivresse, et l'idée lui vint aussitôt d'en profiter. Il s'élança derrière le mécréant, ferma la porte, terrassa le gardien en lui tenant la main sur la bouche, puis le dépouilla de son costume. Alourdi par ses copieuses libations, le geôlier s'endormit pendant que Rodolphe le déshabillait. Le chevalier de Marbourg mit son turban, sa veste, ses larges pantalons, prit ses clefs et sa lanterne ; il sortit ensuite du cachot où il eut soin d'enfermer le surveillant.

Une fois dans la campagne, il s'orienta d'après les étoiles qu'il avait souvent contemplées avec

Emmeline, et que son père lui avait, tout jeune, appris à connaître. Il éprouva bien des aventures, soit au milieu du désert, soit au milieu des Infidèles ; mais protégé par Dieu et par son courage, il atteignit enfin le bord de la mer. Un vaisseau chrétien le transporta promptement sur les côtes de l'Adriatique. Il s'achemina, le cœur ému, vers son pays natal.

Mais sa vraie patrie, c'était l'île féconde où il avait adoré Emmeline. Le chevalier courut au lac qui la baignait de ses flots limpides ; il sauta dans une barque et s'approcha du rivage. Sa fiancée l'avait aperçu, l'avait reconnu : elle était sur le bord, elle lui tendait les bras.

— O mon Dieu ! s'écria Rodolphe, si je descends sur la rive, si je presse Emmeline contre mon cœur, je trahirai mon vœu, je m'attirerai votre colère, et mon âme sera perdue pour jamais !

Frémissant, désespéré, il fit un effort suprême et ordonna aux bateliers de virer de bord. Emmeline regarda fuir la nacelle avec stupéfaction : comment expliquer ce changement soudain ? Rodolphe s'éloignait la tête basse et le cœur désolé. La jeune fille tomba évanouie sur le gazon du rivage.

Le chevalier parut devant le grand maître de l'Ordre teutonique. Il lui apprit le vœu qu'il avait fait dans la Terre-Sainte, demanda la blanche robe des catéchumènes, sollicita l'honneur de porter le glaive pour la défense de la foi. Un de ses amis alla trouver, à sa prière, la femme qu'il chérissait encore, mais dont il était séparé pour toujours. Emmeline vit s'éteindre alors son dernier espoir, triste rayon perdu en un ciel orageux.

Et quand fut passée la première violence de sa douleur, voilà que le printemps se met à fleurir comme d'habitude. L'île se pare de verdure et de fraîches coroles, les brises soupirent, les oiseaux chantent leurs amours : la suave odeur des vignes fleuries ondoie sur les champs, et rappelle à Emmeline les plus doux, mais aussi les plus tristes souvenirs. Elle inclina son front pâle et tomba dans une profonde rêverie.

Une idée lui vint alors, un projet qu'elle mûrit lentement et qu'elle mit enfin à exécution. Sa barque fend les eaux limpides ; elle aborde, la pauvre délaissée, elle contemple une dernière fois cette île qui aurait pu devenir pour elle un paradis. Elle chemine ensuite à travers les bois et les montagnes comme un ange exilé. Rien qu'en voyant la douleur peinte sur ses traits, chacun éprouve une émotion involontaire.

Ele se présente devant le grand maître de l'Ordre teutonique, et là son œil se ranime, une légère nuance de pourpre colore ses joues. — Prenez, dit-elle, prenez tout ce que je possède, tout ce que Dieu m'avait donné, l'île où j'ai passé ma jeunesse, l'île où j'espérais finir mes jours.

Le soleil y verse de bienfaisants rayons, y colore des grappes parfumées ; il n'est pas de fruit qui n'y prospère, et le bonheur ne pourrait choisir un plus tranquille abri. Je ne vous demande qu'une grâce, c'est d'y envoyer Rodolphe, avec le titre de commandeur.

Le grand maître lui jura que son désir serait accompli. Elle trouvait une consolation à penser que Rodolphe vivrait du moins là où ils auraient dû vivre ensemble, que chaque pierre du manoir, chaque fleur, chaque brin d'herbe la rappelleraient à son souvenir. — Ce sera pour lui, pensait-elle, que mes champs porteront leurs moissons, que mes arbres déploieront leur feuillage, que la cloche tintera dans la chapelle, que le vin rentrera dans les celliers. Il aura sans cesse mon image devant les yeux.

Elle remercia le grand maître, et partit en s'efforçant de cacher ses larmes. Que devint-elle ? Dans quelle province de l'Allemagne, dans quelle région du monde chercha-t-elle un asile pour y attendre la mort ? Nul ne l'a su, nul n'a pu dire où cette colombe fugitive replia ses ailes sans taches.

Rodolphe vint habiter l'île que n'habitait plus Emmeline. Et tous les jours un chant mélancolique s'exhalait de la chapelle, se prolongeait tristement sur les vagues : « Grand Dieu ! tu m'as tiré d'une prison lointaine et conduit au port du salut. Mais mon cœur est navré de désespoir, je ne trouve nulle part le repos. Quand finira mon épreuve, Seigneur ! Quand pourrai-je dormir dans l'oubli de la tombe, dans la froide cellule des morts ! »

— Vous voyez que cela n'est pas très-divertissant ajouta le médecin, lorsqu'il eut terminé les deux récits. Je ne vous ai conté ces vieilles histoires qu'à votre demande, pour vous faire paraître la vallée moins ennuyeuse et la route moins longue.

— Cela dépend des goûts, mon cher ami ; je vous assure que l'un et l'autre épisodes m'ont beaucoup intéressé. En accumulant les détails, les réflexions et amplifications inutiles, les romanciers de nos jours eussent composé avec chaque sujet un ou plusieurs volumes. J'aime mieux la concision des narrateurs populaires.

— Tout est pour le mieux alors ; je suis charmé de vous avoir distrait pendant quelques instants. Si mes petites filles n'ont pas mis en morceaux le *Coffret des Historiettes,* car leur mère le leur avait donné à lire et il y a longtemps que je ne l'ai vu, je le rangerai soigneusement, pour vous l'offrir la première fois que vous viendrez dans notre pays. Mais nous atteignons l'endroit où je vais vous quitter ; il faut que je prenne ce chemin de traverse sur la gauche et aille visiter un pauvre diable, auquel une nourriture par trop mauvaise a donné le typhus.

— Je vous remercie du trajet que vous m'avez fait faire en voiture et des légendes que vous m'avez contées. Pour un pèlerin littéraire, ce ne sont pas des récits perdus.

— Si vous voulez m'en croire, vous les oublierez le plus tôt possible.

— Ne me prodiguez pas les conseils; je vous jure de n'en faire qu'à ma tête.

— Comme vous voudrez; après tout, cela vous regarde. Mais n'allez pas... Holà! oh! un peu de patience, Kayser, dit-il à son cheval qui ne voulait point s'arrêter.

Je rompis la conversation en lui serrant la main et en lui souhaitant un bon voyage. Philippe Jahn et moi nous descendîmes et, ayant adressé de nouveaux adieux au brave docteur, nous continuâmes de suivre la grande route. Une lieue nous séparait encore du bourg le plus voisin, groupé jadis autour d'un manoir féodal, le château de la Brusche. Enfin comme le soleil baissait, nous entrâmes dans une vallée adjacente, nous commençâmes à gravir. Au bout de trois quarts d'heure, nous arrivions sur la lisière du Hang. C'est un bassin environné de montagnes, qui semblent protéger contre le bruit et la curiosité les modestes sectaires. Deux hauteurs principales dominent les moindres sommets, le Climont à gauche, en forme de selle, le Heumont, à droite, en forme de cône : plus loin, l'Ormond dresse sa tête majestueuse. Des bords de ce petit amphithéâtre, nous apercevions dans la lumière dorée du soir Colroy-la-Roche, Saulxures, la ville de Saales, à l'aspect romanesque, et Provenchère et Colroy-la-Grande. Une douzaine de métairies s'éparpillaient sur le fond du cirque, terre froide où les ruisseaux qui descendent des collines entretiennent une humidité perpétuelle. Je ne sais pourquoi cette vallée silencieuse, que l'ombre baignait déjà, remplit mon cœur de tristesse. J'étais pourtant sûr d'être bien accueilli ; mais quoique ce jour-là fût un dimanche, pas un chant, pas une note de musique n'égayaient la mélancolie des premières ténèbres ; les travaux ordinaires des champs ne vivifiaient point le paysage ; les hommes restaient assis alentour ou rôdaient devant les fermes, avec la nonchalance du désœuvrement. Mon arrivée fut une distraction pour les hôtes de la métairie dans laquelle me conduisit mon guide, mais pas une personne des autres établissements n'eut la tentation de venir voir ce qui se passait, demander ce qui m'amenait.

Les romanciers, les poètes et les peintres sont toujours à la recherche d'intérieurs curieux, afin d'y placer leurs personnages, que la nouveauté du cadre fait paraître plus intéressants. Ils eussent donc été ravis de la chambre où me mena une brave femme, lorsque j'eus soupé d'une omelette, d'une salade et d'un verre de vin. C'était une pièce et un ameublement qui ne laissaient pas d'avoir leur mérite. Trois grandes fenêtres, légèrement cintrées dans le haut, éclairaient la salle, deux de face et une sur le côté. Jusqu'à trois pieds de hauteur, un lambris de sapin couvrait les murs, et des bancs du même bois, avec dossiers à la manière allemande, longeaient deux parois. Au-dessus pendaient un van, un boisseau, un crible et un thermomètre. Un grand tas de blé occupait sans façon le milieu du parquet; des haricots secs, non dépouillés de leurs gousses, étaient empilés contre un lambris. Dans un coin, sur une grande table de chêne, du miel s'égouttait. Vis-à-vis l'une de l'autre, deux armoires spacieuses, avec des gonds en cuivre et de brillantes ferrures, semblaient faire sentinelle devant deux lits dressés au fond de la pièce, comme d'antiques monuments. C'était de grandes et profondes caisses en chêne, surmontées d'un dais et environnées de courtines. Sur l'entablement, tout un escadron de vaisselle était rangé en bataille : il y avait six soupières aux teintes éclatantes, une foule de tasses, de chopes, de carafes et de chandeliers. Sur les armoires, huit autres soupières étalaient et arrondissaient leur ventre. Quel emblème pastoral que cette tribu de vases primitifs et innocents! Quelle minutieuse description en eût faite Honoré de Balzac! Il aurait compté les fleurs, les grains de poussière, jaugé les ustensiles, apprécié leur poids, noté les moindres gerçures. Et que serait devenu

le lecteur, s'il avait jugé convenable de dépein-
dre tout l'ameublement! Nous qui n'avons point
pour ces sortes de travaux un goût prononcé,
nous terminerons à la hâte notre inventaire, en
mentionnant un fauteuil revêtu de cuir noir,
une table ronde articulée, une table de nuit, des
chaises en bois de hêtre, avec le siége de même
matière, une bible in-folio, munie de fermoirs,
dormant comme une vénérable matrone sur
l'appui d'une croisée. Si ce n'est tout, c'est assez,
je pense. Eh! bien, tant d'objets divers n'encom-
braient point la pièce, où l'on aurait pu tenir un
concile. Ce fut dans une des caisses profondes,
sous une corniche festonnée de soupières, que
j'installai ma personne et me préparai à dormir,
tandis que la comète, avec sa lame merveilleuse,
étincelait à une des fenêtres, comme une épée
d'or suspendue par la garde.

Le lendemain, je fis la connaissance de M. Mosiman, le maître du logis, absent la veille et ren-
tré pendant que je dormais. Ce grand vieillard,
au collier de barbe blanche, était le *premier serviteur* de la commune, le premier des ministres en
fonctions. Chaque année, au surplus, l'ancien
chef de la prière est élu de nouveau, car il n'y a
point de rivalités, point de brigues pour obtenir
les suffrages. Non-seulement l'office ne rapporte
rien, mais il exige le talent d'improviser, don
que ne possède pas tout le monde. M. Mosiman,
avait la douceur, la bienveillance, qui caractéri-

sent sa secte, et, comme elle, s'intéressait uniquement à la vie religieuse et à la vie pratique ; au-delà, il ne voyait que des choses inutiles. Le soleil, tandis que nous causions, ayant escaladé le versant oriental des montagnes, parut au sommet, comme un voyageur qui cherche les points de vue. C'était le signal du départ que me donnait l'astre infatigable.

Je ne veux pas traîner le lecteur à ma suite dans le réseau de vallons sauvages, sur les croupes des montagnes, au milieu des forêts enchantées que je parcourus avec le maître d'école, pour gagner Sainte-Marie-aux-Mines. Mon œuvre est achevée, car cette excursion ne m'apprit rien de nouveau concernant les habitudes, les doctrines et l'histoire des mennonites. Quoique n'ayant plus rien à dire, je pourrais sans doute parler longtemps encore, suivant un usage consacré en littérature, mais je préfère clore mon récit par un trait de mœurs. Etant arrivé fort las dans la ville, je dis au maître d'école de se faire servir à souper et indiquer une chambre. Pour moi, n'ayant aucun appétit, je montai dans la mienne et ne tardai pas à m'endormir. Le lendemain, comme j'ouvrais ma fenêtre, je vis le pédagogue qui se promenait dans la rue. Je lui fis signe de venir et lui demandai comment il avait passé la nuit.

— Mais très-bien, me dit-il ; j'avais de la paille fraîche.

— Eh quoi! l'on vous a mis sur la paille? C'est cependant le meilleur hôtel de la ville.

— Je n'ai pas couché à l'hôtel, monsieur, ni soupé non plus; cela vous aurait coûté trop cher. Dans ces grandes auberges, ils demandent beaucoup d'argent pour peu de choses. J'ai un ami à Sainte-Marie-aux-Mines; je suis allé le trouver. Il m'a offert le soir une tasse de lait caillé, qui m'a suffi; comme nous avions fait un excellent dîner au chàlet de Lusse, je n'avais pas faim. Si j'ai dormi sur la paille, ne croyez point que j'en aie souffert. Vous connaissez nos lits des montagnes : une couchette que l'on remplit de paille, sur la paille un drap de grosse toile, puis un autre drap et une couverture; pour la tête, un oreiller de foin. Je repose là-dessus comme un prince : j'en ai l'habitude.

Ainsi, ce pauvre homme, qui aurait pu se bien traiter à mes dépens, n'avait eu qu'une préoccupation et un désir, épargner ma bourse. Les guides des pays fréquentés n'y mettent pas tant de délicatesse, et pensent ne pouvoir jamais trop rançonner le bourgeois. En Suisse, en Italie, dans les Pyrénées, en Espagne, le voyageur est une proie que l'on se dispute, dont chacun veut avoir un lambeau. Mais grâce au dédain que les Français témoignent généralement pour la France, les touristes n'ont point encore pénétré dans les Vosges : on n'y est ni troublé, ni exploité, ni chagriné par la mauvaise foi et de cupides stratagèmes; on n'y rencontre point de piéges à promeneur. Et si le crépuscule vous surprend, ou la neige, ou la tempête, ou la grêle, on peut entrer dans une métairie, dans un châlet, dans l'habitation d'un mennonite, on est sûr que l'on sera bien vu, accueilli avec empressement, que l'on retrouvera l'antique hospitalité.

Aussitôt que l'on connaît les anabaptistes, on les aime, ces hommes sages et tranquilles, doux et modestes, bienveillants et charitables, qui, sans se condamner à la monotonie, à l'oisiveté des cloîtres, ont su éloigner d'eux les principales causes de vices, de douleur et d'anxiété, qui se préservent mutuellement du besoin et de la dégradation qu'il entraîne, sans noyer l'individu dans l'océan du communisme. Leur opinion sur la guerre prévaudra tôt ou tard. Il est impossible d'admettre que les hommes s'entretueront toujours d'une manière méthodique et seront toujours fiers de se massacrer l'un l'autre. On a établi des lois pour empêcher les citoyens de se détruire mutuellement; on prononce des peines sévères contre celui qui donne des coups de couteau à son voisin, fût-il son ennemi le plus acharné. Un jour, on votera un ensemble de principes, on établira un code international, pour régler les différends des peuples; celui qui n'accepterait pas volontairement cet arbitrage, fléchirait malgré lui devant la supériorité du nombre et devant une force irrésistible. Déjà, si l'Europe le vou-

lait, aucun Etat ne pourrait employer la violence
et tirer l'épée sans le consentement des autres.
La race la plus brave du monde ne résisterait
pas seule à toutes les armées du continent. Mais
pour qu'on finisse par s'entendre sur ce point
essentiel, il faut d'abord que d'autres principes
aient triomphé, que d'autres questions soient
résolues.

Quant aux doctrines religieuses des anabaptistes, elles font, depuis quelques années, des progrès immenses. A Paris seulement, on compte
déjà trois mille mennonites, logés presque tous
dans le quartier de l'Observatoire. En Angleterre,
leurs principes ont conquis des millions d'adhé-
rents; cela ressemble à une invasion plutôt qu'à
une propagande. Aux Etats-Unis, les nouveaux
sectaires forment la majorité de la population.
Des deux côtés de l'Océan, ils se nomment *bap-
tists,* leur opinion sur le baptême ayant à leurs
yeux une importance capitale. Le jour ne semble
pas éloigné, où la race anglo-saxonne tout entière
professera les maximes que nous avons exposées
dans ce volume. L'Eglise presbytérienne leur
avait depuis longtemps frayé le chemin. Seulement les baptistes reconnaissent la nécessité de
la guerre, jusqu'à ce que les hommes soient
devenus meilleurs.

# LES MARQUARDS

# LES MARQUARDS

## CHAPITRE Ier

*La nuit d'aventures.*

Lorsqu'un bon repas a égayé les convives, animé les yeux, rendu les cœurs sympathiques et les langues agiles, lorsque, sur un plateau de cristal ou sur une simple assiette, on fait circuler le fromage de Gruyère, nul ne se doute que cet humble dessert est la plus poétique des productions humaines. Aucune pourtant ne s'élabore dans d'aussi charmantes conditions, dans des lieux aussi pittoresques. Là où toutes les industries suspendent leurs travaux, débute celle qui lui donne naissance. Les hautes montagnes, les herbages aromatiques, sont les témoins et auxiliaires indispensables de son origine. Cherchant toujours le voisinage du ciel, il prospère sur les mêmes sites que l'athamante, le cumin, la pensée des Alpes, la germandrée sauvage, la potentille rampante et l'arnica embaumé. Plus fier que tant d'écrivains à notre époque, le dédaigneux ne s'accommode pas de tous les régimes. Un classique le nommerait fils d'Apollon et des Muses, parce qu'il aime comme eux les cimes élevées, les plateaux déserts, les sources aux flots transparents. Dès que l'on s'abaisse vers les plaines, il tourne, il se détériore, il devient même impossible.

J'aurais probablement ignoré toujours cette délicatesse aristocratique, ces élégantes prédilections, sans une aventure qui me conduisit, bien malgré moi, dans une des fromageries où on le prépare. Je suivais une des vallées latérales qui aboutissent à la grande vallée de Guebwiller, et m'acheminais vers le Ballon (1) d'Alsace. A Murbach, j'avais demandé si je trouverais plus haut un village quelconque, et, dans ce village, une chambre d'auberge et le repas du soir. Par précaution, j'avais même interrogé plusieurs personnes. Malheureusement le patois des Vosges est presque inintelligible pour tout autre qu'un habitant du pays. Je m'étais figuré comprendre néanmoins que je pouvais marcher sans in-

(1) On nomme ainsi le plus haut sommet des Vosges. De *berg*, qui veut dire montagne, on a fait *belch*, *belchen*, dans le patois de la Forêt Noire et de l'Alsace ; le peuple a traduit *belchen* par ballon, malgré le sens différent de ces deux termes. Quelques savants prétendent que les Gaulois appelaient *Belenus* le dieu du soleil, et lui offraient des sacrifices sur les points culminants des montagnes : de *Belenus* le peuple aurait insensiblement tiré le mot actuel. L'autre étymologie me semble plus naturelle et plus probable.

quiétude. Continuant donc à gravir, j'eus bientôt oublié les soucis vulgaires, en admirant le paysage. La vallée se resserrait de plus en plus, faisant çà et là de brusques détours. Le chemin côtoyait le torrent, ombragé quelquefois par un avant-poste de la forêt, par un groupe de pins laricios, dont les branches élégamment disposées laissent pendre leur verdure comme des franges; mais d'ordinaire aucun arbre ne me voilait le ciel. J'ai toujours aimé la rumeur des torrents et toujours regretté que notre langue n'eût pas de mot pour exprimer cette voix fraîche, clapotante, monotone et douce, qui ne ressemble à nul autre bruit. On dirait qu'elle parle au voyageur, qu'elle lui raconte les secrets du désert et les nouvelles de la solitude. Comme elle vous berce dans vos songes, dans vos espérances, comme elle dissipe vos regrets! Une mère n'a pas des chants plus suaves, quand elle endort sur ses genoux son premier-né. Cette vague mélodie rappelle la ballade du *Pêcheur,* fait comprendre l'attrait merveilleux auquel céda le jeune enthousiaste.

Et puis quelle variété d'allures, quels changements d'aspects dans le torrent lui-même! Ici, l'eau gronde à travers les morceaux de roche qui hérissent son lit; plus loin, elle se précipite de gradin en gradin, avec un roulement sourd et des festons d'écume; là, elle reprend son calme, devient muette, forme des nappes limpides, non pas vertes, non pas bleues, mais empruntant aux cailloux, aux galets, un ton magnifique de rouille et de brun lustré ; tout à coup le terrain lui manque de nouveau, elle tombe, elle se divise en une multitude de filets, qui blanchissent, serpentent, imitent une chevelure. Par endroits, une somptueuse végétation orne les bords : le tussilage blanc-de-neige, qui, dans l'humble race des plantes annuelles, produit l'effet d'un colosse, étale ses feuilles spacieuses, au revers argenté ; la parnassie des marais allonge ses rubans de verdure ; la bétoine éparpille ses fleurs d'or, la salicaire dresse ses fleurs roses en éclatantes girandoles. Et une foule d'herbes moins robustes, moins splendides, mêlent à ces décorations principales leurs charmantes arabesques.

Cependant le jour baissait peu à peu, le soleil empourprait au-dessus de ma tête ces masses de verdure qui, dans les montagnes, entraînent le regard vers le ciel et vers tous les points de l'horizon. La vallée était devenue si étroite, que le torrent et le chemin en occupaient tout le fond. Elle prenait une apparence de plus en plus sauvage ; les rochers tordaient leurs lignes, accentuaient leurs formes, se projetaient en corniches, en balcons agrestes, d'où les arbustes semblaient se pencher curieusement ; les hêtres, les sapins exhaussaient leurs troncs, élargissaient leurs rameaux, les forêts qui approchent les cimes étant d'ordinaire plus vieilles, parce qu'on les exploite moins facilement. La brume du soir commençait à flotter dans l'air, accompagnée d'une douce fraîcheur. Toute trace humaine avait d'ailleurs disparu, l'herbe envahissait le sentier ; je n'apercevais au loin ni chàlet, ni culture, pas même une de ces clairières où paissent les vaches des marquards (1).

Il était manifeste que l'on m'avait trompé, ou que je n'avais pas bien compris le dialecte des montagnes. Loin de marcher vers un hameau, vers quelque lieu habité, je m'enfonçais dans le désert. Le moment me paraissait mal choisi : l'heure avancée ne me permettait pas de dire comme le poète latin :

*Juvat ire.....*
*Desertosque videre locos.*

Les nuits sont froides dans ces parages, que l'on a surnommés la Sibérie des Vosges ; la perspective de coucher à la belle étoile me séduisait médiocrement, et, depuis le repas de midi, je n'avais pas même mangé quelques baies de myrtille, fruits sauvages qui ont la forme, la couleur de la prunelle, mais un goût bien préférable. Que résoudre ? Faire deux lieues en arrière, c'était dur, c'était triste, car rien ne chagrine

---

(1) Les pages qui suivent expliquent le sens de ce mot, qu'on ne trouve point dans les dictionnaires.

plus un voyageur que de retourner sur ses pas.
Je n'étais pas d'ailleurs entièrement certain
d'avoir commis une méprise : peut-être allais-je,
dans quelques minutes, atteindre un de ces plateaux verdoyants où l'on trouve, soit une ferme
solitaire, soit des cabanes éparses. Je continuai
donc à gravir, pendant que les nuages s'abais-
saient d'un air menaçant, prenaient possession
des hauteurs et augmentaient rapidement l'obscurité. Mais à mesure que j'avançais, le doute
s'emparait de moi, et j'allais changer de direction, lorsque j'entendis au loin, sur la gauche,
le bruit sourd d'une hache : un bûcheron terminait évidemment sa journée. Cette cadence monotone me sembla une vraie musique.

Restait à savoir si je pourrais parvenir dans
l'endroit où résonnait la cognée, si une gorge,
un ravin profond ne me barrerait point le passage. Heureusement nulle tranchée ne creusait
le sol, et, cheminant presque dans l'ombre, à
travers la forêt embaumée de senteurs résineuses, je débouchai sur une petite clairière, ou,
pour mieux dire, sur une vente. Le bûcheron y
coupait les rameaux d'un hêtre qu'on avait abattu
pendant la journée. Il avait la figure noire et sale
à faire peur : une villageoise superstitieuse l'aurait pris pour le diable. Plus clairvoyant sans
doute, je devinai que c'était un charbonnier. Il
fut surpris de me voir, à cette heure, dans un
lieu toujours solitaire.

— Et où allez-vous donc ainsi, me demanda-t-il le premier, en bon allemand.

— Ma foi! je serais bien embarrassé pour vous répondre; je ne le sais pas plus que vous, et même vous devez le savoir mieux que moi, car j'ignore où je suis.

— Vous marchez donc à l'aventure? C'est une nouvelle façon de voyager.

— Mon Dieu! oui, je marche à l'aventure, mais c'est bien contre mon gré. Je croyais trouver un gîte sur les hauteurs, et je n'ai aperçu ni bourgade, ni auberge.

— Alors, qu'allez-vous faire?

— Je cherche un asile pour la nuit, et même de quoi souper, ne fût-ce qu'un morceau de pain et un peu de fromage. Puisque j'ai eu la chance de vous rencontrer, j'espère que vous ne me laisserez point dormir dans le brouillard, avec l'estomac vide.

— Ah! mon bon monsieur, vous venez de loin, et vous ne savez guère ce que c'est qu'un charbonnier des montagnes! Nous n'avons point de maison, comme ceux qui habitent les plaines, mais une simple cabane, où nous logeons parmi les tas de charbon. Tout y est couleur d'encre, tout y est chargé d'une poussière noire qui gâterait vos habits. Vous n'oseriez plus, demain, continuer votre route : on vous prendrait pour un homme du métier.

— N'importe! je ne me coucherai pas, je me

tiendrai sur une chaise ; mais je ne veux point nicher dans les arbres, comme un écureuil, ou m'étendre parmi les herbes.

— Quant à la nourriture, nous n'avons que des pommes de terre cuites dans leur enveloppe, de l'eau fraîche et un verre de schnaps.

— Vous plaisantez, sans doute?

— Pas le moins du monde.

— Comment! vous n'avez pas un morceau de pain?

— Le pain, c'est notre gâteau, les jours de fête.

— Me voilà bien tombé! J'aime peu les pommes de terre, je n'aime pas du tout le schnaps, et l'eau pure n'est guère fortifiante. Mais soit, je veillerai pour me remettre de mes fatigues, et jeûnerai pour me rendre la vigueur nécessaire à un piéton.

— Eh bien! monsieur, mettons-nous en route ; dans dix minutes, nous apercevrons ma cabane.

— Ah çà! lui dis-je, comment se fait-il que vous ne parliez point l'idiome corrompu des Vosges?

— C'est que je suis né loin de l'Alsace, en Bavière. Un pays de fanatiques, monsieur, de fanatiques et de paillards. Comme je suis luthérien, ils ne me laissaient pas tranquille, et je n'étais pas charmé de voir leurs momeries. Un beau jour, l'impatience a été la plus forte ; j'ai vendu mon mobilier, qui ne valait pas cher ; j'ai pris mes hardes, mis mon argent dans ma poche, et suis venu en France, où on ne me tracasse pas pour mes opinions religieuses.

— Alors, vous nous trouvez un peu moins absurdes que vos compatriotes?

— Un peu moins, c'est le mot, car je ne voudrais pas dire beaucoup.

En devisant ainsi de choses et d'autres, nous atteignîmes la cabane. Mon noir compagnon ne m'avait pas menti : c'était une maisonnette de planches, dont l'intérieur ne formait qu'une seule pièce, et qu'il aurait été impossible d'habiter pendant l'hiver. Le charbonnier y venait exercer sa profession durant l'été, puis disparaissait aux premières neiges. Le toit même était formé de voliges. Des sacs pleins, entassés l'un sur l'autre, et un amas de charbon occupaient la plus grande partie de la chambre. Un poêle en fonte, élevé sur un soubassement de terre et de maçonnerie, servait à faire la cuisine, si l'on peut appeler cuisine la préparation des aliments grossiers qui composent le régime invariable du montagnard. Un encadrement de planches, appuyé contre une paroi, formait le lit, où des ramilles de sapin remplaçaient matelas, traversin et oreillers. Deux personnes pouvaient y dormir, couchées l'une à la suite de l'autre. Mais la litière, qu'on n'avait pas renouvelée depuis longtemps, était noire comme de la suie. J'examinais rapidement ces détails à la lueur d'une bûchette ou réglette de sapin, qui brûlait en guise de chandelle dans une pince en fer, soutenue par une tige et un pied du même métal, candélabre rustique s'il en fut jamais. Un gamin de douze ou treize ans soignait le luminaire et les patates qui cuisaient sur le feu : on l'aurait pris pour un nègre, comme son père, et ses cheveux blonds formaient le contraste le plus bizarre avec sa figure sombre.

En fait de siéges, il y avait un escabeau, pour le moins aussi sale que le reste du chàlet. Je fus découragé.

— Vous aviez raison, dis-je au maître de la cabane ; je ne puis guère passer la nuit chez vous, et cependant je ne voudrais pas coucher dehors, si épaisse que soit la mousse des montagnes. J'ai commis cette sottise à vingt ans, dans les bois de la Thuringe, et sais ce qu'il m'en a coûté.

— Avez-vous fait une longue marche aujourd'hui ? me demanda le noir industriel.

— Six lieues environ.

— Six lieues ; ce n'est pas une affaire. Vous sentez-vous très-fatigué ?

— J'arpenterais encore assez vite le terrain.

— Alors tout s'arrangera pour le mieux. Sidoine va vous conduire à la fromagerie, et vous lui donnerez la pièce. Vous serez ainsi contents l'un et l'autre.

— Et je trouverai là un gîte, quelque chose pour me mettre sous la dent ?

— Tout ce qu'il vous faudra.

— Quelle distance?

— Vous y serez dans une heure.

— Les heures sont très-longues sur vos horloges, mais n'importe! Allons, Sidoine, ne perdons pas de temps.

Le jeune montagnard prit un bâton dans un coin, un vieux chapeau de paille, et nous sortîmes de la hutte. Il faisait noir comme dans un four : pas de lune, pas la moindre étoile ; on eût dit qu'une tenture de crêpe voilait le ciel. Au bout de quelques pas, nous entrâmes dans la forêt, et l'obscurité devint encore plus profonde, quoique d'abord elle ne parût pas susceptible d'accroissement. Par un sentier où je suivais mon guide comme un aveugle, nous atteignîmes une route, mais quelle route, bon Dieu! quelles différences de niveau! quels trous! quelles ornières! quels cailloux mêlés à des fragments de roche! Il y avait de quoi se rompre le cou plusieurs fois par minute. J'eus presque regret d'avoir quitté la poudreuse habitation, et cependant elle ne m'avait point laissé d'agréables souvenirs. Faisant contre fortune bon cœur, je me tins en équilibre de mon mieux ; jamais promenade plus diabolique n'a exercé la patience et les jarrets d'un homme civilisé. Ce qui achevait de la rendre lugubre, c'était le bruit des torrents. On ne peut imaginer ce que les ténèbres et le silence de la nuit ajoutent d'intensité apparente à leur fracas. Nous n'avions pour les franchir que des ponts sans garde-fous, composés de grosses branches recouvertes de terre. L'eau qui ruisselait des hauteurs, et bondissait par dessous, se précipitait ensuite dans des vallées sonores. Lorsque nous approchions du courant désordonné, pendant que nous le traversions et quelque temps encore après notre passage, un déluge semblait fondre sur nous de la cime des montagnes. L'illusion était complète : on eût dit qu'il allait nous envelopper, nous rouler d'abîme en abîme. Et ce grondement terrible, entremêlé de notes plus grêles, suivant la forme des rochers que l'eau frappait dans sa chute! c'est assurément une des musiques les plus sauvages, les plus expressives, les plus majestueuses que l'on puisse entendre.

Par les éclaircies de la forêt ou par un côté de la route, quand les arbres étagés au-dessous ne formaient pas un rideau sur les bords, une lumière lointaine égaya enfin notre vue. C'était comme l'étoile de l'espérance, comme l'astre protecteur qu'invoquent les matelots. Je luttais depuis une heure contre les difficultés du terrain, et nous avions encore une demi-lieue de marche. Mais la certitude que nous approchions du terme de notre course ranima mon ardeur. Les nuées qui nous effleuraient le visage nous cachaient en vain le rayon propice, la lampe reparaissait bientôt, et nous finîmes par atteindre la retraite si longtemps désirée. Mon guide ouvrit la porte,

me mena dans une salle où étaient rassemblés
tous les habitants du logis, et, après quelques
mots d'explication, après avoir reçu mieux qu'il
n'espérait sans doute, il me laissa m'établir
comme je pourrais chez mes hôtes rustiques. Le
chef de l'établissement m'offrit un siége à sa
gauche, me demanda si j'avais faim, et, sur ma
réponse affirmative, donna quelques ordres.
Pendant que l'on préparait mon souper, j'eus le
loisir de considérer le lieu où je me trouvais,
aussi bien que les montagnards qui venaient de
s'y réunir.

La chambre était une grande salle nue, aux
poutrelles apparentes, aux murs crépis à la
chaux. Dans une niche, ménagée derrière la
place du patron, murmurait un poêle qui avait
déjà répandu à travers la pièce une douce chaleur. Une table fort longue, mais proportionnel-
lement peu large, occupait la plus grande partie
de l'espace, et deux quinquets, attachés entre
les fenêtres, jetaient une clarté assez vive. Autour de la table, vingt-deux personnes étaient
assises sur des bancs, hommes, femmes et jeunes
garçons. Leur costume n'avait rien d'élégant, on
le croira sans peine, et leur chevelure n'attestait
pas un soin excessif. Les hommes portaient des
vestes de toile et des gilets de grosse laine ; les
femmes, un corsage d'étoffe épaisse et de couleur
voyante, qui laissait paraître les manches de
leur chemise. Malgré leur face rubiconde, ils

avaient peu d'embonpoint; l'expression calme et douce de leur figure, leurs cheveux plus ou moins blonds eussent suffi pour prouver qu'ils étaient de sang alsacien. Quant au chef de la colonie, sa haute stature, ses traits fortement accentués, son air grave en faisaient le type du montagnard robuste. Malheureusement, c'est le plus petit nombre des indigènes qui appartient à cette catégorie. De temps en temps, il m'adressait la parole dans son dialecte; je lui répondais dans la langue des lettrés, si bien que nous ne nous comprenions ni l'un ni l'autre.

Pendant que j'examinais le cénacle rustique, une opération curieuse s'exécutait dans la pièce. On apportait des marmites pleines de pommes de terre, que l'on renversait sur la table. Les tubercules la couvrirent d'abord entièrement, puis s'élevèrent en forme de tertre ou de tumulus. J'étais effrayé de ces gigantesques préparatifs; mais l'estomac de mes hôtes n'éprouvait pas la plus légère inquiétude. Dès que le service fut terminé, les vingt-deux commensaux se précipitèrent sur leur festin. Chaque paysan, armé d'un petit couteau, pelait rapidement les patates et les engloutissait avec une rapidité plus grande encore. Ah! mon Dieu! la belle chose qu'un appétit germanique! Bien peu de personnes auraient pu croire que cette montagne de victuailles disparaîtrait. Quelle besogne colossale! quelle œuvre de Titans! L'idée seule m'en donnait la fièvre. Le coteau baissait, baissait néanmoins, fondait à vue d'œil. Quand la table fut un peu déchargée, on écarta les jaunes parmentières de façon à laisser trois places libres, et on y apporta un même nombre de terrines pleines de lait. Les patates épluchées, rompues en fragments, y tombèrent l'une après l'autre, puis les convives, prenant des cuillères de bois, mangèrent à la gamelle. C'était le second service. On l'expédia aussi lestement que le premier.

Cependant une montagnarde au nez camus ayant déblayé devant moi un petit espace, y mit un napperon, du pain très-rassis, un flacon de vin blanc d'Alsace, et m'apporta un *pfannkuchen*, omelette dans laquelle entre de la farine. J'étais un peu honteux de manger des mets si délicats devant ces braves gens, mais leur nourriture ne me convenait guère. Une salade suivit; par malheur, la cuisinière l'avait naïvement arrosée d'huile de lampe; je fis une grimace horrible quand j'eus porté la première feuille à ma bouche, et, d'un mouvement nerveux, je repoussai loin de moi le saladier. Mon voisin de gauche s'en empara.

— *Das schmeckt ihnen nicht?* (Cela ne vous semble pas bon?) me dit-il d'une manière intelligible.

— *Es ist abscheulich,* (C'est détestable,) lui répliquai-je.

Il ne me fit pas répéter mon jugement, prit

sans façon ma fourchette, et, en deux ou trois bouchées, avala toute la salade, pendant que la joie se peignait sur sa figure et que ses camarades l'examinaient d'un œil d'envie.

Cette prouesse termina la séance. Le patron me mena dans la chambre qu'on me destinait, et j'avoue que je fus tant soit peu scandalisé. C'était une salle basse, où des canards s'étaient blottis, où des poules et un gros coq avaient cherché un refuge. Un bois de lit occupait un des angles, mais cette couchette n'avait point de fond, et de la paille y remplaçait les matelas. Aucun des rustres n'avait voulu se déranger en ma faveur, ni même, selon toute apparence, me céder une couverture, car on ne m'offrit pas le moindre lambeau pour m'envelopper. Comme on n'habitait pas ordinairement cette pièce, plusieurs vitres manquaient à la fenêtre. Cela me promettait une nuit peu agréable ; mais j'étais mécontent d'un pareil manque d'égards, las des aventures de la soirée ; j'avais déjà couché sur la paille, dans des circonstances analogues, et assez bien dormi ; je me résignai donc sans mot dire. Prenant le chandelier que tenait mon hôte, je lui souhaitai le bonsoir et fermai la porte.

Ma toilette de nuit ne fut pas longue, comme vous pensez bien : je m'étendis sur la paille et soufflai la lumière. Mais je fermai inutilement les yeux : le sommeil ne venait pas. Le vent glacé des montagnes entrait sans relâche par les ouvertures de la fenêtre : il poussait le brouillard jusque dans la chambre. Plus le temps s'écoulait, plus je me sentais transi. J'avais beau m'enfoncer dans ma litière, elle ne me garantissait point d'une température boréale : de meilleurs préservatifs eussent à peine été suffisants. Puis les canards, les poules, le coq se remuaient, à demi éveillés par le froid. Je regrettai amèrement d'avoir éteint la chandelle, d'autant plus que, n'étant pas fumeur, je n'avais pas d'allumettes. Mais que faire ? Je ne pouvais circuler dans une habitation que je ne connaissais pas, ni appeler des rustauds qui ne m'eussent pas entendu ; c'est pour les paysans surtout que le sommeil est vraiment le frère de la mort. Je pris donc mon mal en patience, et j'attendis le lever de l'aurore, ni plus ni moins qu'un homme vertueux. L'excès de la fatigue cependant finit par l'emporter ; comme le petit jour allait paraître, je perdis conscience de moi-même. Hélas ! ce ne fut pas pour longtemps ! Je venais de m'endormir, lorsqu'un bruit effroyable et une pression sur l'épaule me réveillèrent en sursaut Ne sachant de quoi il s'agissait, croyant avoir le tympan brisé, j'ouvris les yeux comme un homme éperdu. Et alors, que vis-je ? Maître coq, ayant aperçu les premiers rayons de lumière, avait quitté sa place et m'avait choisi pour perchoir. Il allait redoubler ses clameurs à mon oreille, si une violente bourrade ne l'eût forcé de déguer-

pir. Mais le signal était donné : les poules glous-
sèrent à l'envi, les canards firent entendre ces
notes mélodieuses qui le disputent en suavité au
chant des grenouilles. Je vis que tout espoir de
repos était perdu pour moi.

# CHAPITRE II

*L'intérieur d'une fromagerie.*

En attendant le réveil de mes hôtes, je sortis
de ma litière et circulai dans la chambre pour
me réchauffer par l'exercice. Mes compagnons
emplumés augmentèrent leur vacarme ; mais je
me souciais bien de leurs cris ! Enfin, la curiosité me poussant, je mis la tête à une des lu-
carnes que formaient, çà et là, dans la croisée les
panneaux sans vitres. Quel rêve ! quel spectacle sublime ! Aux premières lueurs du matin,
presque toute la chaîne des Vosges esquissait
lentement ses formes ; aucun obstacle ne gênait
ma vue. Au-dessous de moi, la vallée de Guebwiller se creusait comme un abîme, avec son
quadruple rang de sommets étagés à droite et
à gauche. L'ombre dormait encore dans le fond,
où l'on entrevoyait une nappe de brouillard. A
l'occident, la gorge montait vers l'arête centrale
de la chaîne et s'y épanouissait en plateaux verdoyants ; au-dessus, le Rotabach dressait sa crête
tourmentée, le Hohneck élevait plus haut encore

13.

son dôme majestueux et tranquille. Dans la direction du nord, une foule innombrable de cimes, apparaissant les unes derrière les autres, semblaient moutonner comme les flots de la mer ; j'apercevais au loin le Donon, le point culminant des Vosges dans le Bas-Rhin, que signale sa forme de pupitre. A droite, la plaine du Rhin s'étendait confusément, et, par delà, les sommets de la Forêt Noire dessinaient leur frange irrégulière sur le ciel argenté du matin. Dans cette première vision d'une immense perspective, les bois, encore pleins de ténèbres, se dessinaient comme de grandes taches noires.

Et la lumière croissait rapidement, et les hautes cimes prenaient un air de fête ; les arbres, les prairies se peignaient de tons glauques, nuances originales que forme le mélange du vert qui est leur couleur naturelle, avec le bleu produit par l'interposition de l'air.

Cependant on commençait à remuer dans la maison ; je quittai mon observatoire pour mettre fin à une épreuve qui durait depuis trop longtemps. Après avoir traversé une ou deux pièces, je rencontrai le propriétaire de l'habitation. Il s'agissait de nous entendre, opération difficile et très-chanceuse. Je me plaignis d'abord du gîte où on m'avait relégué, du grabat où on m'avait fait passer une nuit détestable. Il ne comprit pas un mot de mes lamentations. Je me trouvais fort embarrassé, car j'aurais voulu visiter la ferme, qui me semblait curieuse, et profiter de la circonstance pour voir préparer le fromage de Gruyère. Il fallait à ce propos demander des explications, même en assez grand nombre, attendu qu'un spectateur se rend compte avec peine d'un travail qui s'exécute devant lui pour la première fois. Le but de tel ou tel procédé lui échappe infailliblement, si on n'aide pas sa pénétration. Force était donc de résoudre brusquement la difficulté.

— Vous ne parlez point français? dis-je à mon hôte, en imitant sa mauvaise prononciation.

— *Gar nicht,* (Pas du tout), me répliqua-t-il d'un air surpris.

— Eh bien ! moi, je n'entends pas un mot de votre allemand.

— *Wahrhaftig!* (En vérité !) me répondit-il.

Et il me quitta sans ajouter une parole.

Je le vis bientôt revenir escorté d'un montagnard trapu, à la figure large, aux cheveux noirs, aux sourcils épais ombrageant des yeux gris clair, à la mâchoire volumineuse. Sa grande bouche, armée de dents solides, éclatantes et régulières, était faite pour broyer les aliments les plus durs. Il avait d'ailleurs un air de franchise et d'honnêteté, qui gagnait soudain la confiance. C'était l'interprète que me destinait le métayer. Il parlait le français sans doute, mais un français comique et barbare au dernier point. Il prononçait le mot *pomme*, par exemple, comme le mot *bombe*, et j'eus peine à garder mon sérieux, lorsque, dans la journée, il me demanda si je mangeais des bombes. Nous ne passions pas auprès d'une source sans qu'il me dît : — Voilà du bon eau ! Tel qu'il était cependant, il me fut d'un grand secours et mit fin à mon embarras. Je lui exprimai d'abord l'intention de visiter le bâtiment : nous sortîmes pour examiner le dehors, puis nous parcourûmes l'intérieur.

On imaginerait avec peine une construction plus singulière. Le pignon en formait le côté principal ; comme il avait une grande largeur et seulement deux rangées de fenêtres, les pentes du toit, composant un angle très-obtus, s'allongeaient en proportion. L'édifice avait conséquemment un air épaté. Il était couvert de bardeaux ou planchettes imitant les ardoises : de grosses pierres les maintenaient, pour qu'ils ne fussent point emportés par le vent. Çà et là une bergeronnette trottait à la surface, comme une vigilante gardienne, en poussant des cris joyeux, et donnait la chasse aux insectes qui rongeaient le bois. Les fenêtres, cintrées par le haut, étaient généralement garnies de petites vitres encadrées dans un châssis de plomb ; mais l'âge ayant détruit plusieurs de ces clôtures, on leur avait substitué des croisées modernes, qui faisaient disparate avec leurs voisines. Sur une face latérale du bâtiment s'ouvraient une porte simple, une porte cochère et plusieurs barbacanes donnant de l'air aux écuries. Contre la façade correspondante venait s'appuyer une immense étable, toute en bois, percée de jours pareils. Si étranges que puissent sembler ces dispositions architectoniques, on les retrouve presque partout sur les hautes cimes des Vosges, sur leurs pentes occidentales et dans la vallée de Munster. J'avais un type devant les yeux, le type du châlet lorrain. Une pierre montrait, gravée en saillie, la date 1576.

La petite porte nous donna entrée dans un vestibule agreste, où une fontaine de bois versait nuit et jour un filet d'eau plus pure que le diamant ; une auge de sapin la recevait et la laissait échapper par une rigole, d'où elle coulait au dehors. Quelque nombreuses que soient les maisons d'un village, on n'en trouve pas une seule qui ne renferme une source amenée ainsi de la montagne. Elle fredonne toute l'année comme le bon génie de la maison. La transparence, l'éclat et le goût savoureux de l'eau, dans les régions alpestres, forment un de leurs principaux attraits. Il y a tel bassin verdoyant, tel ruisseau calme et plein jusqu'au bord, où l'onde, aussi diaphane que l'air, est invisible comme lui. Pour s'apercevoir de sa présence, il faut la toucher avec un bâton et produire des rides à la surface. Elle lustre seulement les objets qu'elle recouvre. Par delà cette nappe limpide, on aperçoit des bancs de mousse aquatique et d'herbes délicates, si frais, si moelleux, si touffus, si doux à l'œil, qu'ils semblent réellement avoir été formés par la nature pour servir de couche aux naïades des anciens, aux nixes du moyen âge.

Dans le vestibule où chante la source captive, on blanchit le linge, on nettoie les légumes, on lave les moules à fromage, on exécute une foule de travaux domestiques ; on y abreuve même le bétail pendant l'hiver , quand une neige épaisse enveloppe la métairie et que de nouveaux flocons pleuvent d'un ciel morne , ou tournoient au souffle des vents. Ce bucolique atrium nous conduisit à une pièce qui me frappa d'étonnement. Je n'avais jamais rien vu de semblable, ni même d'analogue. Tout le monde connaît ces énormes manteaux de cheminée, sous lesquels peut s'abriter une famille entière et où la fumée tourbillonne sans rencontrer le moindre obstacle. Figurez-vous maintenant qu'un pareil manteau se prolonge, atteigne les murailles et compose le plafond même de la chambre. Ainsi était construite la salle que j'examinais comme une œuvre cyclopéenne. Un énorme tuyau de cheminée longeait la paroi principale et donnait seul du jour à la pièce. Une suie vraiment séculaire le tapissait du haut en bas ; elle dessinait des reliefs de toute nature, brillait comme du marbre noir, et avait pris avec le temps la dureté du bronze. Je ne pus en

détacher le moindre fragment. Elle s'accumu-
lait et s'affermissait depuis les règnes de Charles IX et de Henri III (1). Au-dessus du foyer,
une barre de fer, soutenue à angle droit par une
autre barre qui tourne dans des anneaux, servait de crémaillère. En face de l'âtre, un vieux
dressoir étalait la meilleure vaisselle du fermier. La fumée l'avait teint, comme les murailles, du plus beau noir de jais. Des lames
irrégulières d'eurite, ajustées avec soin, carre-
laient le sol.

Au centre de toutes les forteresses gothiques
s'élevait un donjon, dernier asile où on se reti-
rait, quand l'ennemi avait emporté les autres
ouvrages; la pièce que nous venons de décrire
a la même utilité dans le châlet des Vosges.
Seulement l'ennemi que l'on y redoute, l'ennemi
dont on s'y préserve, c'est l'hiver. Quand la saison est rude, quand les neiges s'amoncellent à
plusieurs mètres de hauteur, le montagnard se
trouve bloqué sous son toit de bardeaux. Les
blancs flocons obstruent toutes les fenêtres, enveloppent la demeure d'une nuit factice. Les
habitants seraient alors contraints de vivre dans
l'obscurité ou de se ruiner en luminaire, s'ils
n'avaient pour lieu de refuge la pièce centrale.

---

(1) Cet effet ne pourrait se produire avec la suie des bois
que l'on brûle communément; mais la fumée du sapin et des
autres conifères est mêlée de vapeurs résineuses, qui expliquent très-bien le phénomène dont nous parlons.

Quelquefois la cheminée seule dépasse la nappe éblouissante, qui se prolonge à perte de vue autour du chàlet. Groupée devant un feu de sapin, la famille travaille, cause, chante des psaumes protestants et des ballades, ou raconte des histoires, aux lueurs étranges qui tombent sur elle comme par un soupirail. Elle reste ainsi des semaines entières ensevelie sous les frimas, reléguée par l'inclémence du ciel dans une solitude profonde. Rien ne trahirait son existence au dehors, sans la fumée qu'un air tranquille laisse monter en bleuâtres spirales, ou que le vent chasse avec fureur. Toutes les visites, toutes les relations étant suspendues, le montagnard se livre moins que jamais aux commérages, pour lesquels il a d'ailleurs une aversion instinctive. Il n'est pas rare qu'un village soit englouti de cette manière dans un sépulcre transitoire. Les tuyaux des cheminées, lançant leurs vapeurs comme des solfatares, indiquent seuls la place où une commune entière attend qu'une brise chaude et moite lui rende la liberté.

On pense bien que les affections de famille gagnent à cet isolement du monde, à ce voisinage continu sous un même toit. Toujours réunis, toujours en présence l'un de l'autre, si les parents ne s'aimaient pas, ils périraient d'ennui. Aucun objet, aucune distraction ne viennent d'ailleurs détourner, affaiblir leur attachement.

Autour de la salle de refuge se groupent les

autres pièces. A gauche du vestibule, on trouve le bûcher, puis, successivement, la chambre du patron et de sa femme, la chambre des enfants, celle des domestiques, un réfectoire, une étable spacieuse, une écurie moins grande, un compartiment pour le fumier, un retrait et une bauge à porcs. En circulant dans la maison, je vis pourquoi on ne m'avait offert ni draps ni couverture le soir précédent. A l'impossible nul n'est tenu, dit le proverbe. Une toile à matelas, étendue sur la paille que renfermait un encadrement de planches, et un édredon de plume grossière, pesant je ne sais combien de livres, formaient toute la literie de mes hôtes.

Un immense grenier couronne invariablement le châlet des Vosges ; il contient les provisions de la famille, excepté le vin et les pommes de terre, abrités dans un caveau, mais renferme surtout une masse énorme de fourrage, qui doit suffire à la consommation de l'hiver, et l'hiver dure longtemps si loin des plaines. Quand on examine les demeures des montagnes, on est surpris de voir que les maisons, n'ayant point de cour, ont néanmoins une porte cochère, et l'on se demande quel est le but de cette disposition architectonique : elle sert à introduire dans le bâtiment même les voitures chargées de foin et de paille. Sans avoir pris le soin de lier la récolte, travail jugé inutile sur les hautes terres, on la lance du véhicule au grenier, que rien ne sépare de l'endroit où stationne la charrette. Le sol de ce lieu réservé est une aire : on y bat le peu d'orge et de seigle mûri autour de la ferme, pendant un été rapide. Plus tard encore il sert de remise ou de magasin.

L'hiver peut donc obscurcir le ciel, déchaîner ses vents sonores, habiller les forêts de givre, le montagnard ne craint pas les rigueurs de l'âpre saison. Quand ses portes sont closes, il a dans sa retraite tout ce qu'exigent ses besoins, tout ce qui est nécessaire aux animaux renfermés avec lui. Son châlet devient un monde ; il attend les beaux jours sans inquiétude, et, sauf les moments où la neige lui ferme la perspective, chacune de ses fenêtres étale à sa vue de prodigieux tableaux, des champs, des vallons, des forêts, des montagnes blanchies par les frimas, une sorte d'univers cristallisé.

Nous entrâmes enfin dans la grande étable, qui formait une annexe de l'habitation. Les marquards étaient justement occupés à traire les vaches (1). Assis sur des espèces de tabourets n'ayant qu'un seul pied, ferré par le bout, trois individus faisaient jaillir dans un seau de bois le savoureux liquide. Une pochette de cuir, ren-

(1) Ce mot *marquard* vient, par corruption, du substantif allemand *melker,* signifiant un vacher, un homme qui trait les vaches. On nomme ainsi , sur les pentes occidentales des Vosges , les pasteurs des hautes prairies ; sur le versant oriental , on les appelle *marcaires.* Le terme d'*armaillis* sert à les désigner dans la Suisse française.

fermant du beurre et suspendue à leur côté, leur servait à graisser leurs doigts, pour ne point excorier ou enflammer le pis des laitières. Quand ils changeaient de place, leur siége attaché à leur ceinture au moyen d'une courroie, se levait et marchait avec eux. Ils vidaient leur seau plein dans une chaudière en cuivre.

Soixante vaches étaient rangées sur deux files. Quel coup d'œil pour un peintre d'animaux ! Si Paul Potter , Berghem , Rosa Bonheur ou Troyon avaient vu cette double ligne de puissants quadrupèdes, considéré leurs belles formes, leurs grands yeux tranquilles et somnolents, leurs mamelles roses et saines, leur poil lustré, leurs couleurs diverses, nul doute qu'ils n'eussent été pris d'enthousiasme. Chaque beauté a son prestige, chaque genre de talent son inspiration. La porte qui s'ouvrait sur la campagne, projetait à travers la salle un courant lumineux, dorait les croupes des premiers rayons du matin. Pas une tache ne les souillait, les marquards tenant leurs bestiaux extrêmement propres : une odeur d'ambre ou de musc parfumait l'air. L'étable elle-même n'avait aucun rapport avec les nôtres : pas de crèches, pas de râtelier, pas la moindre litière ; les bestiaux ne prennent aucune nourriture quand ils ont quitté les champs, et il serait trop dispendieux de leur fournir une couche de paille dans ces hautes régions. Un parquet de forts madriers couvre le sol : incliné vers le milieu de la pièce, il y aboutit à une sorte de canal, profond seulement d'un demi-pied, mais large de trois ou quatre, et planchéié comme les talus. Ce couloir sert de passage et de réceptacle. Pour que les laitières gardent leur rang, chacune d'elles est fixée par une chaîne à un sommier, qui traverse l'étable dans toute sa longueur. Il n'est pas de soin que ne prennent les pâtres d'Alsace et de Lorraine : on proportionne toujours la dimension du local au nombre des vaches ; dès qu'elles sont parties, la salle est nettoyée, lavée à grande eau. Les paysans du reste de la France ne traitent pas ainsi leur bétail.

Quand les marquards eurent fini leur première besogne, ils détachèrent leurs sellettes et portèrent le lait dans la fromagerie. On allait procéder à la confection du gruyère : c'était le travail qui m'intéressait le plus. Adossée à la salle de refuge, la pièce avait une cheminée qui différait peu de nos cheminées rustiques : un foyer semi-circulaire en maçonnerie pour concentrer la chaleur, un vaste manteau en forme de coupole byzantine pour recevoir et diriger la fumée au dehors, une grue en bois tournant sur des gonds et fixée contre un des jambages, une immense chaudière de cuivre suspendue au bout composaient un fond de tableau très-pittoresque.

On réunit dans la cuve de métal le lait du soir précédent au lait nouvellement tiré, puis on fit

jouer la grue et on poussa le vase sur un feu
clair de branches de sapin. Quand le liquide fut
arrivé à une certaine chaleur, on l'éloigna du
foyer et on y jeta de la présure. Il fallut un peu
moins de trois quarts d'heure pour cailler le lait.
Aussitôt les mattes formées, un montagnard saisit une grande spatule et se mit à les rompre
en autant de fragments que possible. Après cette
opération, qui dura quelque temps, on replaça
la chaudière sur la flamme, et les caillebottes
divisées subirent une cuisson. Cependant je cau-
sais avec les pasteurs, qui s'étonnaient de ma
curiosité. Ce travail, qu'ils accomplissent tous
les jours, leur paraissait tellement simple et tellement monotone ! j'étais bien bon de m'en occuper ! Ils souriaient des explications que me
donnait mon guide. Enfin on retira du feu la
bassine, et, dois-je le dire ? quand le contenu
cessa d'être bouillant, un gros garçon de ferme
y plongea ses bras nus, et, ramenant sans cesse
au dehors ses mains pleines de grumeaux, bri-
sait avec ses pouces ceux qui avaient des dimensions trop fortes. J'avoue que cette partie du
travail n'est pas faite pour monter l'imagination.
Mais toute œuvre humaine n'a-t-elle pas son
côté prosaïque ? Pourquoi le fromage de Gruyère
serait-il exempté de cette condition universelle ?
Quand la matière est divisée autant que le demande le succès de l'opération, les montagnards
la remettent au feu. Elle bout de nouveau, puis

on la retire. Dès qu'on y peut plonger les mains, deux marquards tenant une pièce de grosse toile s'en approchent, et l'un d'eux passe adroitement une des extrémités au fond de la bassine ; il enlève d'une seule fois toutes les caillebottes. Un cercle de bois, un moule, les attend sur un disque ; on les y place à la hâte, on met par-dessus un couvercle où l'on appuie par une extrémité une barre de bois. L'autre bout reçoit un madrier à bascule chargé d'une grosse pierre qui exerce sur les mattes une pression très-forte. Le petit lait jaillit par-dessous le couvercle et par-dessous le moule, tombe du disque dans une concavité circulaire ménagée au milieu de la table, et coule par une rigole dans un seau. La matière caséeuse s'égoutte ainsi pendant vingt-quatre heures. Le lendemain, elle forme une meule compacte et solide, qui pèse de 45 à 50 livres. On desserre le moule et on enlève le fromage, pour lui substituer une nouvelle préparation.

Si les marquards en restaient là, le gruyère serait d'une fadeur intolérable, puisqu'il ne contient pas un atome de sel. Quand on sale le lait, il produit une pâte grise et peu attrayante à voir. Il a donc fallu découvrir un autre procédé. On transporte le fromage dans un magasin, où une foule de vétérans sont déjà posés sur des rayons. Le montagnard le saupoudre de gros sel blanc, que fondent bientôt l'humidité du fromage et l'humidité de la pièce. Il pénètre peu à peu dans une partie de la masse. On retourne alors la meule et on sale l'autre superficie. Lorsqu'on a répété plusieurs fois cette opération, le travail est terminé : le fromage a la saveur que tout le monde connaît. Les artisans rustiques le transportent à la ville la plus prochaine et le vendent en gros dix sous la livre.

Ce qui semblera étrange, c'est que le petit lait demeuré dans le cuivre renferme encore de la matière caséeuse. Une certaine quantité de vinaigre y produit de nouvelles mattes, dont on compose un nouveau fromage nommé *zegers* en allemand, *sérèt* ou *serac* en notre langue. Moins appétissant que le gruyère ou vachelin, il ne laisse pas de former une nourriture agréable, et coûte seulement quatre sous la livre.

La confection du beurre augmente le travail et accroît les bénéfices des marquards. Dans une métairie de soixante vaches, on en baratte tous les jours dix livres, régulièrement portées sur des hottes aux marchés les plus voisins.

La ferme que je venais de parcourir ne pouvait me donner une idée juste ni des mœurs, ni du châlet ordinaire des marquards. Elle formait une véritable métairie, où l'on récoltait de l'orge, du seigle, des pommes de terre, où l'on fabriquait même du kirsch. Le patron y demeurait toute l'année, contrairement aux habitudes des pasteurs vosgiens. Mon guide m'expliqua tant bien que mal ces différences, et je demandai au maître du logis l'autorisation de l'emmener avec moi, pour faire une tournée sur la montagne. Il y consentit de grand cœur, moyennant rétribution bien entendu, et, secouant le sommeil qui me gagnait après une si mauvaise nuit, je commençai ma nouvelle pérégrination. O charme éternel des hauts lieux! A peine avions-nous mis le pied dehors que d'immenses perspectives se disputaient nos regards; chaque pas variait ces magnifiques tableaux. Or, ce qui étend la vue semble agrandir l'existence : on prend en quelque sorte possession par les yeux de tout l'espace que l'on découvre.

Une demi-heure de marche nous conduisit au châlet du Mordfeld. Ce mot veut dire le champ du meurtre. On prétend qu'un abbé de Murbach, qui opprimait cruellement ses vassaux, fut surpris et assassiné dans le pâturage où s'élève le bâtiment rustique. De là, nous nous rendîmes au Gerstacker, autre fromagerie moins considérable. Entre les deux établissements s'arrondit le ballon de Soulz, la plus haute coupole des Vosges, le but primitif de ma curiosité. Le dôme verdoyant nous cachait une partie de l'horizon. Tout à coup, le guide, qui me précédait d'une vingtaine de pas, ne put s'empêcher de jeter un cri : — Venez vite, monsieur! venez vite! comme si le paysage merveilleux, qui se déroulait devant lui, était un phénomène accidentel.

La beauté du spectacle justifiait son émotion.

nant de la montagne, ma vue embrassa toute la plaine du Rhin, c'est-à-dire l'Alsace et le duché de Bade, très-large en cet endroit, les sommets innombrables des Vosges, les profondes vallées qui les séparent, avec leurs villes et leurs bourgs populeux, la chaîne dentelée de la forêt Noire, une partie même de la Suisse et de la Franche-Comté. Le grand fleuve étincelait comme une traînée de lumière, et l'on voyait distinctement le coude qu'il forme à la hauteur de Bâle. Enfin, les Alpes, rangées, pour ainsi dire, en bataille, fermaient l'horizon de leur demi-cercle immense, qui partait du Schwartzwald et venait rejoindre les Vosges, découpant sur le ciel bleu la frange éclatante de leurs neiges éternelles. A l'ouest, un orage assaillait le district de Belfort ; j'appris le soir même, par une personne qui revenait de l'endroit, qu'une pluie torrentielle avait inondé la campagne, que le tonnerre roulait avec un bruit terrible. Eh bien ! de la distance où j'étais, l'averse flottait sous les nuages comme un voile gracieux, le bruit de la foudre se trouvait réduit à un léger grondement. Vers l'est et vers le nord, un splendide soleil illuminait vingt-cinq lieues de terrain, où nul ne soupçonnait la tempête qui tourmentait une autre partie de la province. Misère de l'homme ! Puisque sur une montagne des villes, des cantons entiers paraissent si peu de chose, que devons-nous paraître nous-même dans l'infini ?

# CHAPITRE III

*Mœurs des marquards.*

Dès que l'on parvient à une certaine hauteur dans les montagnes, on voit dépérir la végétation. Les branches des sapins et des hêtres s'enveloppent d'abord d'une mousse compacte, qui forme de véritables manchons ; puis, c'est l'arbre lui-même qu'elle entoure d'une sombre pelisse. Pendant les plus beaux jours, les vieux colosses, abrités sous leur épaisse fourrure, semblent frémir encore au souvenir de l'hiver. Bientôt leur taille diminue ; le sapin, le mélèze renoncent ensuite à lutter contre la température ; le hêtre humilié compose de simples buissons. Le genévrier seul montre une persévérance opiniâtre : là où succombent les géants, il déploie sa tige lézardée, blanchâtre et scrofuleuse, sa morne et âpre verdure, comme ces hommes grêles qui supportent mieux la fatigue, les privations et le malheur que des natures plus vigoureuses en apparence. Debout sur les hautes croupes, on le voit trembler au loin, dans le vent triste et monotone.

Il marque la limite de la région qui ne produit plus que des herbes vivaces. Là commencent les pâturages embaumés, où les lichens et les mousses disputent le sol aux myrtilles rabougris, portant des baies roses et blanches comme de petites pommes, mais surtout aux plantes parfumées des hautes terres, l'arnica, la gentiane, la potentille, le laitron des Alpes, le millefeuille et l'athamante. Les Vosges ne se terminant point par des pics, par des rochers, mais par de véritables dômes, leurs sommets forment de grands pacages, aussi moelleux que les plus riches tapis. On les appelle *chaumes* dans la Lorraine et dans l'Alsace, terme que l'on dérive des mots latins *calvi montes,* les monts chauves ; ils ont effectivement l'aspect de crânes dépouillés. Durant sept ou huit mois, une neige abondante cache leur nudité. Ce sont alors de vrais déserts, des steppes silencieuses, où règnent les mornes génies des contrées hyperboréennes. Nul ne s'y hasarde volontairement, nul ne les traverse sans péril. Quelques chaumes occupent des plateaux inférieurs ; d'autres pâquis alpestres dessinent dans les bois de grandes clairières.

Mais les tièdes brises du printemps fondent peu à peu l'épaisse couche de frimas qui les voile. Toutes les montagnes ruissellent, tous les torrents grossis roulent avec fracas sur leurs pentes, ou se précipitent du haut des rochers en colonnes d'écume. Pendant ce temps, le marquard fait ses préparatifs : il ne possède habituellement qu'une douzaine de vaches, et il lui en faut quatre ou cinq fois autant pour la saison. Il parcourt donc le village, frappe à chaque porte, examine chaque étable : les bêtes les plus robustes, celles qui lui paraissent les meilleures laitières, il les choisit, il en offre de trente à quarante francs. Une vache qu'il loue ce dernier prix doit être d'une beauté peu commune. Le marché conclu, il a le droit de l'emmener sur sa chaume, depuis le 15 mai jusqu'aux premières neiges.

Cependant la végétation, engourdie sous le froid d'un implacable hiver, sort enfin de sa longue torpeur. Les hautes prairies se parent de teintes éclatantes : l'anémone des montagnes y ouvre ses blanches corolles, la pensée à grandes fleurs jaunes ou violettes, ponctuées de rouge, s'y épanouit avec une telle abondance qu'elle dessine des arabesques sans fin, et paraît vouloir masquer la verdure. Les pasteurs réunissent leurs troupeaux : ils attachent au cou de chaque animal une clochette, *tintinnabulum*, qui doit les avertir du lieu où l'entraîne son caprice. La plus belle vache, installée reine de la tribu, porte une sonnette beaucoup plus lourde, et mêle des notes graves aux tintements variés produits autour d'elle. Cette agreste musique, signal du retour sur les chaumes, semble égayer les indolents quadrupèdes. Le berger tire de sa trompe

des cadences tyroliennes : c'est le ranz des vaches, c'est la mélodie singulière qui fait pleurer
le Suisse en exil, qui annonce dans les Vosges la
proximité des Alpes. Les troupeaux commencent à gravir les montagnes : les marquards les
dirigent, et, à mesure qu'ils s'élèvent, retrouvent
les sites qu'ils ont depuis longtemps perdus de
vue. Derrière le premier rang de hauteurs, qui
bordent la vallée, se découvre peu à peu un
second étage de collines, puis un troisième, puis
un dernier, où verdoient les pelouses aériennes.
Dans l'intervalle de ces bleuâtres sommets flot-
tent des vapeurs que le soleil dore. Enfin la caravane atteint les cimes cherchées, prend possession des herbages aromatiques et du chàlet depuis longtemps désert.

Un feu de sapin en chasse le froid, qui semblait y avoir établi son domicile. Le lendemain
matin commence la fabrication des fromages.

Les châlets ne sont pas des huttes, de simples
cabanes en bois, comme on pourrait le croire,
mais des constructions en pierre, solidement bâ-
ties, avec des murs épais comme ceux d'une forteresse. L'étable et les pièces d'habitation forment un seul quadrilatère, abrité par un seul
toit. Les plus anciens ont des couvertures en
bardeaux, mais la tuile protége les plus modernes. Toutes les chambres sont parquetées,
sauf la salle où l'on cuit le laitage, sauf les ma-
gasins où le gruyère attend sur des rayons le

jour de la vente. Une balance rustique sert à peser celui qu'on vient acheter en détail.

Ce bâtiment est la propriété du marquard ; le sol qui le porte et le sol de l'herbage ne lui appartiennent point. Les chaumes sont généralement des biens communaux ; mais les communes ne peuvent les louer à qui bon leur semble. Les marquards ont un droit d'usufruit que la coutume ne permet pas de leur enlever sans leur consentement. Ils payent d'ailleurs une redevance annuelle de cinq ou six francs par vache, ce qui revient au même que si on mesurait la chaume, attendu que l'on sait exactement combien le pâturage peut nourrir de bestiaux, et l'intérêt des armaillis est de n'en pas conduire sur la montagne un moins grand nombre. Pour leur substituer d'autres pasteurs, il faudrait leur offrir un dédommagement capable d'entraîner leur acceptation. Quelques herbages appartiennent à des individus, qui les afferment ou les exploitent, mais ils sont peu nombreux.

Les marquards ont donc la sécurité de véritables propriétaires, et cette tranquille possession ajoute au calme d'esprit que leur inspirent d'autres motifs. Rien de commode à exploiter comme une chaume ; elle ne demande aucun travail, n'exige aucun soin. Le seul engrais qui la fume est celui des vaches ; nul accident ne lui porte préjudice. Que la grêle ravage les moissons, qu'une gelée tardive sèche dans leur enveloppe les fleurs de la vigne, que des pluies continuelles submergent les prés ou qu'une ardente chaleur en brûle les herbes, les hauts pâturages ne souffrent point. La grêle ne saurait endommager leur vert tapis, le froid n'y laisse point de trace, l'eau des averses s'écoule par toutes les pentes ; les étés les plus redoutables n'empêchent point les nuages et la rosée d'y entretenir une fraîcheur perpétuelle. Le pasteur n'a donc à redouter ni les caprices des saisons, ni les caprices des hommes : tous les vents du ciel lui apportent l'abondance et la sérénité.

La mobile humeur des femmes, les passions, les luttes, les embarras qu'elles suscitent, ne troublent pas non plus le calme des châlets. Nulle fille d'Ève ne les habite, nulle n'y met le pied. Ce sont de champêtres monastères. Les nouvelles, les inquiétudes politiques n'en franchissent pas davantage le seuil. Qu'importe au marquard les événements des plaines ? Il sait bien que ses fromages seront toujours accueillis sur la table du riche et dans les cabanes des pauvres. Que les gouvernements changent, cela lui paraît inutile et bizarre : il s'en occupe si peu ! Il ignore jusqu'aux luttes et aux dévouements qui l'ont arraché à la servitude de la glèbe.

Enfin, dernière cause d'harmonie, de silence et de paix, le vin, le schnaps, toutes les boissons alcooliques sont sévèrement exclues de l'ermitage industriel.

Le bétail nourri sur les chaumes participe à la tranquillité de ceux qui le gouvernent. Les montagnards, pour le conduire, n'emploient que la douceur. Jamais les aboiements des chiens n'ont troublé ces poétiques solitudes, effrayé les vaches, étourdi les marquards et les visiteurs; jamais bâton n'a frappé les inoffensives créatures. On voit au côté des pâtres une poche de cuir suspendue par une courroie : elle est pleine de sel ou d'herbes aromatiques pulvérisées. Ce talisman leur assure l'obéissance du troupeau. Ils n'approchent guère un quadrupède sans lui offrir dans la paume de la main une dose du contenu. L'heure de traire est-elle arrivée, un des pasteurs prend son cornet, se place devant le seuil de l'étable, et joue un air rustique. Les vaches, comprenant le signal, dressent la tête. La plus importante, la reine de la tribu, s'avance la première, les autres se groupent en colonne derrière elle, puis la lourde caravane chemine lentement vers la maison; les clochettes, agitées toutes à la fois, mêlent, pendant le trajet, de libres cadences à la champêtre mélodie. Les échos multipliés des montagnes répètent les notes de ce concert, qui rappelle la vie simple et douce des époques primitives; souvent encore elles se perdent dans les profondeurs d'un ciel paisible, dans les brumes du soir ou les nuées du matin. Au fur et à mesure que les bêtes arrivent, le montagnard leur offre une poignée de sel, friandise salutaire et hygiénique ; aussi ne se font-elles jamais attendre.

Ne recevant des hommes que de bons traitements, elles les aiment et les recherchent. Lorsqu'un étranger paraît sur la prairie, elles l'entourent, comme des enfants qui espèrent quelque gâteau. Leurs yeux somnolents s'animent : elles flairent le voyageur de leurs naseaux humides, d'où s'exhale une odeur musquée. Ces témoignages de sympathie inquiètent plus d'un visiteur, la foule n'ayant pour les animaux que des sentiments d'oppression ou de crainte. Et cependant quelle action exercent sur eux les bons procédés ! Que n'en obtiendrait-on point par la douceur ! J'ai vu un cheval donner à son maître les signes d'affection les plus touchants et les plus extraordinaires.

Les vaches des marquards sont généralement très-belles. L'air pur qu'elles respirent, les herbes parfumées qu'elles broutent, la constante propreté de leur robe, l'absence de taons et de mouches dans les hautes régions où elles paissent, contribuent également à leur bonne mine, à leur santé florissante. Au mois de mai, et pendant l'automne, elles restent toute la journée en plein air, mais passent la nuit sur le parquet de l'étable. Pendant les chaleurs, c'est justement l'opposé : on enferme le troupeau vers le milieu du jour, nul arbre ne pouvant le protéger

14.

contre le soleil, qui darde ses rayons comme des flèches. Si la chaume aboutit à des pentes douces, le marquard surveille peu son bétail, mais si elle confine à des précipices, comme sur le Honneck et ailleurs, il passe ses jours et ses nuits dans des transes perpétuelles. Qu'un accès de gourmandise, provoqué par une herbe tentante, conduise une vache au bord du gouffre, un seul mouvement suffit pour causer sa perte ; le lourd animal glisse, tombe, se déchire de saillie en saillie, arrive mutilé dans l'abîme, ou s'y écrase à la suite d'une chute effroyable.

Les marquards sont donc obligés de faire sentinelle, de se relayer jour et nuit pour garder leurs bestiaux. S'ils avaient le génie contemplatif des anciens pasteurs, ils pourraient compter les étoiles et apprendre leurs noms. Aucune magnificence nocturne n'échappe à leur vue. Tantôt, comme une immense ruche aux abeilles d'or, le ciel éparpille sur leur tête ses lumineux essaims ; tantôt, comme une blanche almée, la lune chemine doucement à travers l'espace, dans un palanquin de nuages ; tantôt un océan de vapeurs submerge le firmament, comme une marée d'équinoxe inonde au loin les grèves. Mais dans les plaines de l'Arabie ou de l'Idumée, l'air demeure tiède après le coucher du soleil, tandis qu'un vent froid tourmente chez nous les montagnes, aussitôt que l'astre bienfaisant a disparu. Le berger regrette donc le feu clair, qui égaye le chàlet et empourpre les fenêtres de sa réverbération. Il chante, pour tromper son ennui, un de ces airs monotones, par lesquels l'homme simple exprime sa joie et sa tristesse.

Cependant les gardiens, qui doivent lui succéder, causent auprès de la flamme. Comme les sujets d'entretien n'abondent pas dans la solitude, ils fument silencieusement leur pipe ou se content d'anciennes histoires. Les légendes durent longtemps sur les montagnes, au milieu d'une nature qui les encadre à merveille. Les ruines des châteaux où l'action s'est presque toujours passée, leur servent, pour ainsi dire, de garants, et mêlent aux récits d'autrefois des images contemporaines. Ces vieux témoins, d'ailleurs, en raniment constamment le souvenir. Parmi les antiques demeures des Vosges, celle qui occupe la situation la plus élevée, le manoir de Freundstein, dresse dans la région des chaumes ses tours inhabitables, mais solides encore. On l'aperçoit au loin, d'un foule de pâquis. Ses murailles bordent un abîme, dont l'œil, en plein jour, ne peut découvrir le fond. Les torrents s'y précipitent de rochers en rochers, à travers des forêts obscures.

Là, nous apprend la tradition, vivait une jeune personne d'une beauté accomplie : c'était un sourire de la nature dans une forme angélique. Le comte de Geroldseck voulut l'obtenir pour femme. Le père accueillit sa demande avec une

extrême réserve, la fille avec un mépris glacial.
— Je vous forcerai bien d'agréer mon alliance,
dit en lui-même le soupirant éconduit. — Et il
rassemble ses hommes d'armes, il vient assiéger
le manoir. Longtemps il le bat en brèche ; longtemps la garnison repousse ses assauts, mais le
moment arrive où elle ne peut plus tenir, où le
chef orgueilleux doit se rendre. — Je savais bien
que je triompherais de vous, ma belle ! s'écrie le
vainqueur ; vous allez m'appartenir malgré vos
dédains. — Mais comme il approche des murailles, un spectacle extraordinaire le frappe de
terreur. Au pied des tours, sur une plate-forme
qui domine le précipice, le vieux châtelain apparaît, montant son cheval de guerre, portant
sa fille entre ses bras. — Je vais célébrer vos
fiançailles, crie-t-il d'une voix funèbre au comte
de Geroldseck. — Et il éperonne son destrier,
qui franchit le parapet. L'animal tombe dans
l'abîme avec son précieux fardeau. Un cri s'é-
chappe de toutes les poitrines. Saisi d'une émotion profonde, le violent seigneur court au bord
du gouffre, se penche pour chercher des yeux le
couple héroïque. Mais la tête lui tourne, il perd
l'équilibre : le voilà lancé dans l'espace, roulant
sur lui-même comme une feuille d'automne. Il
va rejoindre l'épouse qu'il a conquise, et s'unir à
elle, sans prêtre, sans flambeaux, sans mélodie
nuptiale.

La vie que mènent les marquards est d'une

simplicité toute bucolique. Un pantalon de toile écrue, une veste de même étoffe, des sabots, une calotte en cuir garnie d'une patte qui retombe comme un pompon, forment leur costume invariable. Cette calotte surprend le voyageur et pique sa curiosité : il se demande quel motif a pu en établir l'usage ; elle doit être à l'épreuve du sabre ; elle se transmet de génération en génération, et il y paraît bien. Les vents les plus forts ne l'enlèveraient pas de la tête qu'elle abrite ; c'est là vraisemblablement ce qui l'a fait adopter ; le pâtre en faction ne craint point qu'un orage emporte son couvre-chef dans les abîmes. Mais si cette coiffure a des avantages, elle manque tout à fait d'élégance.

Le régime du marquard, moins uniforme, moins maigre que celui du schlitteur, s'accorde pourtant avec la simplicité de ses habits. Des pommes de terre, du petit lait, du beurre, du fromage, un pain noir qui atteint la dureté du biscuit de bord, composent son ordinaire. Jamais une once de viande, une goutte de vin, un fruit apporté de la plaine. Les jours se succèdent, mais la nourriture ne change point : le patron et les serviteurs ont les mêmes aliments. Car il y a des maîtres et des domestiques dans les châlets ; jusqu'en ces hauts lieux reparaissent les inégalités sociales. On donne à un berger trente francs pour la saison, un peu moins qu'on ne paye la plupart des vaches.

Les ustensiles de cuisine, la vaisselle, n'annoncent pas davantage le goût du luxe. Un chaudron de cuivre, une marmite de fonte, des baquets en miniature qui semblent taillés dans un baril et tiennent lieu d'assiettes, des cuillères en fer étamé, rondes comme nos louches, mais beaucoup plus petites, suffisent amplement aux besoins du marquard. Il ne tient pas à la porcelaine de Sèvres.

La santé, la paix, le contentement respirent sur toutes les figures. Jamais une altercation, jamais une lutte ne mettent aux prises les pasteurs des Vosges, ne fournissent des sujets d'entretien à la malignité publique. Leur existence doit pourtant paraître bien dure, bien monotone : harcelées de continuels désirs, les populations urbaines considèrent avec horreur une tranquillité inaltérable. Je pourrais faire ici intervenir le poète latin et dire du pâtre des montagnes :

*Il n'a point tous ces arts qui trompent notre ennui ;*
*Mais que lui manque-t-il ? la nature est à lui.*
*Des grottes, des étangs, une claire fontaine,*
*Dont l'onde en murmurant l'endort sous un vieux chêne ,*
*Un troupeau qui mugit, des vallons, des forêts,*
*Ce sont là ses trésors, ce sont là ses palais* (1).

Mais comme cette réponse, déjà vieille de deux

(1) *Géorgiques*, chant II, traduction de l'abbé Delille.

mille ans, paraîtrait insuffisante, j'ajouterai que
l'homme n'est point né pour le bruit, pour l'agi-
tation perpétuelle des villes. Les champs et les
bois forment son véritable domaine : or, la nature est silencieuse et calme. Si on excepte le
fracas passager du tonnerre, elle ne fait entendre
que des sons doux et veloutés, que des voix faibles et harmonieuses, comme le chant des oiseaux, la rumeur des feuillages, les soupirs de la
brise, le bégayement des ruisseaux, la confuse
mélopée des vagues sur le bord de la mer. L'état
normal de l'homme, c'est la contemplation, la
jouissance de ses facultés et des merveilles du
monde extérieur dans un profond repos. Un peu
de tristesse même n'agit pas défavorablement sur
lui ; elle concentre et ramasse ses forces, que la
joie, que les distractions éparpillent. Les peuples
chasseurs et pasteurs sont les plus heureux ; ils
mènent la vie douce, ils ont les loisirs que nous
achetons par une existence de labeur. Aussi re-
poussent-ils avec dédain la civilisation. Les tribus de l'Amérique aiment mieux la mort que
nos habitudes casanières, notre turbulence inquiète, nos travaux perpétuels et nos luttes de
tous les jours entre quatre murailles. On forme
çà et là quelques ouvriers en Algérie, on se figure
leur inspirer le goût de nos mœurs et de nos
plaisirs ; mais l'Arabe courbé sur sa tâche ne
songe qu'à l'air pur, à la monotonie sublime,
aux joies du désert. Il économise avec la patience,

avec la sobriété d'un ermite. Aussitôt qu'il peut acheter un fusil, une tente, quelques moutons, il part, il abandonne les servitudes européennes que l'on croyait lui avoir fait aimer ; il va dans les steppes, il va sur les montagnes retrouver la vie libre et insouciante, le calme auguste de l'homme primitif.

Le marquard éprouve sans le moindre doute des sentiments analogues. Les chaumes sont d'admirables solitudes. L'anachorète enfoui dans les bois n'apercevait que les arbres, que les clairières les plus rapprochés de sa hutte : le pasteur des Vosges découvre au loin d'immenses perspectives ; il semble dominer le monde plutôt qu'en être séparé. Autour de lui se creusent des vallées si profondes, que les hommes qui les parcourent sont absolument imperceptibles. Mais le bruit des cloches s'élève jusqu'à lui en notes légères, comme des sons entendus dans un rêve, et, le soir, les lumières éparpillées des villages imitent au loin des étoiles tombées du ciel. Les montagnes ont toujours du caractère, qu'elles se dessinent en pâles ébauches, en traits délicats, au fond du paysage, ou que le ciel tendu de vapeurs les colore d'un bleu sombre. Dès qu'elles se trouvent un peu éloignées, elles prennent des nuances de saphir produites par l'air ambiant : c'est le ciel même qui les enveloppe de son manteau d'azur.

Pendant certains automnes se produit un phé-

nomène, dont ne peuvent parler sans ravisse-
ment ceux qui l'ont admiré. L'hiver établit pré-
maturément son empire dans les vallons, dans
les terres basses ; un épais brouillard les enveloppe. C'est un océan de brume nivelé comme la
mer et impénétrable au regard. Sous cette nappe
aussi blanche que la neige, qui emplit tout l'horizon, qui oscille, ondoie et tourbillonne au
moindre vent, il gèle, il fait un temps sombre,
toutes les cheminées fument, toutes les portes
sont closes, on se presse autour du poêle ou du
foyer. Au-dessus, le ciel arrondit un dôme de
turquoise, le soleil chemine dans l'espace en
triomphateur, une douce température égaie les
chaumes, les bois, les clairières ; les insectes
bourdonnent à mi-côte, les derniers feuillages
étincellent comme une végétation de pourpre et
d'or. Les hauteurs qui dominent le brouillard
imitent des îles, des péninsules, des chaînes de
collines baignées par les flots : c'est un immense
et radieux archipel. Tout à coup l'on entend sous
la brume les sons entre-heurtés d'une cadence
tyrolienne, les notes sauvages d'une trompe pas-
torale ; une chèvre, puis deux, puis un troupeau
entier, auquel sont joints quelques moutons,
émerge du vaporeux océan ; le berger le suit, le
cornet à la bouche ; il mène la horde aventureuse sur les pâturages escarpés, où ne sauraient
parvenir de plus lourds animaux.

Ces splendides effets durent souvent quinze

jours de suite. Mais l'hiver n'abdique pas ses droits. Il arrive enfin, le sombre monarque, furieux d'avoir perdu si longtemps sa puissance : la neige, la grêle, la pluie, le froid, le brouillard, les tourbillons de vent forment son cortége. Il enveloppe les montagnes, il prouve sa force par ses rigueurs. Dès le lendemain, les chaumes sont désertes. Les troupeaux descendent dans les vallons pour y passer les mois funèbres. A leurs mugissements, au bruit de leurs clochettes, aux airs monotones que chantait le pâtre, aux accords de sa trompe, succèdent la voix rauque du corbeau, le sifflement de la bise, le sourd murmure des forêts ou le craquement des sapins. Les hêtres nus et blanchis par le givre imitent dans l'air brumeux des légions de fantômes. La lune elle-même regarde d'un air consterné ces mornes solitudes, et s'enveloppe d'épais nuages, comme si elle sentait le froid des nuits la saisir.

Les marquards n'ont pas le droit de fermer leurs châlets pendant l'hiver. Il faut que les voyageurs puissent s'y réchauffer un moment, ou y passer la nuit, quand ils ont perdu leur chemin, et que l'ombre étend son crêpe sur le ciel, comme un présage de mort. Nul ne pourrait supporter jusqu'au matin l'affreuse température de ces zônes boréales. Le châlet désert abrite le plus souvent des contrebandiers. Ils transportent d'Alsace en Lorraine, d'un vallon dans un autre, du tabac et des eaux-de-vie. Le dos chargé d'un sac ou d'un tonnelet, qui, par sa forme, rappelle une hotte, ils traversent les montagnes pendant l'hiver, aucun douanier n'osant les poursuivre au péril de ses jours. Eux-mêmes bravent la mort pour tromper le fisc et gagner une partie seulement des contributions qu'ils ne paient point, attendu que l'acheteur en profite comme eux. Ils se rangent à la file : le premier, qui écarte la neige et fraie le chemin, a une rude besogne ; quand il se sent épuisé, il passe à l'arrière-garde, et un autre prend sa place. Ils vont ainsi, les pauvres diables, luttant contre la nature et contre les hommes, afin de se procurer une maigre pitance. Quelquefois des tourbillons de neige les enveloppent, changent l'aspect du sol, retardent leur marche ou les égarent, et la nuit, la nuit redoutable les surprend. Si l'un d'eux perd de vue ses compagnons, si la fatigue l'empêche de les suivre, ni son courage, ni son expérience ne peuvent le sauver. Pendant qu'il cherche encore sa route, le froid glace et roidit ses membres : un sommeil funèbre s'empare de lui, sommeil qui ne doit pas finir. Il s'étend sur la couche virginale pour se délasser quelques minutes, et y trouve le repos éternel. Le lendemain, ou plusieurs jours après, on le rencontre mort auprès de son fardeau, et son visage tranquille semble exprimer la satisfaction d'avoir échappé à la misère, aux gendarmes, aux tortures du froid, à une lassitude horrible. Des bandes entières de hardis colporteurs éprouvent le même sort.

Quand les montagnards ont abandonné les chaumes, ils restituent les vaches louées pour la saison, et, avec le lait de celles qui leur appartiennent, confectionnent des fromages de Gérardmer (dits vulgairement de Géromé), espèce bien inférieure au gruyère, et qui coûte, à Paris, douze sous la livre. Leurs bestiaux, ne mangeant plus d'herbes aromatiques, ne leur fournissent pas le liquide substantiel qu'exige la fabrication du vachelin. Beaucoup exercent quelque petite industrie ; mais, dans tous les cas, leur profession habituelle ne laisse pas d'être lucrative, et suffit à leur procurer l'aisance. Ils passent l'hiver sans inquiétude, sans trop désirer même le retour de la belle saison. L'automne les a réunis à leurs femmes, à leurs enfants, rapprochés de leurs amis et de leurs connaissances ; ils goûtent en paix les joies de la famille et de la vie sociale.

Un jour que je venais de quitter les chaumes et de traverser une bourgade, ma vue tomba sur un petit cimetière environné d'un simple mur à hauteur d'appui. Mais quel mur ! Le géranium bec-de-grue le pavoisait de ses fleurs amarantes, de ses tiges et de ses feuilles pourprées ; la crassule jaune y étalait ses corolles d'or, la pariétaire sa délicate verdure, qui tombe comme une draperie et enfonce çà et là de nouvelles racines, pour former plus bas de nouvelles guirlandes. Toutes les sépultures, placées à égale distance, étaient exactement pareilles : un tertre en gazon, une croix de bois noir encadrée et abritée d'un triangle, composaient le seul luxe funèbre des riches et des pauvres. Les principes démocratiques de la Réforme inspirent aux luthériens un sentiment d'égalité, qui se manifeste sans détour là où cessent les conventions humaines. Un torrent longeait par un de ses côtés le cimetière et y tenait lieu de clôture. Juste en face des tombes, il formait une cascade aux sourdes notes, qui semblait bercer les morts d'un éternel *Requiem*. Cette enceinte d'une merveilleuse fraîcheur, cette image du repos et de la fraternité dernière, eussent ému le cœur le plus apathique. Heureux montagnards, qui passent leur vie en présence de magnifiques tableaux, et dorment enfin dans une si calme retraite, au bruit d'un si doux murmure !

FIN

# ERRATA

—

Page 38, ligne 18, *au lieu de :* histoires des revenants, *lisez :* histoires de revenants.

Page 74, ligne 1, *au lieu de :* qui fait, *lisez :* qui fasse.

Page 107, ligne 20, *au lieu de :* ne vous ont-il, *lisez :* ne vous ont-ils.

Page 145, ligne 1, *au lieu de :* sage, *lisez :* paysage.

Page 205, ligne 7, *au lieu de :* comme celle de grandes villes, *lisez :* comme celles des grandes villes.

# TABLE

### CHAPITRE III



### CHAPITRE IV



### CHAPITRE V

### CHAPITRE VI



### CHAPITRE VII



### CHAPITRE VIII

FIN DE LA TABLE

# PUBLICATIONS DU MÊME AUTEUR

—

ÉTUDES SUR L'ALLEMAGNE, renfermant une histoire de la peinture allemande, seconde édition, 2 vol. in-8.

HISTOIRE DES IDÉES LITTÉRAIRES EN FRANCE AU XIX<sup>e</sup> SIÈCLE, et de leurs origines dans les siècles antérieurs, troisième édition, 2 vol. in-8.

SOUVENIRS D'ANGLETERRE, troisième édition, 1 vol. in-8.

HISTOIRE DE LA PEINTURE FLAMANDE ET HOLLANDAISE, 4 vol. in-8.

RUBENS ET L'ÉCOLE D'ANVERS, 1 vol. in-8.

CATALOGUE DES ŒUVRES DE RUBENS, avec l'indication des endroits où elles se trouvent, broch. in-8.

L'ARCHITECTURE ET LA PEINTURE EN EUROPE, DU V<sup>e</sup> AU XVI<sup>e</sup> SIÈCLE. (Extrait du livre intitulé : *Le Moyen-Age et la Renaissance.*) 1 vol. grand in-18.

LA CABANE DE L'ONCLE TOM, traduction complète, avec une biographie de l'Auteur, quatrième édition, 1 vol. in-18.

LE CAPITAINE FIRMIN, ou la vie des nègres en Afrique, 1 vol. in-18.

CONTES DES MONTAGNES, 1 vol. in-18.

ŒUVRES DE PHILIPPE DESPORTES, avec une Introduction historique et des Notes, 1 vol. in-18.

LES BUCHERONS ET LES SCHLITTEURS DES VOSGES, ouvrage orné
de 42 planches dessinées par M. Théophile Schuler, 1 vol.
in-4.

LE LUNDI DE LA PENTECÔTE, tableau des mœurs strasbour-
geoises avant 89, d'après Arnold, ouvrage orné de 44 planches dessinées par Théophile Schuler, 1 vol. in-4.

HISTOIRE SECRÈTE DU GOUVERNEMENT AUTRICHIEN, troisième
édition, 1 vol. in-8.

LES CHASSEURS DE CHAMOIS, 1 vol. in-18.

CONTES D'UNE NUIT D'HIVER, 1 vol in-18.


## SOUS PRESSE


HISTOIRE SECRÈTE DU GOUVERNEMENT AUTRICHIEN, seconde
partie, 1 vol. in-8.

FRÉDÉRIC SCHILLER, SA VIE ET SES OEUVRES, 1 vol. in-18.

AVENIR DE LA FRANCE ET DE LA LITTÉRATURE FRANÇAISE,
1 vol. in-18.